좋은 국가는
어떻게 만들어지는가

좋은국가는
어떻게

만들어지는가

최연혁 지음

시공사

새로운 발상의 시작

아침 일찍 폴란드 제3의 도시 포즈난에서 북쪽 항구 도시인 그단스크로 향했다. 그단스크는 1991년 자유 노조 운동으로 유명한 레흐 바웬사 Lech Walesa가 공산정권을 무너뜨린 민주 성지로 널리 알려져 있는 곳이다. 에라스무스 강의(유럽 대학들 간에 서로 학점을 인정하는 제도로, 학생뿐만 아니라 교수들도 서로 교환해 강의를 한다)를 위해 포즈난대학에 잠시 머무를 때 학장이 제안해 이루어진 여행이었다.

"그단스크에 도착하기 전에 잠시 점심이나 먹고 갈까요? 폴란드 전통 만두가 아주 유명한 곳이 있어요. 잠시 들를 곳도 있고요."

두 시간이나 차를 몰고 달려와서인지 배가 몹시 배고프던 차에 맛있는 폴란드 전통 음식을 소개해 주겠다고 하니, 반갑기 그지없었다. 나는 흔쾌히 동의했다.

비슬라 강을 끼고 들어간 작은 도시 토룬. 도시의 고풍스러운 건물들이 중세의 운치를 오롯이 간직하고 있었다. 어딘지 범상치 않았다.

"식당에 가기 전 잠시 들를 데가 있어요."

배가 고파 내키지 않았지만 여행을 시켜주는 상대방에 대한 예의가 아닌 것 같아 나는 그를 순순히 따라갔다. 무작정 걷다 보니 작은 건물 앞에 다다랐다. 고개를 드는데 '코페르니쿠스Copernicus'라는 단어가 눈에 들어왔다.

"이곳이 코페르니쿠스가 천체 연구를 한 바로 그곳입니까?"

"예, 코페니르쿠스의 생가이지요. 청년기까지 코페르니쿠스는 이곳에서 지냈습니다."

가슴이 뛰었다. 이곳이 2,500년간 지구가 우주의 중심이라고 믿어온 역사적 진실을 거부한 대과학자의 발견의 산실이라니, 믿기지 않았다. 그가 이곳에서 점심을 먹자고 한 의도를 알 것 같았다.

빨간 벽돌로 지어진 단정한 16세기 건물 안으로 들어가니 그가 쓰던 책상, 천체 측정 도구, 소품 들이 한눈에 들어왔다. 마지막 층에 전시된, 당시 코페르니쿠스가 그린 천체 지도를 보는 순간, 입이 저절로 벌어졌다. 해, 달, 별 그리고 지구의 움직임을 과학적으로 관찰한 결과를 통해 신의 피조물인 인간이 사는 곳, 지구가 세계의 중심이라는 당시의 우주관이 잘못됐음을 입증해 보인 그의 손과 눈, 가슴이 느껴지는 듯했다. 율리우스력의 날짜가 맞지 않는다며 연구해 보라고 한 당시 교황과 가톨릭교회의 믿음을 한꺼번에 부인해야 했던 코페르니쿠스. 그의 지식인으로서의 고뇌를 어렴풋이 짐작할 수 있었다.

박물관을 둘러보고 토룬 구시가지를 걸으면서 마주친 1600년대 초 스웨덴과의 전쟁 때 남은 포탄의 흔적, 잘 보존된 중세 도시의 풍광, 전통 식당에서 맛본 전통 만두 그리고 본래 여행의 목적지였던 그단스크에서의 일정은 머릿속이 온통 코페르니쿠스에 대한 생각으로 가득 찬 탓에 내게 아무런 의미도 갖지 못했다.

코페르니쿠스를 생각하다

1473년 토룬에서 태어난 코페르니쿠스는 어렸을 때부터 해와 달, 별의 움직임을 보면서 밤을 지새우기 일쑤일 정도로 하늘의 변화에 관심이 많았다. 천체를 체계적으로 관측하기 위해 수학과 천문학을 공부한 그는 대학을 졸업한 뒤 대주교직에 오른 외삼촌의 권유로 신학과에 다시 입학해 신학 공부를 열심히 하면서 의학 학위까지 취득했다. 졸업 후 의사와 성직자로 일하던 코페르니쿠스에게 어느 날 기회가 찾아왔다. 외삼촌을 통해 그가 비범한 천문학적 지식을 가지고 있다는 것을 알게 된 교황이 율리안력의 문제점을 연구해 보라고 권한 것이다. 율리안력의 춘분 날짜(24절기 중 낮과 밤의 길이가 같은 날)가 매년 짧아지고 있었지만 그 이유를 알 수 없었던 차였다.

우주를 관찰할수록 그는 지구가 우주의 중심에 있고 태양이 지구 주위를 돈다는 당대의 천동설에 문제가 있음을 절감했다. 낮과 밤, 사계절의 변화, 달과의 관계 등을 설명하는 데 많은 문제점이 있었던 것이다.

그래서 그는 지구가 태양 주위를 돈다는 지동설을 굳게 믿게 되었다. 하지만 지구 중심설을 부정한다는 것은 교황과 로마교회에 대한 도전으로 받아들여질 수 있었기에, 이것을 드러내놓고 말하는 것은 결코 쉬운 일이 아니었다. 성직자 신분이었던 그가 찾아낸 해법은 '천체 관측의 수학적 발견'이라는 제목의 글로 교황에게 지구가 우주의 중심이 아닐 수도 있다고 전하는 것이었다. 코페르니쿠스는 후세에 이를 입증하기 위해 연구 결과를 메모 형태로 남겨놓았다. 이 메모는 지금까지도 세상에 전해지고 있다. 그 결과, 코페르니쿠스는 세상에서 제일 먼저 지동설을 과학적으로 입증한 사람으로 기록되어 있다. 이후 그의 체계적인 관측 결과는 그가 죽기 전 책으로 출판되었다.

코페르니쿠스는 그리 뛰어나지 않은 평범한 수도승이자 의사였을 뿐이다. 그런데 세상의 믿음을 바꿔버린 우주의 지도를 그릴 수 있었던 그의 통찰력은 대체 어디서 나온 것일까?

우선 그가 어려서부터 간직한 하늘에 대한 관심과 집요한 관찰력을 들 수 있다. 이것은 그가 뜨거운 열정을 바탕으로 해박한 지식을 갖출 수 있도록 해 주었고, 성인이 되어서는 다시 시작한 과학적 연구를 이끌어가는 동력이 되어주었다.

그의 연구는 천체과학, 수학, 신학, 종교학, 철학에 대한 당시의 사고를 부정하는 것으로부터 시작됐다. 기존 믿음 체계나 지식을 부정하거나 인정하지 않는다는 것, 기존 질서에 도전한다는 것은 무슨 뜻일까? 부정하고 부인한다는 것은 기존 믿음, 가치, 사실, 진리의 반대편에 서는 행위다. 반대 입장에 서서 새로운 진리를 이야기하기 위해서는 잘못된 본질을 정확히 파악하기 위한 지식의 축적이 선행되어야 한다.

코페르니쿠스가 기존 지식 체계를 부인할 수 있었던 것은 대학에서 천문학을 공부하면서 기존 학자들의 연구 결과에 대해 읽은 후 그 문제점을 인식하고 자신이 직접 관찰한 결과를 통해 해, 달, 별의 위치 변화에 대해 해박한 지식을 갖출 수 있었기 때문이었다. 그의 관찰과 사색은 체계적 지식으로 연결되었고, 본질을 꿰뚫어보는 통찰력의 원천이 되었다.

오랫동안 자리 잡고 있던 믿음을 부정하는 행위는 대립과 알력, 질투 등 갈등의 신호탄이 된다. 그래서 기존 질서에 도전하는 세력은 대개 가혹한 탄압의 대상이 된다. 절대적 권력자인 신에 대한 도전, 절대권력을 움켜쥔 절대군주에 대한 도전, 무소불위 독재자의 권력에 대항하는 이들은 엄청난 탄압의 대상이 되게 마련이다. 아리스토텔레스Aristoteles와 프톨레마이오스Ptolemaeus 시대 이후 2,500여 년 동안 굳게 자리 잡고 있던 지구 중심설Geocentrism은 기독교적 세계관에 의해 단단하게 보호되고 있었다. 코페르니쿠스가 타계한 지 70년 후 망원경을 만들어 천체를 관측한 갈릴레이Galilei가 태양이 지구 밖 궤도를 도는 것이 아니라 지구가 태양 주위를 돈다는 지동설로 가톨릭계를 뒤집어놓았을 때 그의 이론을 뒷받침한 코페르니쿠스의 연구서는 1616년 결국 금서로 지정되었다.

코페르니쿠스의 또 다른 힘의 원천은 융합적 지식과 사고 기반이다. 코페르니쿠스는 의학, 수학, 천문학, 예술, 신학에 이르기까지 해박한 지식을 가지고 있었기에 문제의 본질을 꿰뚫어보는 통찰력을 갖출 수 있었다. 그는 성직자이자 천문학자, 의사이자 수학자로서 정교한 거리 측정과 복잡한 연산 등을 할 수 있었던 신세대 융합지식인으로 기존 종교적 진리와 지식 체계를 바꿔놓았다.

그렇다고 코페르니쿠스의 연구가 완벽했다는 말은 아니다. 그의 발견과 주장은 후대 과학자들의 연구에 중요한 단서를 제공해 주었고, 그가 발견한 지동설은 갈릴레이, 케플러Kepler, 뉴턴Newton을 거쳐 아인슈타인 Einstein에 이르기까지 현대 과학자의 연구를 통해 완성될 수 있었다. 여섯 개의 행성이 태양 주위의 타원형 궤도를 따라 돌고 있다는 것을 입증한 케플러의 법칙은 후에 만유인력을 발견한 뉴턴의 연구로 설명될 수 있었다. 코페르니쿠스의 연구는 현대 과학 발전의 주춧돌을 놓아준 셈이다.

1543년 출판된 코페르니쿠스의 책《천구의 회전에 대하여De Revolutionibus Orbium Coelestium》는 출판된 지 215년이 지난 1758년이 되어서야 금서 목록에서 벗어날 수 있었다. 코페르니쿠스의 지동설은 중세의 몇 가지 변화, 즉 1492년 콜럼버스Columbus의 신대륙 발견, 1517년 마틴 루터Martin Luther의 종교개혁과 더불어 새로운 발견, 발명, 개혁 시대의 시작을 알리는 전령사 혹은 역사의 신호탄으로 받아들여진다. 코페르니쿠스는 근대 과학 혁명의 아버지이자 새로운 우주 질서를 이야기한 진정한 개혁자인 셈이다.

이 책이 말하고자 하는 것

이 책은 역설적으로 코페르니쿠스 같은 사람에게 초점을 두고 있지 않다. 대신 코페르니쿠스처럼 새로운 패러다임을 제시함으로써 세계 중심 국가로 부상할 수 있었던 몇몇 국가들에 주목한다. 30년전쟁이 끝난 1648년 유럽에서 등장한 몇몇 민족국가 중 세계를 선도하는 국가로 당당하게 떠오른 스페인, 네덜란드, 프랑스, 영국, 독일, 미국 같은 국가들의 성공 뒤에 숨겨진 열쇠를 찾아보고자 한다. 무엇이 이들을 부강하고 선도적인 국가로 만들었을까?

그리고 후발주자로 시작했지만 1700년대 이후 서서히 강대국의 대열에 진입한 러시아의 성공을 가능하게 만든 주된 원동력과 1905년 패권 국가였던 러시아를 군사적으로 제압하고 동아시아의 맹주로 부상한 일본의 성공 뒤에 숨은 저력이 무엇인지 찾아보고자 한다. 근대화의 경험, 1930년 세계대공황의 위기를 기회 삼아 노사 화합을 이끌어내고 제2차 세계대전 이후 세계 최고의 복지국가로 등장한 스웨덴의 숨은 이야기를 담아보고자 한다.

이 책에서는 국가의 성공 사례만 다루지 않는다. 한때 부강국가로 떠오르는 데 성공했지만 다시 주변국가로 전락한 실패 사례도 우리에게 많은 시사점을 던져주기 때문이다. 콜럼버스의 신대륙 발견 이후 1500년대 세계를 지배했고 지금도 남미 전역에서 스페인어를 사용할 정도로 막대한 영향력을 행사했던 스페인이 서서히 몰락의 길로 들어선 원인은 무엇일까? 세계의 무역, 금융, 기술, 조선 산업, 예술 등을 주도할 정도로 1600년대 국력이 정점에 이르렀던 네덜란드는 1700년대 들어 영국과 프랑스가 등장하면서 주변국으로 전락하고 만다. 무엇이 이 나라를 강대국 자리에서 내려오게 만들었을까?

이 책은 또한 코페르니쿠스적 발상의 전환을 통해 국가를 개조해 보려는 사람들을 위해 쓰였다. 코페르니쿠스는 당시의 우주론에 관한 그릇된 믿음을 완전히 새로운 시각으로 바라보고 패러다임 자체를 바꾼 선구자다. 1989년 베를린장벽 붕괴, 2001년 9·11 사태, 2015년 파리 테러. 20세기 말과 21세기 초에 걸쳐 26년간 일어난 일련의 역사적 사건들이다. 이 사건들은 세계질서에 새로운 패러다임을 가져오면서 그동안 잊혔던 국가의 존재와 중요성, 좋은 정부의 필요성에 다시 눈뜨게 한 전환점이었다.

베를린장벽 붕괴는 이데올로기 패러다임의 종언을 의미하고, 9·11과 파리 테러는 종교와 문화라는 새로운 패러다임의 등장을 의미한다. 중국, 북한, 쿠바 등 아직도 공산국가가 존재하므로 공산주의가 완전히 종식됐다고 말할 순 없지만 공산주의가 더 이상 자본주의적 시장경제와 자유민주주의 체제를 위협하거나 능가하는 정치제도로 발전할 수 없다는 것은 명백한 사실이다. 중국은 사실상 자본주의적 자유 체제로의 이행 중간 단계에 있다고 해도 과언이 아니다. 농촌에서는 마을 단계에서 제한적이나마 직접선거로 마을 대표를 선출하도록 주민들에게 자율권을 부여하고 있어 더욱 그런 추측을 가능하게 한다. 그런 측면에서 보면 베를린장벽 붕괴는 이데올로기의 종언을 촉진하는 역할을 수행했던 것이 분명하다.

또 다른 패러다임은 종교와 문화, 문명이 제공하는 세계질서의 틀이다. 그중에서도 회교와 반회교 구도가 고착되고 있다. 2001년 9·11 사태는 회교와 반회교 구도가 굳어지는 데 기름을 부은 격이었다. 덴마크에서 벌어진 알라신을 모독한 만화 사건, 네덜란드 반회교 언론인의 알라신 펌하, 프랑스 잡지 〈샤를리 에브도Charlie Hebdo〉의 회교도 희화화 등은 근본적으로 사상의 자유, 종교의 자유, 표현의 자유라는 자유민주주의의 가치에 기반을 두고 있음에도 불구하고 아랍권의 문화적 정체성을 자극하는 결과를 낳고 말았다. 일부 과격 회교 세력은 조직적으로 서방 언론과 대사관들을 표적 공격하기 시작했는데, 폭력의 수위가 이미 심각한 수준을 넘어있다. 그중에서도 전 세계에서 독버섯처럼 자라고 있는 이슬람국가IS는 미국이 침공한 이라크 북부 지방에서부터 서서히 세력을 넓혀가더니 이제는 시리아, 예멘, 터키 지역까지 발을 뻗으며 세계 문화유산 파괴, 무자비한 폭력과 인권 유린, 납치와 공개처형 등 인간 행위의 임계점을 넘어서고 있다. 더 이상 이성과 논리, 설득과 합의는 존재하지 않는다. 이런 상황 속에서 우리는 회교와 반회교의 패러다임 중 한쪽을 선택하라는 강요를 받고 있다. 회교에 협조적이지 못한 국가는 이제 모두 공격의 대상이 되고 말았다.

또 다른 패러다임은 개인의 자유와 인권 존중이다. 이전에도 존재하던 보편적 가치이지만 아랍의 봄, 시리아 사태, IS의 등장, 아랍과 북아프리카의 난민 사태는 1, 2차 세계대전 이후 미증유의 현대판 민족대이동이라는 현상으로 번지면서 개인의 자유, 인간 가치 존중, 생존과 안전에 눈뜨게 했다. 2011년 튀니지에서 울린 총성으로 시작된 아랍의 봄은 국민의 열망을 담아 리비아, 이집트를 민주주의로 차근차근 이행시킬 줄 알았다. 하지만 종교와 문화, 전통이 정치에 다시 개입하면서 반혁명 세력의 결집으로 폭력, 살인, 자살폭탄테러, 군부 개입이 이어지고 국가 존재의 최소 요건인 질서, 안전, 생명, 재산 보호의 능력이 상실된 채, 이들 나라의 국민들은 매일매일 극도의 불안 속에서 살아가고 있다.

자살폭탄테러범의 폭탄이 시장, 거리, 학교에서 언제 폭발할지 모르고, 광신자가 쏜 총탄의 희생자가 바로 내가 될 수도 있는 세상이다. 시리아는 3년째 폭격, 화학무기 살포, 고문, 살상이 실제적인 위협이 되고 있으며, 정부군과 반군 중 한쪽을 선택하지 않으면 언제 사살될지 모르는 극도의 긴장감 속에서 대다수 국민이 간신히 숨을 붙이고 살아가고 있다.

이제 더 이상 내 조국, 내 정부가 나를 보호해 주지 못한다는 배신감과 좌절감은 이들을 고난의 망명길로 내몰고 있다. 자신이 태어난 고향과 나라를 버리고 자유와 희망을 찾아 나선 아랍 국민과 북아프리카 국민, 기본적 인권을 유린하고 정권 유지를 목적으로 핵무기를 개발하기 위해 1년치 식량비용을 쏟아붓는 정권에 염증을 느껴 자유를 찾아 나선 북한 주민들을 보면서 인간답게 살 권리, 행복을 추구할 권리가 세계에서 가장 중요한 가치가 되었음을 절감한다.

국민의 생존과 인권이 무너지는 순간, 국가의 통치 정당성과 정부의 신뢰는 상실된다. 국민들이 무엇을 필요로 하는지 관심을 갖지 않으면 국가와 정부는 언젠가 국민의 저항을 받게 된다. 국가는 국민의 저항으로 시작된 질서의 파괴 하나면 간단하게 붕괴된다. 아랍의 봄은 철옹성 같던 독재 체제를 순식간에 무너뜨린 역사적인 산 증거다.

이 책은 아무리 강한 국가라 해도 나쁜 정부가 있으면 쇠퇴의 길을 갈 수밖에 없고, 반대로 국가는 스스로 일어설 능력이 없지만 좋은 정부만 있으면 국가를 다시 일으켜 세울 수 있는 기회가 생긴다는 사실을 입증하는 역사적 사례를 보여주기 위해 쓰였다. 그럼 좋은 국가와 좋은 정부는 어떻게 만들어질까? 이 의문점을 이 책에서 함께 풀어보자.

최연혁

contents

3부

어떤 국가를 만들어 갈 것인가

1부

좋은
국가를
생각하다

1장

국가의
존재
이유

국가는
왜 필요한가

막스 베버Max Weber는 국가를 '정당한 물리력을 독점하는 인간 공동체'라고 정의했다. 국가는 물리력, 다시 말해 경찰, 군대, 법 등 강제적인 수단을 정당한 방법으로 사용할 수 있는 주체라는 뜻이다. 국가가 존재하기 위해서는 세 가지 요소가 필요하다. 민족(단일 부족 혹은 다수 부족)이 영토 내에서 하나의 정부가 통치하는 규칙, 즉 헌법을 가져야 한다. 다시 말해 영토, 정부, 헌법이 바로 국가의 세 가지 요소다.

이런 정의에 따르면, 국가란 일정한 영토 내에서 하나의 정부가 규칙, 즉 헌법에 의해 민족을 통치하는 집단이라 말할 수 있다. 정부와 국가라는 용어가 혼용되기도 하지만 엄격한 의미에서 정부는 국가를 통치governing하는 주체를 말한다. 모든 국가는 이웃 국가들 혹은 국제적 조약에 의해 인정받아야 한다. 그렇지 않을 경우, 영유권 분쟁의 대상이 된다. 이것을 우리는 주권sovereignty이라 부른다.

주권이 없는 국가는 직접 통치할 능력, 즉 자치권autonomy을 갖지 못한다. 외국의 침략으로 주권을 빼앗기면 다른 나라와 외교 관계를 맺을 수 없고, 정부가 자국민을 통치할 수 있는 정당성legitimacy을 잃게 된다. 그렇게 되면 해당 국가의 헌법은 무용지물이 되고, 주권을 빼앗아 간 국가의 헌법이나 통치법에 의해 통제되어 국민들은 주권 없는 국가에서 식민통치를 받게 된다.

물론 예외가 있지만, 세계 각국은 이 같은 국가의 세 요소를 갖추기 위해 지난한 과정을 거쳐야 했다.

국가의 요소를 갖추기 위한 여정

이탈리아는 1870년에 들어서야 스페인, 오스트리아, 프랑스 등 강대국들이 분할 지배하던 영토를 통일해 현재의 국경선을 확립했다. 이탈리아 민족은 통일을 이루기 위해 영토 확보 전쟁을 벌였다. 이들은 로마 시대부터 이탈리아반도에서 살아왔지만, 영토가 다양한 왕국kingdom(예를 들어 사르디니아 왕국, 지금의 사르디니아 섬), 공국duchy(예를 들어 이탈리아 남부 지역에 있던 나폴리공국, 북서부 지역에 있던 사보이공국) 혹은 공화국republic(예를 들어 베네치아공화국, 지금의 베네치아) 그리고 교황 통치 지역으로 쪼개져 있었다. 이탈리아 민족은 사르디니아 왕국을 중심으로 독립전쟁을 시작해 흩어져 있던 땅을 차례로 귀속시켜 이탈리아 왕국 Kingdom of Italy을 탄생시켰다. 이탈리아 왕국을 선포할 당시에는 영토에

로마, 베네치아 등의 지역이 포함되어 있지 않았으나, 오스트리아와 프랑스가 독일과의 전쟁에서 패배했을 때 기회를 놓치지 않고 군사적 공격을 감행해 이탈리아반도 전체를 통일할 수 있었다. 독립운동을 이끈 주세페 가리발디Giuseppe Garibaldi는 지금까지 이탈리아의 국가 영웅으로 추앙받고 있다. 최초의 이탈리아 헌법은 1848년 사르디니아 왕국이 제정한 헌법의 내용을 대부분 수용했다. 이로써 영토, 정부, 헌법을 갖춘 온전한 새로운 주권 국가가 탄생할 수 있었다.

미합중국(미국)의 국가 설립도 기나긴 과정을 거쳐 완성됐다. 1776년에 시작된 독립전쟁은 1783년까지 계속돼, 독립선언부터 영국으로부터 독립국으로 인정받기까지 7년이나 걸렸다. 그러나 미국은 독립국으로 인정받은 후에도 한동안 단일 정부와 헌법을 갖추지 못했다. 13개 주 대표들이 모여 4년 동안 공동 헌법을 발의해 13개 주 의회에서 추인을 받은 뒤 1787년이 되어서야 헌법을 갖출 수 있었다. 이때까지도 단일 정부를 갖지는 못했다. 새롭게 제정된 헌법에 따라 1789년 첫 번째 대통령인 조지 워싱턴George Washington이 선거를 통해 취임했다. 독립선언을 한 지 13년 만에 비로소 영토, 헌법, 단일 정부를 갖는 한 국가가 탄생한 것이다. 하지만 단일 정부가 세워지고 난 후에도 영국이 침략해 워싱턴이 폭격당하고 일부 영토를 넘겨달라고 요구할 정도로 미국은 나약한 국가였다. 그러는 동안에도 민주주의 통치 체제는 서서히 뿌리내리고 있었다.

미국의 통치 모델은 1835년 알렉시스 토크빌Alexis de Tocqueville이 쓴 《미국의 민주주의Democracy in America》라는 책에 잘 소개되어 있다. 대통령제 중심의 통치 제도, 3권 분립, 양당 제도, 다수결 선거 제도, 시민 운동, 언론의 역할 등 미국식 민주주의는 유럽에 소개되며 추후 프랑스 제2공화국, 제3공화국, 제5공화국, 독일의 바이마르공화국 등 유럽식 대통령 중심제에 막대한 영향을 끼쳤다. 대통령 제도와 공화정 모델은 1800년대 초반 이후 민주화 바람이 불던 남미에도 빠르게 전파됐다. 이 것이 바로 영연방인 캐나다를 제외하고 현재 남북미에 미국식 민주주의 제도가 뿌리내리게 된 배경이다.

한편 영국은 출발부터 달랐다. 왕의 권력을 제한하려던 의회주의파 귀족들이 왕당파와 벌인 대립과 경쟁은 1649년 찰스 1세Charles I를 단두 대에 세우는 아픈 역사를 만들기도 했지만 왕권 제한을 통해 의회 통치 의 씨앗을 뿌렸다는 점에서 긍정적으로 평가된다. 잠시 올리버 크롬웰 Oliver Cromwell의 1인 독재를 거치면서 절대왕정제로 복귀했다가 새로운 의회를 구성하는 선거를 통제하고 입법권과 조세권 등을 국왕이 다시 제한하려고 하자 의회파는 두 번째 쿠데타, 명예혁명을 통해 근대 의회 정치의 기초인 입헌군주제를 도입한다.

여기서 주목해야 할 현상은 정당의 출현이다. 새로운 왕을 영입하는 데 의견이 갈리면서 토리당torry과 휘그당whig 등 정당이 생겨났다. 가톨 릭을 신봉하는 왕을 배제하자는 휘그당파와 종교와 관계없이 현 왕을 그대로 옹립하자는 토리당은 바로 1800년대 중반 등장한 자유당과 보 수당의 전신이다. 새로운 왕의 옹립을 둘러싸고 의견을 달리한 정파가 등장했다는 점 그리고 의회 내에서 이들의 활동이 근대 정당의 디딤돌 이 되었다는 점에서 영국에는 양당제가 일찍부터 뿌리내린 셈이다.

1689년 두 정당이 중심이 되어 만든 법령인 권리장전Bill of Right은 의회의 동의 없이 왕이 조세권을 행사하고 국민의 권리와 자유를 제한하지 못하도록 명시한 1215년 마그나카르타Magna Carta와 함께 영국의 중요한 헌법으로 자리 잡았다. 1725년 시작된 총리 제도Prime Minister는 행정부의 정치적 독립과 활동에 있어 왕 대신 매우 중요한 역할을 담당했다. 왕은 국가의 수반이지만 정치적으로는 극히 제한된 역할만 하고, 국민의 대표인 의회에서 뽑은 총리가 정부의 수반을 맡는 입헌군주제는 이렇게 틀을 갖춰가기 시작했다. 입헌군주제는 절대군주정에서 민주정으로 넘어가는 과도기적 정치 제도로 출발했지만, 전통과 역사를 중시하는 유럽 국민들이 민주화 과정에서 끝까지 고수해 현재까지 그 생명력을 유지하고 있다. 프랑스, 오스트리아, 스위스, 스페인, 포르투갈, 그리스 등 급진적 혁명이나 외국의 침입 혹은 공화정 개혁 등으로 군주제를 폐지한 국가도 있지만, 입헌군주제는 영국을 통해 유럽 정치 제도의 하나로 굳건히 자리를 지키고 있다.

이처럼 미국과 영국은 현재 세계에서 찾아볼 수 있는 민주적 통치 제도인 공화국 제도와 입헌군주국 제도를 전파한 민주주의의 선구자라고 할 수 있다.

프랑스의 근대 국가 건설 과정은 다른 국가들보다 험난했다. 프랑스 혁명을 통해 '정치적 주권은 국민에게 귀속된다'는 국민 주권 사상과 '주권은 국민이 자유롭게 선택할 사항이지 억압이나 몰수의 대상이 되지 못한다'는 자유주의 사상을 전 세계에 전파한 선구적 국가였음에도 불구하고, 프랑스는 이를 현실에 적용하는 방법을 놓고는 엄청난 시행

착오를 겪었다. 1789년 프랑스혁명 시기부터 1958년까지 다섯 번의 공화국, 두 번의 제정, 두 번의 왕정을 경험했으며, 현 제5공화국이 들어설 때까지 크고 작은 헌법 개정이 15회나 있었고, 선거 제도도 14회나 갈아치웠다. 30년 이상 지속된 선거 제도는 단 한 번만 존재했고, 나머지 선거 제도는 12년 이상을 넘기지 못하고 새로운 제도에 자리를 내줘야 했다. 다시 말해 현 정치 체제가 완성되기까지 공화정과 제정, 왕정을 오락가락하면서 통치자의 뜻에 따라 헌법이 수정된 것이다. 게다가 공화정파가 1793년 절대왕정의 마지막 왕인 루이 16세를 단두대에 세운 아픈 역사도 갖고 있다. 1814년 나폴레옹Napoleon 제1제정의 몰락 이후 이어진 두 번의 입헌군주제는 1830년 7월 시민혁명, 1848년 2월 시민혁명으로 막을 내렸고, 1870년 나폴레옹 3세Napoleon III의 몰락으로 제2제정도 끝나고 말았다. 1940년 나치 정권의 3공화국 몰락은 외국 군대의 파리 점령이라는 뼈아픈 수모까지 안겨주었다. 찬란한 문화를 자랑하면서 전 세계에 식민지를 보유할 정도의 강대국 지위까지 오른 프랑스였지만, 영토 전쟁 과정에서 수많은 국민들이 목숨을 잃었고 나치 정권하에서는 주권을 빼앗긴 채 국가 없이 4년을 살아야 했다.

국가의 가장 중요한 과제

이탈리아, 미국, 영국, 프랑스가 근대 민족국가를 형성하는 과정을 보면 국가의 존재 이유는 명확해진다. 국가는 영토는 물론 국민의 생명과 재산을 지키고, 경제 활동을 통해 국력을 신장시키며, 헌법을 수호할 의무를 지닌다. 영토를 빼앗기고 국민의 생명과 재산을 지켜주지 못하거나 영토를 외국 군대에 점령당하거나 헌법을 수호하지 못하면, 그 국가는 국가의 의무를 다하지 못한 것이며 존재 가치를 상실할 수밖에 없다. 그 국가는 주권을 잃어 자치권을 빼앗기고, 정부는 정당성을 잃게 된다. 그렇기 때문에 정부는 영토, 국민의 안위, 헌법을 사수하기 위해 군대, 경찰 같은 무력 수단을 독점하는 권한을 갖는다. 사회계약설에 따라 국민은 자신의 안전을 지킬 수 있도록 법 제정은 물론 무력 수단 사용을 국가에 위임한다.

국가의 가장 중요한 과제는 법과 규칙을 제정해 국민의 생명과 재산을 지키는 것이라고 본 장 보댕Jean Bodin은 국가는 곧 법 제정 권한, 즉 주권을 갖는다고 말했다. 보댕은 법 제정의 독점권이야말로 국가 주권의 요체라고 지적했다. 국민은 국가에 경찰, 군대 등의 무력 사용을 용인해 주는 대가로 국가가 유지하는 질서 속에서 자신의 경제활동과 재산을 보호받고, 생명과 안전 등을 보장받는다. 질서 유지는 영토와 국민의 안위 그리고 헌법을 지키기 위해 반드시 필요한 귀중한 사회적 가치에 해당한다. 질서가 무너져 무법천지가 되는 순간, 가족의 생명이나 재산, 안전이 바로 위협받기 때문이다.

토머스 홉스Thomas Hobbs, 존 로크John Locke, 장 자크 루소Jean Jacques Rousseau로 이어지는 사회계약설은 국가와 국민 간에 이루어지는 보이지 않는 계약의 이론적 토대를 제공해 준다. 해석과 적용에 조금씩 차이는 있지만 사회계약설의 가장 핵심적 내용은 질서, 안전, 재산을 지킬 수 있도록 국민이 국가에 무력 사용권을 잠시 넘겨준다는 '무력 사용 위임권'으로 요약할 수 있다.

그런데 국가 권력의 한계에 대해 초기 사회계약론자들은 서로 다른 견해를 보였다. 이기적이고 동물적이며 무자비한 인간의 기본적 성향 때문에 생긴 무질서 같은 자연 상태state of nature에서 선량한 국민의 생명과 질서를 보호하기 위해서는 군주의 독재가 가장 적합한 정치 형태라고 본 홉스와 달리 로크는 국민의 재산과 생명, 자유는 불가침의 자연권natural right이라고 보고 국가가 국민 위에 군림하면서 무력으로 국민의 삶을 유린해서는 절대 안 된다고 못 박았다.

국민 다수의 뜻인 일반의지는 통치에 반영되어야 하며, 국가는 생명 보장, 질서 유지, 국토 방위를 넘어 국민이 자유와 재산을 동등하게 누릴 수 있도록 적극적 역할을 수행해야 한다고 본 루소에 의해 사회계약설은 완성되었다. 자연 상태에서는 혼란, 살인, 강간 등이 판을 치는 무질서가 계속되므로, 국민을 보호할 목적으로 국가와 통치자의 능력과 권한을 무제한으로 확대할 수 있다고 본 홉스는 군주제와 독재 체제가 용인될 수 있다고 보았고, 어떤 상황에서도 국민의 자유는 침해할 수 없다고 본 로크는 자유민주주의의 기초를 놓았으며, 모든 국민에게 신성불가침의 자유와 행복에 대한 권리가 보장되어야 한다고 본 루소는 평등에 기초한 평등사회주의의 이론적 단서를 제공해 주었다. 이들을 거쳐 전제정despotism, 민주정democracy, 사회주의socialism 체제의 이론적 토대가 마련된 셈이다.

국민대표를 끌어내리는 법

그렇다면 사회계약설에 따라 국민이 선거에 의해 선출한 국민대표의 유효 기간은 언제까지일까? 다시 말해, 국민은 국가에 위임한 통치권을 언제 정당한 방법으로 회수할 수 있을까? 또 회수할 가능성은 있을까?

민주국가에서는 선거가 주기적으로 치러지기 때문에 다음 선거에서 투표를 통해 원치 않는 정부를 바꾸거나 의원들을 탈락시키는 방법으로 주권을 행사할 수 있다. 하지만 선거와 선거 사이의 기간 동안 국민 주권을 침해하는 대표들이 있다면 어떻게 해야 할까?

로크는 국민에게 신성한 주권이 있기 때문에 국민의 자유, 재산, 안전, 생명 등이 침해될 때는 언제든지 정치인들에게 위임된 통치권을 회수하거나 변경할 수 있다고 보았다. 1649년 의회를 무시하고 폭정으로 치달은 찰스 1세를 단두대에 세운 의회파 크롬웰의 결단 그리고 1793년 프랑스혁명 후 입헌군주제를 거부한 루이 16세를 처형한 로베스피에르Robespierre의 피의 숙청은 국민 주권 사상에 따른 정당한 것으로 간주된다.

하지만 극단적 방법은 또 다른 극단을 낳는 원인이 되어 무질서를 초래할 수도 있다. 통치자를 폭력으로 제거하는 방법은 또 다른 문제점을 낳게 마련이다. 그래서 현대 민주주의에서는 국민에게 평화적인 방법으로 국민대표의 통치 활동 정지와 교체를 요구할 수 있는 권한을 제도를 통해 부여하고 있다.

첫 번째 장치는 국민이 최고통치권자의 통치를 일시 정지시키거나 사안에 따라 제거할 수 있는 대의소추제representative recall 혹은 국민탄핵제popular impeachment다. 두 번째로 국민대표의 통치권을 회수하는 국민소환제recall referendum가 있으며, 세 번째로 입법권자를 대신해 법안을 제출하거나 헌법 조항을 바꾸는 국민발의제popular initiative가 있다. 세계에서 유일하게 국민소추제를 받아들인 베네수엘라는 2004년 유고 차베스Hugo Chavez의 인기 영합주의 정책에 반대해 국민들이 소추권을 발동해서 국민투표를 거쳤으나 부결되었다. 스위스는 언제든지 국민대표를 소환하거나 국민이 언제든지 법안을 제출할 수 있도록 하는 등 주권재민원칙을 가장 폭넓게 적용하고 있다. 통치권 회수 조건도 까다롭지 않아 빈번히 행해진다. 18개월 이내에 10만 명의 서명을 받으면 헌법 조항을 신설하거나 개정할 수 있다.

하지만 국민에게 이 모든 수단을 부여할 경우, 사회가 매우 무질서해질 수 있고, 국민 의식이 성숙하지 않은 상태에서 도입하면 도리어 국가를 혼란에 빠뜨릴 수도 있기 때문에 국회에 권한을 대리 위임하는 게 대부분이다. 하지만 최근 들어 대다수의 민주주의 국가가 지방정치 수준에서 국민소환제와 국민발의제를 폭넓게 도입하고 있어 점차 국민에게 권한을 돌려주는 추세로 나아가고 있다.

그렇다면 국민을 통치하기 위해 국가 통치권자들은 국민에게 어떤 의무를 질까? 통치권 박탈 같은 국민의 저항을 받지 않으려면 정부는 국민에게 어떤 국가를 보장해야 할까?

국방의 의무와
국가의 역할

국내의 법과 질서만 안정시키면 국민의 안전과 재산 그리고 생명이 보장될까?

프랑스의 역사적 사례에서 보듯, 국가는 외국을 침략해 영토를 넓히기도 하지만 그로 인해 외국의 침략을 받아 점령했던 영토를 반환하는 것으로도 모자라 가지고 있던 영토까지 빼앗기는 경우도 허다하다. 영토를 빼앗기면 그곳에 살던 국민들은 집과 토지, 살아온 터전을 떠나든지 아니면 피지배민족의 설움을 당하면서 2등 국민으로 살아가든지 결정해야 하는 선택의 기로에 서게 된다.

제2차 세계대전 이후 패전국 독일은 수세기 동안 통치해 온 프로이센 수도 쾨니히스베르크(현재 칼리닌그라드의 주도)를 러시아에 빼앗겨야 했고, 역시 오랜 통치 지역인 폴란드 북부 해안선인 폼멘 지역도 빼앗기는 등 전쟁의 역사에서 입증된 격언 "패전국은 말이 없다"처럼 영토를 잃는 아픔을 겪어야 했다. 이 지역에 살던 독일인들은 합법적 영토를 찾아 이주하든지, 국적을 새로운 국가로 바꾸든지 하는 모험을 감수해야만 했다.

1870년 독일의 기습으로 파리를 함락당하고 이듬해 베르사유궁전에서 독일제국의 선언을 지켜볼 수밖에 없었던 프랑스는 파리와 주요 도시에 주둔하고 있는 독일군을 철수시키기 위해 어쩔 수 없이 북동부의 알자스로렌 지방을 점령군에게 넘겨줘야 했다. 그 결과, 이 지역의 학교에서는 프랑스어 대신 독일어를 가르칠 수밖에 없었다. 이 같은 역사적 사실을 배경으로 쓴 알퐁스 도데Alphonse Daudet의 소설《마지막 수업The last Lesson》에는 나라를 잃은 국민들의 서러움과 언어에 대한 사랑, 뜨거운 애국심이 잘 그려져 있다.

국민이 짊어져야 할 국방의 의무

국민의 생명과 안전을 지키기 위해서는 잘 조직된 경찰도 필요하지만 강한 군대도 요구된다. 시장의 질서와 치안을 지키는 것도 중요하지만 외국의 침략을 막아 국민을 지킬 의무를 지고 있는 것이다.

중세 이후 모든 전쟁에서 폭넓게 적용된 용병제mercenary는 막대한 돈을 들여 외국에서 군대를 사와야 하기 때문에 경제적으로 부담이 컸고, 그렇게 모은 용병들이 목숨을 걸고 싸우는 것을 주저하는 탓에 전쟁 수행 능력이 떨어졌다. 결국 용병제는 이런 이유로, 자국민을 의무적으로 군역에 종사하게 하는 징병제로 대치되기 시작했다.

징병제는 납세의 의무와 함께 일정한 나이의 국민에게 노동, 병역 등의 의무를 부여하는 제도다. 국가는 국민을 보호할 의무가 있듯, 국민은 국방 의무를 지고 있어 국민과 국가는 상호 의무 관계에 있다고 할 수 있다.

국방의 의무에 대한 국가의 보답

하지만 국가는 주권자인 국민이 국방의 의무를 위해 잠시 희생할 때 그들을 안전하게 보호하다가 가정의 품으로 돌려보내야 할 의무도 지닌다. 동시에 강한 군대를 만들기 위해 규율과 통제를 통해 육체적, 정신적으로 강한 군인으로 육성할 의무도 지닌다. 그런 점에서 보면 국가는 아버지와 어머니의 역할을 모두 한다고 볼 수 있다.

국가는 또한 국방의 의무를 다한 국민들에게 합당한 처우를 제공할 의무도 지닌다. 봉급은 물론 제대연금 등의 방법으로 국가는 의무를 다한 국민에게 반드시 보답해야 한다.

여기서 현대적 국가의 의무에 대한 논의가 싹트기 시작한다. 국가는 전시에 생명을 바쳐 국방의 의무를 다한 국민에게 평화 시 일정 수준 이상의 삶의 질을 제공할 의무를 진다는 것이다. 복지국가에 관한 논의는 바로 여기에서 비롯되었다.

복지국가로
나아가기 위하여

제2차 세계대전이 끝나기 전, 영국의 경제학자 윌리엄 베버리지 William Beveridge가 정부의 위촉을 받아 사회보장에 관한 문제를 연구 조사한 결과를 발표한 일명 〈베버리지 보고서Beveridge Report〉는 국가는 국민이 안고 있는 다섯 가지 문제를 해결해야 할 의무를 진다고 주장했다. 불결, 무지, 빈곤, 실업, 질병 등 다섯 가지 사회악을 제거하기 위해 국가는 보건소, 학교, 직업학교, 일자리, 병원 등의 국가시설과 서비스를 제공해야 한다고 본 베버리지는 제2차 세계대전 이후 서유럽 국가들이 복지 제도를 구축하는 데 중요한 이론적 기초를 제공했다.

국민의 일원으로서 일정 기간 병역의 의무를 지며 유사시 국방의 의무를 다하기 위해 소집되는 대신 평화 시에는 모든 국민이 일정한 수준 이상의 삶을 누릴 수 있도록 하는 책임과 의무를 국가가 지고 있다고 보는 시각은 제2차 세계대전 이후 사회학자들의 연구를 통해 확산되기 시작했다. 전쟁 시에는 국민이 국가에 의무를 진다면 평화 시에는 국가가 국민의 삶의 질을 책임질 의무를 지닌다고 본 리처드 티트무스Richard Titmuss의 복지국가론welfare state은 국민의 사회권이 보장될 때 온전한 국가가 완성된다고 본 토머스 험프리 마셜Thomas Humphrey Marshall의 주장을 확장시켜 전 국민에게 보장되는 복지를 주장하며 스웨덴, 덴마크, 노르웨이 등 북유럽 국가들이 보편적 복지를 구축할 수 있는 이론적 기초를 깔아주었다.

복지국가의 세 가지 모델

국가는 국민의 삶의 질을 보장하기 위해 어떤 역할과 의무를 질까? 그리고 국가는 복지를 어느 수준까지 제공해야 하는 것일까? 이와 관련, 크게 세 가지 모델, 즉 스칸디나비아 모델, 유럽대륙 모델, 영미 모델이 있다.

⋯ 스칸디나비아 모델

스칸디나비아 모델은 의료 서비스, 아동 및 노인 복지, 장애인의 장비 및 생활 지원을 통해 모든 국민에게 복지 혜택이 골고루 돌아가도록 국가와 지방정부가 적극적인 역할을 담당하는 복지 모델이다. 이 모델은 공교육을 통해 모든 국민이 일정 수준 이상의 지식, 기술, 능력을 갖추도록 해 사회적 신분 이동을 용이하게 하는 정책에 우선순위를 둔다. 그에 따라 대학원까지 교육비가 무상이고 각종 교육 지원을 강화해 학업에 전념할 수 있도록 지원한다.

이 모델은 서로 다른 가정환경에서 태어났지만 교육을 통해 기회의 균등화를 이뤄 가급적 많은 창의적 개인들이 노동활동을 해야 국가의 경쟁력이 강화된다고 본다. 이 모델은 창의 교육을 통해 사회적으로 고립되거나 소외된 가정의 자녀들이 가능한 한 많이 노동시장에 진출하는 데 주안점을 두고 있는데, 이들의 노동시장 참여는 국가 경쟁력 증대와 소득 평준화라는 두 가지 목표를 동시에 이룰 수 있으며, 사회적 갈등을 예방하는 역할도 한다.

무상교육과 보편적 사회서비스가 중심축을 이루는 스칸디나비아 모델은 대부분의 재원을 세금이라는 공적 자금으로 충당한다. 스칸디나비아 모델의 세제 정책은 많이 번 사람은 더 많이 내고 적게 번 사람은 덜 내는 누진세가 기본 원칙이지만, 더 중요한 원칙은 적더라도 수입이 있는 모든 국민은 국가에 세금을 내야 한다는 조세 제도와 이를 투명하게 집행하는 조세 정책에 있다. 이런 기본 틀은 복지 제도 구축과 유지가 국민적 동의와 신뢰의 바탕 위에서 운영된다는 점에서 보편적 복지 제도의 필수 요소로 꼽힌다.

가능한 한 많은 노동력이 노동에 참여하는 것을 목표로 하기 때문에 특히 여성이 직장과 가정을 양립할 수 있도록 아동 및 노인 복지, 장애인 복지, 가족 정책의 틀 또한 잘 정비한다. 20대 때 동거 및 결혼을 하는 가정이 대부분인 사회 구조에 맞춰 여성이 직장과 가정생활을 동시에 영위할 수 있도록 육아, 장애 자녀 보조, 연로한 부모님 보조 등을 골자로 하는 복지 제도가 구축된다. 또한 임신 및 육아 등으로 인해 직장에서 여성이 차별받지 않도록 출산 지원과 부부 육아 공동 책임제 등이 실시되고, 임금 및 진급 등 직장 내 활동에서도 출산으로 인한 불이익이 없도록 법적 장치가 잘 갖추어져 있다.

결과적으로 여성의 권리가 잘 보장되어 성적 불이익이 적기 때문에 성 평등도 자연스럽게 이루어진다. 이와 관련, 성 구분이 없는 노동시장을 유도하기 위한 성 중립性 中立 혹은 무성無性 교육 정책도 매우 중요한 정책 수단이다.

이 모델의 또 한 가지 중요한 정책 수단은 경제 성장과 국가 경쟁력이다. 경제 성장이라는 동력이 없다면 세금을 납부할 납세자의 수가 줄어들어 복지 재원을 충당할 수 없기 때문에 경제 성장과 일자리 창출은 매년 정부의 중요한 정책 목표가 된다. 높은 실업률과 물가를 잡지 못하면 잠재성장률이 떨어져 성장을 이끌 수 없기 때문에 복지 수준도 악영향을 받을 수밖에 없다.

성장이 우선이냐 복지가 우선이냐 하는 논쟁보다는 성장-복지의 선순환 관계를 유지하려고 애쓰며, 경제가 좋지 않을 경우 무작정 세금을 인상하기보다는 물가 안정과 복지 수준을 잠시 낮추는 등 유연한 경제 정책을 적용한다. 물론 선거를 통해 국민의 동의를 얻어낸 정당이 정책의 우선순위를 정하는 것은 당연한 민주적 절차다. 한편 스칸디나비아 모델은 제2차 세계대전 이후 사회민주당(노르웨이 노동당)의 지속적 집권을 통해 이루어졌다고 해서 사회민주주의 모델로 불리기도 한다.

… 유럽대륙 모델

그다음으로 독일, 프랑스, 이탈리아, 네덜란드, 벨기에 등 유럽대륙 국가들이 채택한 제도를 알아보자. 편의상 이를 유럽대륙 모델이라고 부르겠다. 이 모델은 물론 국가의 역할이 중요하지만 동시에 가정과 기업의 책임도 매우 중요하게 여긴다. 이 모델은 국가, 가정, 기업의 삼중주라 할 수 있을 정도로 공동책임제 성격이 강하다.

이 모델에서는 보편적 복지와 선택적 복지를 잘 배합해 국가와 가정, 기업이 사안별로 책임을 나누어 갖는다. 교육은 주로 국가의 기본 영역에 속한다. 육아, 장애아 교육 및 교육 시설, 노인 시설 등은 사적 시장, 지방자치 공공기관 등 다양한 선택이 가능하다. 스칸디나비아 모델은 공공 모델이 중심을 이루지만 유럽대륙 모델은 시장과 지방정부의 역할이 똑같이 중요하다. 경제적 여유가 있는 가정일수록 사립시설을 이용하는 비율이 더 높게 나타난다. 스칸디나비아 모델에선 시간이 흐름에 따라 시장 모델이 등장하고 있지만 아직까지는 공공 모델이 주류를 이룬다는 점에서 유럽대륙 모델과 차이를 보인다.

자녀 교육의 경우도 유럽대륙 모델은 아직까지 스칸디나비아 모델에 비해 가정의 책임을 더욱 강조한다. 출산 후 여성이 자녀 교육을 위해 가정에서 가사활동에 전념하는 비율이 훨씬 높고, 가정교육이 공교육만큼이나 중요하다는 인식이 매우 강하다. 스칸디나비아 모델과 비교할 때 아버지는 권위와 훈육에 치중하고, 어머니는 인성과 배려, 가정 내 교육에 중점을 둔다.

자녀 교육과 사회 진출이 부모의 교육 수준과 경제 수준에 크게 영향받는 구조이기 때문에, 공교육이 무상으로 제공되는데도 스칸디나비아 모델에 비해 사회 이동성은 낮은 편이다. 성적 순위에 따라 일찍이 방향이 결정되기 때문에 대학 교육도 부모의 교육열이나 부모의 직업에 따라 결정되는 경우가 많다.

그렇다고 기술직의 가치를 낮게 보는 것은 아니어서 사회에 일찌감치 기술직을 전문지으로 보고 숙련된 장인을 존중하는 풍토가 형성되어 있다. 중세 이후 도제 및 장인 제도를 통해 기술을 숭상하는 전통이 뿌리 깊게 남아 있어 이런 경향이 강하다. 특히 독일, 스위스, 이탈리아 등에는 아직까지도 전문 기술자들의 전통 유지와 계승을 뒷받침하는 정부의 정책 등이 존재한다.

앞서 설명했지만, 유럽대륙 모델은 국가와 함께 기업과 가정의 역할을 매우 중요시한다. 기업들은 기업 활동을 통해 얻는 수익을 바탕으로 법인세를 납부해 국가에 기여하는 한편, 피고용자들에게 복지를 제공하는 데 적극적으로 임한다.

스칸디나비아 모델을 따르는 국가의 기업들에 비해 유럽대륙 모델을 따르는 독일, 이탈리아, 프랑스 기업들의 사원 복지는 훨씬 더 다양하고 적극적이다. 직장별로 다양한 방식의 직원연금이 적용되는데, 그 수준이 상당한 차이를 보인다. 스칸디나비아 모델 국가들은 연금 개혁을 통해 공적연금을 중심으로 한 연금 제도의 틀이 갖춰져 있지만, 유럽대륙 모델에서는 공적연금과 함께 직장연금도 큰 비중을 차지한다. 따라서 스칸디나비아 모델 국가들과 연금 격차가 크게 나타나는 것이다.

임금 격차도 유럽대륙 모델이 훨씬 크다. 기업별, 직종별로 임금 수준이 형성되어 있고 특별성과금이 폭넓게 도입되어 개인별 소득 수준의 차이가 스칸디나비아 국가에 비해 상대적으로 높게 나타난다.

의료 시설, 노인 복지 시설, 교육 기관 등도 이윤 추구형 사적 영역과 공공 영역으로 양분된다. 개인의 소득 수준에 따라 사회시설과 서비스를 선택할 수 있어 복지 및 의료 서비스의 질이 가족의 소득 수준에 좌우된다. 자녀 양육에 대한 부모의 책임의식도 스칸디나비아 국가들보다 높아 국가 의존율이 상대적으로 낮다.

이런 전통은 문화적 요소와 매우 밀접한 관계가 있다. 엄격한 위계질서와 가부장적 요소가 강한 독일의 경우, 직장과 가성에서의 훈육과 원칙, 기술과 장인에 대한 존중 등 도제 제도의 영향이 아직도 사회의 작동 원리로 깊이 뿌리내려 있고, 국가주의etatism와 관료들에 대한 믿음과 신뢰가 매우 깊다.

··· 영미 모델

마지막 모델은 영국과 미국에서 구축된 시장경제 모델이다. 1942년 발표된 〈베버리지 보고서〉를 통해 공공 보건의료 제도National Health System, NHS를 구축해 놓아서 일견 국가 복지 제도를 중요시하는 나라처럼 보이지만 영국에서는 전통적으로 사회적 성공과 실패, 교육과 의료, 복지 등이 개인의 책임과 의무 영역이라는 의식이 강하다. 영국에서는 사립학교인 공립학교public school(영국에서는 특이하게도 사립학교를 이렇게 부른다) 진학이 출세의 지름길이고, 옥스브리지Oxbridge(옥스퍼드대학과 케임브리지 대학의 합성어)가 성공의 공식처럼 되어 있다. 게다가 자녀가 좋은 학교에 진학하도록 아낌없이 투자하는 부모가 많아 사교육 시장이 폭넓게 형성되어 있다.

소수의 엘리트가 국가와 사회를 지배한다는 인식이 강하다 보니 엘리트 교육에 대한 관심도 높다. 결국 자녀의 직업 선택은 부모의 교육, 소득, 사회적 지위에 따라 좌우되는 경향이 강해 세 가지 모델 중 사회적 이동성이 가장 낮은 편이다.

영미 모델은 또한 국방, 시장질서 유지, 법 집행 등 자유방임적 국가의 역할을 중요시한다. 자유시장에서의 무한경쟁을 통해 경제적 부와 국가의 힘이 창출된다고 믿으며, 개인들이 스스로 경쟁할 수 있도록 자유롭게 놔두는 것이 국가의 가장 좋은 역할이라고 본다. 이런 인식하에서는 개인의 삶의 질과 복지가 국가보다 개인의 책임 영역에 속할 수밖에 없다.

회사는 개인의 능력에 따라 연봉을 지급하고, 해고와 신규 채용 등은 시장의 상황에 따라 회사가 결정하는 것이라는 인식이 강하다. 사회의 작동원리가 개인의 책임과 의무에 기초하기 때문에 개인 생활에 국가가 개입하고 영향력을 행사하는 것에 매우 부정적인 인식을 갖고 있다. 복지는 사회에서 실패한 사람이 살아갈 수 있도록 일시적으로 그를 보조하는 수단으로 인식되어 복지 수준을 향상시키기 위해 더 많은 세금을 내야 한다는 데 사람들이 쉽게 동의하지 않는다.

성공한 사람이 많은 반면 실패한 사람도 많고, 한번 실패하면 재기하는 것이 쉽지 않아 빈부격차와 양극화의 골이 매우 깊은 사회적 특징을 보인다. 다만 기회의 평등이 보장되기 때문에 노력하는 사람이 성공하는 사회라는 인식이 강하다. 어려운 환경에서 성공한 사람들을 우러러 보는 반면, 뒤처지는 사람은 능력이 없거나 노력하지 않는 패배자로 낙인 찍는 사회이기도 하다. 경제적으로 여유 있는 사람들이 교회나 자선 단체 등의 활동을 통해 사회적 약자를 도와주는 것을 중요한 덕목으로 받아들이고, 사회적 지위에 상응하는 도덕적 의무를 중시하는 노블레스 오블리주Noblesse oblige를 강조하는 것도 이 사회의 특징이다.

인재에 아낌없이 투자하는 사회이기 때문에 세계적인 인재가 많이 모이고, 이 같은 인재의 끝없는 공급이 역동적 경제를 만들어낸다. 그 결과, 세계적 기업이 끊임없이 창출되기도 한다. 제너럴 일렉트릭GE, 포드, IBM 같은 전통 기업이 주춤하는가 싶더니 마이크로소프트, 애플, 구글, 페이스북, 아마존 같은 새로운 기업들이 등장해 국가경제를 선도하고 꿈의 직장으로 떠오르는 현실을 보면 이 모델이 얼마나 역동적인 경제 모델인지 쉽게 알 수 있다. 이들 기업은 최고의 경쟁력을 갖춘 대학과 함께 창의적 인재를 끌어 모으는 엄청난 흡인력을 자랑한다.

어떤 복지 모델이 더 좋을까

지금까지 살펴본 세 가지 사회모델, 즉 스칸디나비아 모델, 유럽대륙 모델, 영미 모델은 국가, 시장, 가정(혹은 개인)의 책임과 의무에 대한 시각에 따라 명확히 구분된다.

세금의 적정 수준에 대한 인식도 각각의 모델이 큰 차이를 보인다. 국가가 국민들의 사회생활에 깊숙이 관여하는 스칸디나비아 모델에서는 높은 세금이 매우 중요한 역할을 하지만, 국가의 역할을 최소화하는 것이 좋다고 보는 영미 모델에서는 세금이 가급적 적을수록 좋다고 본다.

고른 삶의 질과 평등한 관계를 목표로 하는 스칸디나비아 모델에 비해 영미 모델은 사유재산과 개인의 자유 보장을 가장 중요한 가치로 본다. 유럽대륙 모델은 두 모델의 중간으로, 국가가 주도적인 역할을 담당하는 가운데 시장, 가족의 역할을 매우 중요하게 여긴다.

존 로크의 자연권, 뉴턴의 자연법칙, 애덤 스미스Adam Smith의 보이지 않는 손, 프리드리히 하이에크Friedrich Hayek의 자유경쟁 개념, 로버트 노직Robert Nozik의 자유를 바탕으로 한 정의 개념 등이 영미 모델의 이론적 기초를 놓았다면, 루소의 일반의지와 평등국가, 에드워드 번스타인Edward Bernstein의 점진적 사회평등주의, 뮈르달 부부Alva and Gunnar Myrdal의 인구 감소 문제 해결을 위한 국가의 적극적 가족정책 도입, 존 케인스John Keynes의 유효수요 창출을 위한 적극적 국가 개입론은 스칸디나비아 모델에 지적 자원을 제공해 주었다.

그렇다면 어떤 복지 모델이 더 좋을까?

이 질문은 어쩌면 우문일지도 모른다. 왜냐하면 세 가지 사회 복지 모델은 각국의 내외적 환경과 도전을 극복하면서 서서히 발전해 온 것이기 때문이다. 우선 스칸디나비아 모델은 친복지 정당의 존재와 그 같은 정당의 안정적인 장기 집권이라는 정치 환경으로 인해 평등적 정책이 오랫동안 국민의 지지를 받으면서 완성되어왔다. 한편 종교 탄압을 피해 미대륙으로 건너간 초기 정착민들은 국가 설립 초기부터 개인의 종교 자유, 사유재산의 불가침성, 자유선택권과 책임성을 가장 중요한 헌법 정신으로 추구해 왔다. 이런 기반 위에서 영미 모델은 제2차 세계대전 이후 국가의 최소한의 개입과 시장경쟁 논리를 바탕으로 육아, 방과후학습, 의료보험, 연금보험 등이 개인 책임주의 중심으로 발전했고, 사회적 수요에 따른 이윤 추구형 사회 기업과 의료 제도가 정착되었다. 전자가 배려주의와 형평주의를 바탕으로 국가 경쟁력을 갖췄다면, 후자는 경쟁주의와 자유주의를 바탕으로 국가 경쟁력을 키워왔다는 점에서 구분된다. 스칸디나비아 모델은 복지병으로 알려진 국가 의존성과 노동 기피 현상이라는 문제를 안고 있다면, 영미 모델은 삶의 질에 있어 개인 간의 편차가 커 사회적 양극화가 심하고 보다 나은 삶을 확보하기 위해 끝없는 경쟁에 내몰리게 된다는 단점이 있다. 두 가지 모델의 중간에 속하는 유럽대륙 모델은 양측의 장단점을 고루 가지고 있는 것이 특징이다.

각각의 모델이 장단점을 가지고 있기 때문에 어떤 모델이 더 좋은지 따지기보다는 다른 모델의 장점을 받아들여 각국의 현실에 어떻게 적용시킬지 고민하는 것이 더 현명한 선택일 것이다.

스칸디나비아 모델을 원한다면

보편적 복지 모델을 기초로 하는 스칸디나비아 모델의 장점을 살리기 위해서는 어떤 전제조건이 필요할까?

우선 스칸디나비아 모델의 가장 큰 특징은 노사 간의 신뢰 구축과 노동시장의 안정을 통한 지속적 경제 성장이 있어 가능했다는 점이다. 스웨덴의 경우, 1932년 사민당이 단독집권을 이룬 후 가장 먼저 시작한 것이 노사 관계의 안정을 위한 노사 화합 추구였다. 사민당 단독으로 이루기 힘들겠다고 판단하자 우익 정당에 손을 내밀어 좌우연정을 이룬 후 안정적 정권의 힘을 바탕으로 노사가 화합하지 않으면 파업금지법과 직장폐쇄금지법을 제정하겠다는 압력을 가하기 시작했다. 노사의 가장 강력한 노동쟁의 무기를 무력화하겠다는 정부의 최후통첩을 노사는 무시할 수 없었다.

1936년 정부의 압력으로 시작된 노사 간의 대화는 2년여의 마라톤협상을 거쳐 1938년 드디어 노사협상안을 이끌어냈다. 그 효력은 즉각적이었다. 1930년대 세계에서 가장 높던 노동일수 결손율은 급전직하로 떨어졌고 제2차 세계대전 이후 1960년대까지 고성장을 이루는 가장 중요한 기반이 되었다.

노사 간의 평화적 임금 교섭과 고용과 실업 문제 해결, 노동자의 복지 향상, 정규직과 비정규직 문제 등의 해결을 위해 노동시장의 두 주체가 손을 잡고 나서지 않는다면 파업과 직장폐쇄, 공권력의 개입과 폭력적 충돌 등이 이어져 단기적으로 경제 손실이 나타날 뿐만 아니라 장기적으로는 외국 자본의 이탈, 투자 의욕 저하, 국가 경쟁력 하락을 부추겨 경제 성장이 둔화될 수밖에 없다.

스칸디나비아 모델의 또 한 가지 전제조건은 노조, 기업, 국민의 책임의식이다. 노동자 간 상하위 임금 수준을 평준화한 노조의 연대임금

제 노력, 정규직과 비정규직의 임금 격차를 해소하기 위한 고연봉 노조의 양보, 복지기금 분담이라는 사회적 책임을 받아들인 기업인의 결단과 고용 창출을 위한 노력 등이 복지국가의 근간인 책임 분담이라는 문화를 창출했다. 저소득층도 소득이 있으면 한 사람도 예외 없이 세금을 내야 한다는 국민의식이 있었기에 투명한 조세 제도가 정착될 수 있었다. 이는 서로 믿는 사회의 단초를 제공해 복지 제도의 버팀목이 되어주었다.

정치인의 책임의식은 또 다른 한 축을 담당한다. 정치인은 24시간 일하는 일용직이라는 법 규정처럼 가장 일을 많이 하는 직업인이라는 인식이 강하다. 또한 보좌관의 도움을 받지 않고 정책을 생산하기 위해 정치인 스스로 공부를 게을리하지 않는 모습, 순수하게 어떤 정책이 국민들에게 도움이 될지를 놓고 자신의 정치적 견해를 내세우는 의회에서의 정책 토론 모습이 여과 없이 국민에게 전해지면서 정치인은 특권 없는 봉사직이라는 이미지가 형성돼 있다.

스칸디나비아 모델은 정치 문화, 노동 문화, 기업 문화, 국민의식 등 기본 틀의 변화가 없다면 성공할 수 없는 모델이다. 이 같은 전제조건을 이해하지 못하고 보편적 복지부터 실시하려 한다면 경제는 병들 것이고 이에 대해 상대 진영만 탓하다 그리스 같은 위기를 맞게 될 가능성이 매우 크다.

평화를 원하거든 전쟁을 준비하라는 말처럼, 복지를 원하거든 경제성장을 위한 친기업정책을 준비하라는 말을 귀담아들을 필요가 있다. 그 이유는 간단하다. 복지의 주세원은 세금이다. 세금을 담당하고 있는 기업의 고용 창출이 없으면 경제 성장을 이끌 수 없고, 경제 성장이 따라주지 않는 상태에서 세금을 인상하기만 하면 기업 경쟁력은 급격히 떨어질 수밖에 없기 때문이다.

2장

좋은 국가란
무엇인가

좋은 국가의
기본 조건

'좋은 국가'가 어떤 국가인지에 대한 생각은 누구나 다를 수 있다. 어떤 이는 군사적으로 강한 국가를, 어떤 이는 복지가 잘 되어 있는 국가를 좋은 국가라고 생각할 것이다. 그런가 하면 최근에는 국민들의 행복 지수가 높은 국가를 좋은 국가라고 말하는 사람들이 늘고 있다.

모두 다 맞는 말이다. 그런데 이 모든 것을 충족시키기 위해서는 먼저 좋은 정부가 나서서 합리적인 체제를 건설하고 잘 융성시킬 수 있어야 한다. 이런 맥락에서 좋은 정부, 좋은 국가를 어떻게 정의할 수 있을까?

정체성이 분명한 국가

국가 건설의 첫 번째 단계에서 해결해야 하는 문제는 국가 정체 확보다. 국가 정체성은 이념, 경제 수준, 피부색, 종교가 달라도 한 국가의 국민으로 서로의 동질성을 각인시켜주는 응고제다. 한 국가의 역사는 대개 영광과 오욕으로 점철돼 있게 마련이다. 침략을 받고 지배당한 역사가 있는 민족일수록 국가 정체성을 정의하는 것은 쉽지 않다. 다문화, 다민족으로 구성된 국가일수록 국가 정체성은 모호해진다. 국가의 영광과 오욕까지 자신의 것으로 용해한 정체성에 국민들이 동의할 때 진정한 국가 정체성이 완성된다. 물론 여기에는 역사적 용서와 화해를 통해 국민 정신이 녹아 들어가야 한다.

유럽 국가들은 일찍이 국가 정체성을 확립해 세계적 지배 국가가 되었다. 영국 해군은 자신의 목숨을 대영제국과 빅토리아 여왕의 영광을 위해서 바쳤다. 하지만 이들은 인도에서 대영제국의 영광을 위해 인도인의 생명과 인권을 유린하고 학살을 자행하기도 했다. 영국 지도자들은 인도인들 앞에서 자신들이 저지른 과오에 대해 진심으로 사과했고, 올바른 역사 인식을 통해 후대에 자신들의 과오를 가르치고 있다. 영국 국민들의 국가 정체성은 용서와 사과, 화해의 바탕 위에 영광과 수치를 모두 받아들이는 과정에서 완성됐다.

프랑스는 세계에서 문화적 정체성에 가장 민감한 나라다. 문화에 대한 애착을 넘어 자만심을 가진 것처럼 보일 정도로 역사적 우월성을 강조한다. 루이 14세 때 건축된 베르사유궁전을 비롯한 건축 등의 예술은 물론 음식, 파티, 예절 등은 전 유럽 국가들이 앞다퉈 모방할 정도로 큰 영향력을 미쳤다. 이 같은 문화적 토대 위에서 프랑스는 자국의 정체성을 찾으려 했다.

이외에도 프랑스인의 정체성을 구성하는 데 큰 줄기를 차지하는 것으로 프랑스혁명이 있다. 프랑스혁명은 프랑스인의 의식 속에 중심적 가치로 자리 잡고 있다. 아래로부터의 혁명을 통한 국가 개조의 전형으로 꼽히는 프랑스혁명은 프랑스 정체성의 핵심이다. 또한 볼테르Voltaire의 자유시민적 가치, 생시몽Saint-Simon의 평등적 사상, 루소의 일반의지, 수많은 자유주의 작가들, 예를 들어 몰리에르Molière, 오노레 드 발자크Honoré de Balzac, 빅토르 위고Victor Hugo, 에밀 졸라Émile Zola, 알베르 카뮈Albert Camus, 장 폴 사르트르Jean Paul Sartre 등도 프랑스인의 정신과 가치를 형성하는 데 큰 역할을 했다. 프랑스인들은 독일에게 패배해 두 번이나 파리를 함락당한 치욕과 아픔까지도 역사의 일부로 받아들였다. 이렇듯, 국가의 정체성은 나라의 중심이고, 국민 정신의 틀을 이룬다.

독일의 교육은 과거에 대한 철저한 반성에 많은 부분을 할애한다. 에라스무스 강의 수강생으로 내 수업에 참가한 독일 학생 세 명의 기말 보고서를 논할 때의 일화다. 보고서에 너무 비인칭적으로 자신의 생각을 간접적으로 표현해놓아서 "자신의 의견을 정확히 표현했으면 더 좋은 글이 되었을 것"이라고 지적하자 세 명의 독일 학생은 서로를 쳐다보면서 "검증되지 않은 자신의 생각을 상대에게 강하게 강요할 수 없게 하는 국어 교육의 결과"라는 설명을 내놓았다. 제2차 세계대전 때 수백만 유대인을 독가스실로 보낸 잔인성이 바로 독일 민족 우월주의에 기초한 선동, 선전 그리고 동원에서 발로했기 때문에 패전 이후 독일의 철저한 반성은 합리적 설득과 보편성 도출, 상대방에 대한 존중과 조화를 강조하는 후세대 교육에 그대로 투영되고 반영되었다. 이렇게 만들어진 독일의 자유민주적 과거 반성, 독일인으로서의 자긍심, 독일만의 정체성은 국민들이 동의해 완성된 것이다. 전쟁의 폐허에서 다시 일어선 라인강의 기적은 뼈를 깎는 국가 정체성의 확립에서 출발했다고 해도 과언이 아니다.

정통성을 확보한 국가

잘되는 국가, 국민이 행복하다고 생각하는 국가에서는 그 누구도 정통성에 이의를 제기하지 않는다.

정통성은 어떻게 만들어지는가? 정통성의 정치를 연구한 영국의 정치학자 데이비드 비담David Beethan은 국가란 국민의 주권을 극대화할 수 있는 제도적 장치라고 정의했다. 즉, 국민의 주권과 국민의 행복을 유린하지 않는 국가와 정부가 해답이다. 이는 국민이 주인이 되고, 정부는 머슴이 될 때 가능하다. 국민의 삶이 유린당하고, 한 사람 혹은 소수가 특권을 누리는 사회에서는 정치의 정통성이 상실된다. 국민의 삶을 돌보지 못하는 정치인은 통치 기반인 정통성이 결여된 것으로 보고 국민들이 언제든지 그를 끌어내리는 정당성을 행사할 수 있어야만 진정한 민주주의 국가라 할 수 있다.

정통성은 국민이 제도적 절차에 따라 뽑은 대표가 정부를 구성하고, 군대와 경찰 같은 무력 수단을 사용할 수 있게 해 주는 일종의 국민 동의 절차에 의해 완성된다. 국민이 동의하지 않는 정보 그리고 무력 기관의 장악은 쿠데타일 뿐이다.

하지만 산업화, 도시화, 경제 성장, 삶의 질 향상, 사회적 통합 등 큰 업적을 남긴 독재자는 군대를 동원한 정권 탈취나 경찰의 무력 진압 같은 원천적 오점이 있어도 더러 역사적 평가에서 후세들에게 가치를 인정받는 경우도 있다. 발전이론가들은 빈곤으로 인한 갈등과 폭력, 전쟁으로 점철된 국가의 발전을 위해 정통성 확보를 유보하는 것이 국가 발전과 국가 정체성의 정립을 위해 필요할 수도 있다고 인정하는 추세다. 국가 정체성을 정통성보다 상향가치로 보기 때문이다.

국민과의 교감을 거친 국가

정부를 구성하기 위해서는 국민의 동의를 얻고 설득하는 과정, 즉 국민과의 교감 혹은 마음 꿰뚫기 과정을 거쳐야 한다.

선거를 통해 국가 발전의 청사진을 제시해 그중 국민들의 지지를 가장 많이 받은 대안을 바탕으로 정권을 구성하는 절차적 민주주의가 중요하다. 독재국가는 국민의 설득과 동의를 바탕으로 한 선거로 구성된다기보다는 국민이 정부의 명령과 통제에 따라야 하는 국가 체제다. 이런 국가에서는 쌍방소통이 아닌 일방통행의 정치, 구속과 억압의 정치가 횡행한다. 그에 따르지 않는 국민은 주검으로 발견되거나 실종되거나 잔악한 고문을 당하기도 한다. 이런 국가에서 국민의 기본 인권은 무참히 짓밟힌다. 통치자와 생각을 달리하는 기업가, 언론인, 예술인, 학생은 탄압의 대상이 된다. 러시아는 이런 지적에서 자유롭지 못하다.

국민의 마음을 얻는 정치는 인도주의의 기초 위에서만 작동할 수 있다. 국민의 이성적 동의와 설득을 통한 절차 민주주의 확립은 민주주의를 완성하는 데 있어 중요한 조건이다. 신공화주의를 연구한 필립 페팃 Phillip Pettit은 간섭과 구속 없는 정부 형태가 진정한 신공화주의적 민주주의라 정의했다. 간섭과 구속 없는 자유선택은 정통성을 형성하는 데 중요한 잣대 역할을 한다.

책임정치가 가능한 국가

국민의 자발적 참여participation를 이끌어낼 수 있는 책임정치가 이루어져야 한다. 국민은 선거에 참여해 새로운 통치자나 국정의 방향을 선택한다. 정치인은 소속된 정당의 정치적 가치와 개인의 정치적 비전으로 국민의 지지를 호소하고, 유권자는 자신과 같은 편에 서서 자신이 추구하는 바를 정책에 반영하기 위해 노력해 달라는 메시지를 투표를 통해 표출한다. 이런 의미에서 상당수의 국민이 선거에 참여하지 않는 것은 정치 제도나 정치인에게 문제가 있다는 증거다. 갑자기 유권자의 투표율이 낮아지는 것은 정치인이 주어진 책임을 제대로 이행하지 않아 정치에서 민심이 멀어졌기 때문일 가능성이 크다.

통치자의 정치에 반대하는 국민들이 선거에 참여하지 못하도록 제도의 문제점을 그대로 방치하거나 제도를 바꿀 때도 이런 현상이 발견된다. 예를 들어, 제한적인 부재자 투표를 실시하기보다는 조금만 더 보완하면 사전투표제를 통해 학생, 공무원, 해외 및 국내 출장 등으로 투표할 수 없는 유권자, 장기요양 환자, 노약자, 장애인 등을 선거에 참여시킬 수 있는데도 제도의 결함을 방치하는 경우가 있다. 재외국민들의 경우, 선거에 참여하려면 자신이 거주하는 곳에서 몇백 킬로미터는 떨어진 영사관이나 대사관에서 투표해야 하기 때문에 투표 자체를 아예 포기하는 사례가 속출하고 있다. 이는 민주국가에서 폭넓게 적용되고 있는 우편투표제나 에스토니아, 노르웨이 등의 국가에서 최근 도입되기 시작한 전자투표제를 이용하면 간단히 해결할 수 있는 문제다.

이의 시행을 위해서는 부정투표가 우려되어 제도를 개선하지 못하는 정부의 권위주의적 근성을 버리는 것이 중요하다. 이는 국민의 투표권에 대한 헌법 조항에 어긋나는 반헌법적 행위이기 때문에 책임정치와는 거리가 멀다. 좋은 국가는 모든 유권자가 동등하게 한 표의 권리를 행사할 수 있도록 자발적 참여를 유도하는 제도의 구축을 전제로 한다.

통합의 정치를 펼치는 국가

좋은 국가는 통치자가 자신의 정책을 지지하는 국민들의 선택으로 옹립되었지만, 자신에게 표를 던지지 않은 국민까지도 만족할 수 있는 정치를 펼칠 때 비로소 완성된다. 이것이 바로 통합integration의 정치다.

통치자에게 가장 요구되는 덕목은 분열된 민의의 화합, 소통, 관용을 통한 사회 통합의 정치다. 통치자는 자신에게 반대하던 사람까지 포용해 국가의 아픈 상처를 아물게 하는 명의를 자처해야 한다. 그렇지 않을 경우 그 상처는 점점 깊어져 국가 전체의 정상적 기능이 작동할 수 없게 된다. 사회 통합은 사회계층 간에 존재하는 간극을 연결해 주는 교량 역할을 하기 때문에 국민 화합과 상호 신뢰를 가능하게 한다. 연결된 교량을 통한 소통은 서로의 존재를 인정하고 다양한 생각과 가치를 존중하게 하는 열쇠가 된다는 점에서 주목할 필요가 있다.

균형 잡힌 분배가 이루어지는 국가

사회적 격차를 줄이는 균형 잡힌 분배로 국가는 통합의 정치를 완성시킨다.

상호 간의 격차가 너무 크면 사회 통합은 이루어질 수 없다. 양극화 사회는 '3시 사회', 즉 질시와 무시, 과시가 지배하는 사회가 되어버리기 쉽다. 시장경제의 틀은 보장해야 하지만, 절대적으로 부유한 계층이 국가의 정치 권력과 결탁하거나 카르텔을 통해 시장을 독점하지 못하도록 하는 법적 장치를 강구해야 한다.

또한 상대적 빈곤에 처해 있는 계층이 경제적 열등의식을 갖지 않도록 자긍심을 심어줄 필요가 있다. 이 자긍심은 공공재의 질 개선과 그것에 대한 고른 접근성을 보장할 때 가능해진다. 경제적 수준과 관계없이 공교육, 기초의료, 공공탁아소, 공원, 공공도서관, 체육시설 등 고급 공공재를 통해 모든 국민의 삶을 획기적으로 개선시키는 것이 균형 잡힌 분배의 기초다. 일회성으로 제공되는 보조금이나 무상지원을 통한 분배는 경제의 부담을 키워 결국 경쟁력 상실로 이어지거나, 국민의 의존성을 심화시킬 가능성이 있다는 점에서 권장할 수 없다. 좋은 국가는 균형 잡힌 분배를 통해 개인의 경제적 부가 인간 가치를 판단하는 기준이 되지 않는 사회적 규범을 갖추고자 한다. 이를 위한 교육 제도의 정비는 무엇보다 필수적이다.

갈등과 위기를
어떻게 해결할 것인가

'좋은 국가'라면 대내외적인 갈등과 위기가 닥쳤을 때 이를 슬기롭게 해결할 수 있어야 한다. 그러려면 의식적 행동의 동기는 물론이고 그 의식적 행동 간의 충돌이 왜 일어나는지에 관해 먼저 충분히 이해해야 한다. 이를 위해 사회적 갈등, 나아가 국가 간 전쟁의 원인에 대해 먼저 살펴볼 필요가 있다.

갈등의 원인

첫째, 종교적 영광이다. 종교의 특성상 일찍 영향을 받을수록 믿음의 뿌리가 깊어져 쉽게 결의에 찬 행동을 하게 된다. 강한 종교적 믿음은 죽음까지 불사하게 만든다. 종교는 세계 전쟁과 분쟁, 갈등부터 가정과 개인 간의 불화에 이르기까지 인류역사상 존재하는 가장 명확한 행동의 동기와 전쟁의 원인이 되어왔다. 십자군 원정 과정에선 기독교의 영광을 위해 수많은 살생이 저질러졌다. 종교적 믿음의 차이로 수많은 사람이 화형장으로 끌려가 화마에 신음하며 죽어갔다. 30년전쟁으로 알려진 유럽전쟁도 구교와 신교 간의 갈등이 한 원인이었다. 스페인 그라나다에 있는 알람브라궁전 탈환은 유럽 본토에서 이슬람교를 몰아낸 기독교 성전이었다. 2015년 1월 초 일어난 프랑스 〈샤를리 에브도〉 편집인들과 유대인 상점에서 벌어진 민간인 살상의 뿌리에는 이슬람의 신성성에 도전하고 이를 더럽히는 세력에 대한 보복이 자리 잡고 있다. 1517년 이후 종교혁명을 이끈 마틴 루터와 장 칼뱅Jean Calvin까지 지동설을 부인할 정도로 종교적 믿음이라는 뿌리는 진실을 제대로 보지 못하고 착각에서 빠져나오지 못하게 만드는 거대한 족쇄 같다.

둘째, 씨족의 생존과 영광을 둘러싼 가문의 신성성이다. 부계사회에서는 씨족의 피를 지키고 번성시키기 위한 경쟁이 빈번하게 벌어진다. 역사에 기록된 수많은 갈등과 싸움은 가문 간의 치열한 경쟁에서 비롯된 경우가 많다. 프랑스와 영국의 백년전쟁, 영국의 흑장미와 백장미 간의 권력 다툼인 장미전쟁 그리고 윌리엄 셰익스피어William Shakespeare의 작품에 등장하는 로미오와 줄리엣의 이루어질 수 없는 사랑도 모두 그 뒤에는 가문의 영광이 자리 잡고 있다. 최근 들어 종교의 이름으로 자행되고 있는 명예살인도 결국 가문의 피를 더럽혔다고 생각하는 아버지, 오빠가 저지른 범죄일 뿐이다.

셋째, 민족(국가)의 독립과 권위로 인해 우리의 행동은 명확해진다.

민족의 독립, 번영 그리고 영속을 위한 민족중심주의가 요체다. 100년 전쟁에서 패배할 상황에 직면한 프랑스를 구명하기 위해 앞장선 잔다르크Jeanne D'Arc의 애국심, 을사조약으로 조선을 일본에 빼앗겼을 때 시작된 독립 저항 운동, 3·1운동 때 "대한 독립 만세"를 외친 유관순 열사의 절규, 인도의 독립을 위해 무폭력 저항 운동으로 민족정신을 만들어낸 마하트마 간디Mahatma Gandhi, 북이라크의 쿠르디스탄 민족의 국가 건설을 위한 폭력 운동, 북아일랜드 독립을 위한 IRA의 폭력 전쟁 등 저항 행위의 요체는 민족의 존립과 번영 그리고 팽창이다. 세계 1위 미국을 뛰어넘기 위해 똘똘 뭉친 중화주의의 요체가 민족중심주의에 있다는 것은 모두가 아는 기본 상식이다.

넷째, 사회계급에 대한 인식의 차이가 우리를 다르게 행동하게 한다. 우리는 흔히 사회구성원 간 사회경제적 차이를 가리켜 계급이라고 부른다. 서양의 왕족, 귀족, 성직자, 농민(혹은 농노)이나 우리나라의 양반, 상민, 천민 등 수직적인 관계의 각 계급은 대를 이어 세습되기 때문에 신분적 지위를 지키거나 획득 혹은 찬탈하는 과정에서 수많은 폭력 경쟁과 살상이 벌어졌다. 영국에서 시작되어 전 유럽으로 전파된 산업혁명의 결과 노동자들의 세력화가 이루어지면서 노동조합이 만들어지게 되었다. 이를 바탕으로 기존 계급적 서열을 무너뜨리기 위한 투쟁이 시작됐다. 이런 움직임, 즉 사회주의 혁명적 노선은 1848년 전 유럽에 걸쳐 전개된 급진적 사회 개혁 운동과 보통선거 운동, 여성 해방 운동, 금주 운동, 정신 혁명 운동, 국민 체육 운동 등으로 파급됐다. 이런 갈등은 1850년대 이후 지금까지 전 세계적으로 중요한 사회 갈등 구조의 가장 큰 쟁점이자 요체였다. 이 같은 계급투쟁이 사상의 영역까지 파급된 것이 바로 이데올로기다.

다섯째, 이데올로기의 차이가 세상을 달리 보게 한다. 1800년대 중반까지는 계급의 차이로 인한 역사적 변화가 이어졌다면, 마르크시즘과 공산당 선언이 나온 1848년 이후로는 이데올로기가 세계 변화의 주도적 요체가 되었다. 1917년 러시아혁명을 통해 뿌리내리기 시작한 공산주의는 제2차 세계대전 이후 냉전 체제의 중요한 원인을 제공했다. 1962년 대니얼 벨Daniel Bell이 주장한 이데올로기의 종언은 역설적으로 자본주의와 공산주의 체제로 양분된 세계의 현상 유지Status Quo를 의미했다. 중국 공산당 정권의 본토 점령과 국민당의 포르모사 섬으로의 탈출, 쿠바의 카스트로Castro 정권 수립, 체 게바라Che Guevara 저항 운동, 베트남 전쟁, 1950년 한국전쟁, 쿠바 미사일 위기, 베를린장벽 등 우리가 알고 있는 제2차 세계대전 이후의 전쟁, 갈등, 역사적 사건 등은 이데올로기의 차이에 근본적 원인을 두고 있다.

갈등 요소의 결합

사회 화합과 경제 발전, 민주주의적 질서 확립 등이 잘 이루어진 국가들은 이 다섯 가지 원인에서 비롯된 핵폭탄 같은 갈등과 위기의 요소를 안전하게 무장해제시키는 방법을 잘 구축해 놓고 있다. 이 다섯 가지 요소는 현재 국제 정치 무대에서 벌어지고 있는 국가 간 갈등과 전쟁, 살상의 원인이기도 하다. 나치의 인종 청소, 한국전쟁, 코소보 전쟁, 러시아의 크림반도 점령, IS의 폭력 전쟁, 중동 전쟁, 시리아 내전 역시 종교, 이데올로기, 민족 등이 갈등의 원천이었다.

전 세계적으로 일어나고 있는 지역적 분쟁과 국내의 갈등은 이 다섯 가지 원인 중 하나 혹은 두 개 이상이 복합적으로 얽혀 있는 경우가 대부분이다. 국제사회에서는 같은 뜻과 방향을 가진 국가들끼리 뭉쳐 공동전선을 펼치기도 하고, 상대방에 맞서 전쟁을 일으키기도 한다. 국가와 민족의 성격상 갈등의 요소들은 서로 다른 조합으로 이루어지며, 사회구성원이나 가족, 개인은 이 다섯 가지 범주의 차이에 따라 명백하게 행동을 달리한다.

극단을 지향하는 갈등의 뇌관을 안전하게 해체할 수 있는 능력이 곧 좋은 국가의 필수요소가 된다는 점을 명심할 일이다. 개인 간, 집단 간 이익이 상충할 때는 협치를 통해 중간 지점에서 해결할 수 있도록 다리를 놓아주는 국가의 정책이 절실하다. 절대적 삶의 질을 올려주는 경제 성장이 중요한 만큼, 상대적 박탈감을 불러일으키는 사회의 양극화를 줄이는 것 또한 중요하다. 이를 실행하는 국가정책 능력이야말로 갈등 치유의 핵심적 요소가 될 것이다. 좋은 국가는 좋은 정부에서 출발한다고 해도 과언이 아니다.

국가는 신뢰를 잃으면
모든 것을 잃는다

유엔의 세계인권선언, 국제경제사회문화협약, 국제인권및정치적권리에대한협약은 인간답게 살 권리에 대한 기본정신을 담고 있다. 우리나라 헌법 10조에도 "모든 국민은 인간으로서의 존엄과 가치를 가지며, 행복을 추가할 권리를 가진다"고 천명하고 있다.

최소한의 사회 복지를 요구하는 목소리가 점점 커지고 있다. 사실 국민의 일상생활 편의를 보장하고 국민의 안전과 생명을 보호할 책임은 당연히 국가에 있다. 아무리 개인의 역할과 책임을 강조하는 시장경제 모델이라 해도 예외는 아니다.

국민이 일정한 수준 이상의 삶의 질을 누릴 수 있도록 국가는 의무교육을 확대하고, 수준 높은 공립학교와 우수한 교사가 공급될 수 있도록 체제를 유지 및 감독해야 하며, 질병이나 전염병이 돌지 않도록 예방접종을 실시해야 하고, 섬과 육지를 연결하는 교량이라든지 깨끗한 상수도와 하수처리시설이라든지 전기 등의 공공재를 원활하게 제공해야 한다. 이렇게 국민이 편안히 경제생활을 해나갈 수 있게 해 주는 기초서비스는 국가나 기초지방자치단체에서 제공하는 것이 통례다.

세금을 걷고 사용하는 문제

개인의 책임을 강조하는 영국과 미국의 경우도 고속도로, 상하수도, 질 좋은 공교육과 평생 교육, 질병 예방, 전기 보급, 항만, 비행장, 홍수 방지 및 가뭄 대책으로 사용할 댐과 담수호 건설, 국민이 산책하고 휴식을 취할 수 있는 공원 정비, 지식의 목마름을 채울 수 있는 도서관 건설, 운동을 할 수 있는 체육시설과 문화시설 등 국민들이 문화, 체육, 여가, 휴식 활동을 영위할 수 있도록 공공재를 만들거나 운영할 때 들어가는 비용은 국민의 세금으로 충당해야 한다는 데 큰 저항감이 없다.

결국 국민 일상생활의 질은 국가가 공공재를 얼마나 효율적으로 구축하고 운영하느냐에 따라 결정된다. 공공재는 국민이 낸 세금이 중심 재원이 되기 때문에 국가와 기초지방자치단체가 국민의 소득세와 소비세 등을 어떻게 조달할 것인지, 기업 세금의 수준은 그 기준을 어디에 두어야 하는지, 세금을 얼마나 거둬들이고 다시 분배할 것인지, 기업과 시장에 얼마만큼의 참여와 기여를 요구할 것인지에 대한 결정은 정부의 의지 혹은 국민의 정서에 따라 이뤄져야 한다.

자유보수적 성향이 강한 정부는 사회진보적 정당보다 세금을 덜 거둬들이고 시장과 개인의 역할에 역량을 집중한다. 반대의 경우 세금의 비중을 더 높이고, 특히 부유세, 누진세 등을 통해 중산층 이상의 사회계층이 공공재 투자에 더 많이 기여하도록 유도하는 정책을 선호한다. 하지만 보수나 진보 등 정부의 성향과 관계없이 대량 실업 사태 해결, 청년 일자리 창출, 창업 교육과 재정 지원, 중소기업 육성과 중견기업 지원 정책 등을 통해 국민의 경제 활동을 총체적으로 책임진다는 점은 국가들의 채택한 경제 모델, 즉 국가 주도형 혹은 시장 주도형 모델과 관계없이 갈수록 폭넓은 지지를 얻고 있다.

국가는 공공재를 제공하기 위해 세금을 공평하고 투명하게 관리해야 할 의무를 진다. 세금이 한 푼이라도 헛되이 쓰인다면 이는 국민의 주머니에서 돈을 훔치는 행위나 다름없기 때문에 국가는 세금 포탈, 누수, 횡령 등을 매우 엄하게 다스려야 한다. 국민의 세금이 투명하게 관리되도록 세무 공무원은 국민의 공복 중에서도 가장 엄격한 잣대로 관리되어야 한다. 그렇지 않을 경우, 국민들의 국가에 대한 신뢰가 한순간에 무너질 수 있다. 국민들 또한 한 푼이라도 소득이 발생하면 국가에 세금을 내야 한다고 인식해야 한다. 국가에 내야 할 세금을 포탈하는 것은 다른 국민의 세금을 훔치는 행위나 다름없다.

고소득층에서부터 저소득층에 이르기까지 예외 없이 세금을 내야 한다는 인식이 형성되지 않으면 국민 간의 상호 신뢰 관계가 무너질 뿐만 아니라 그것을 바로잡지 못하는 정부에 대한 불신감마저 생겨날 수 있다. 국가가 잘사는 사람, 힘 있는 사람에게 관대하다는 인식이 널리 퍼지면 국가는 더 이상 경찰, 사법, 정보 등 무력을 사용하는 기관의 정당성과 권위를 인정받을 수 없다. 이 경우, 세금이 공평하게 쓰일 것이라는 확신이 없기 때문에 국민들 사이에서는 세금을 포탈하는 게 당연한 일이라는 인식이 팽배해진다. 국가의 중심을 잡는 데 국가의 신뢰 회복이 무엇보다 중요한 이유는 국가 권력이 국민에게 위임받은 통치권임을 인정받는 데 반드시 필요하기 때문이다.

국민의 신뢰를 얻기 위하여

국가와 국민 쌍방 간의 의무 관계는 서로의 신뢰를 바탕으로 한다. 국민의 신뢰가 무너지는 순간, 국가는 위임받은 주권의 권위가 손상된다. 국민의 세금 저항, 국방 의무 저항, 폭력적 저항, 전복 세력의 등장 등은 국가의 권위가 실추될 때 나타나는 현상들이다. 국가의 통치 권위는 국민의 신뢰 위에서만 존재하기 때문에 국가는 국민의 신뢰를 잃지 않도록 부단히 노력해야 한다.

그렇다면 국민의 신뢰를 얻기 위해 국가는 어떻게 해야 할까?

우선 국가 최고지도자와 정부 부처, 고위 공무원, 각급 기관, 사법기관, 군 등은 모든 국민을 중립적으로 공정하게 처우하는 모습을 보여주어야 한다. 권력, 경제 수준, 교육 수준, 지역에 따른 편향과 우대, 차별이 눈에 보이기 시작하는 순간 국민들은 국가에 대한 충성을 철회하고, 보다 나은 대우를 받기 위해 무한경쟁에 돌입하게 된다. 더 많은 권력, 더 나은 경제 수준, 우월한 문화 수준을 획득하기 위해 부정부패가 만연하고, 국가의 기강이 무너지기 시작한다. 프랑스의 제1왕정, 제2왕정, 제2제정 등이 7월 혁명, 2월 혁명, 프로이센전쟁 등으로 차례로 무너진 배경에는 권력의 대물림, 권력 획득을 위한 부패, 소수 권력의 장기 집권 등이 가장 큰 원인으로 작용했다. 국민은 세금만 내는 의무만 강요받았지 국가에 요구할 수 있는 권리는 철저하게 외면되었다.

스웨덴이 국가에 대한 신뢰가 높고 국민 상호 간에 갈등과 분열이 낮은 이유는 산업혁명을 바탕으로 가난한 나라에서 경제적으로 발전한 나라로 나아가면서도 양극화 같은 극단의 대립이 없었기 때문이다. 이는 정부가 사회보장, 의료 보장, 가정 복지 등에 힘을 써 국민의 삶의 질이 편향되지 않고 부가 골고루 향유되도록 국가를 운영한 덕분이었다.

이와 반대로 국민 간 신뢰의 뿌리가 흔들리기 시작하면 이기주의가 만연하면서 자기와 자기 가족 중심의 사고, 나보다 못한 사람은 무시하고 더 높은 위치에 있는 사람에게는 굴복하는 관계가 형성된다. 이는 사회적 계층화, 양극화, 불신의 고착화로 이어져 사회적 응집력이 급속도로 와해된다. 상호존중 회복은 국가의 기강을 올바르게 하고 긍정적 발전을 이끌어내는 데 필수 요소다. 국민의 상호 신뢰를 회복시키는 가장 효과적인 방법은 국민 개개인의 삶의 질에 꼼꼼히 신경 쓰는 모습을 정치와 행정 행위에서 자연스럽게 보이는 것이다. 프랑스에서 테러가 발생했을 때, 대통령이나 총리, 관계 장관이 국민의 안전을 끝까지 지켜주기 위해 노력할 것이라는 내용의 담화를 국민 앞에서 발표하거나, 언론을 통해 의연한 모습을 보여주었을 때 국민들은 진정성을 느꼈다. 위기와 테러가 발생하면 국민이 어떤 책임과 의무를 갖게 되는지 매뉴얼을 보여주고 숙지시키는 것은, 만약의 경우 그런 사태가 발생할 때 국민이 어떻게 행동해야 할지 알게 된다는 측면도 있지만, 무엇보다도 국가가 국민을 생각하고 있다는 인식을 국민에게 심어주기 때문에 국가에 존경심을 가지게 할 수 있다.

국가의 신뢰가 무너지는 또 다른 경우는 치안, 질병, 전염병, 범죄, 천재지변 같은 사회적, 자연적 위급 상황에서 국가가 국민의 생명을 온전히 지켜주지 못할 때 발생한다. 내 생명, 내 자식의 생명이 고귀하게 지켜지지 않고 헛되이 꺼질지도 모른다는 위기감을 국민이 느끼는 순간 국가, 정부, 공권력의 권위는 무너지게 된다. 그렇게 국가를 믿을 수 없게 되면, 자신과 자신의 가족만 지키기 위한 방어 수단을 강구하게 되기 때문에 사회의 공공재를 개인의 안전과 생명 보존을 위한 수단으로 보기 시작하고, 자신의 이익을 위해 이를 쉽게 파괴하거나 부당이익을 취하고자 하게 된다.

홍수, 태풍, 산사태 같은 천재지변이라고 해서 불가항력의 재난은 아니다. 물론 자연재해의 경우 아무리 준비를 잘해도 그로 인한 모든 피해를 막을 순 없다. 그러나 예방 조치를 취하거나, 한 발 빠른 대피 조치를 강구하거나, 평상시 대피 장소에 대한 준비와 점검 등이 잘 이루어진다면 재산 및 인명 피해를 최소한으로 줄일 수 있다.

2005년 허리케인 카트리나에 강타당한 미국 뉴올리언스 시의 경우는 천재지변에 맞서 정부와 국가가 어떤 역할을 해야 하는지 그리고 그 역할을 제대로 수행하지 못할 때 어떤 결과가 초래되는지 여실히 보여준다. 뉴올리언스는 80퍼센트 이상의 지역이 해수면보다 지대가 낮아

1965년 똑같은 경로로 올라온 태풍에 의해 피해를 본 경험이 있었다. 그를 바탕으로 제대로 된 예방책을 세웠더라면 이재민의 인명과 재산 피해를 상당히 줄일 수 있었을 것이다. 자연재해에 대비한 시와 주정부의 비상계획, 연방정부의 기동성 있는 이재민 구호, 피해 지역에서 무정부 사태가 초래되기 전 비상사태 선언을 통한 질서 유지, 빠른 복구 대책 등이 실시됐어야 하는데, 제대로 작동된 것이 하나도 없었다. 바로 이것이 이재민들의 공분을 사게 된 가장 큰 원인이다.

카트리나로 인해 제방이 붕괴되면서 뉴올리언스에선 1,500명 이상이 실종되거나 사망했으며, 전기가 끊긴 두 개의 수용 시설에 8만 명 이상의 이재민이 몸을 의탁했다. 물 공급과 환기조차 제대로 이뤄지지 않는 열악한 환경 속에서 불만은 점점 커져갔다. 게다가 수용 시설과 폐허가 된 시가지에서 약탈, 총격전, 방화, 강간 등 각종 범죄가 발생하자 비상사태가 선언되고 곧 군이 투입되었다. 이 과정에 빠른 상황 판단을 통해 공권력을 투입했더라면 주민들이 치안 문제와 안전 부재로 불안에 떨지는 않았을 것이다. 조지 부시George W. Bush 대통령이 카트리나가 지나간 지 4일 만에야 비상사태를 선언하는 등 정부의 초기 대응이 늦었던 탓에 피해는 급증했고, 결국 연방재해본부장이 이 사태에 책임을 지고 해임되었으며, 대통령과 주지사, 시장은 모두 엄청난 비난을 받아야 했다.

더 큰 문제는 1965년 허리케인으로 피해를 입은 이후 복구 과정에서 제방과 둑을 축조하면서 비용 절감을 위해 낮고 얇은 강판을 쓴 것이 이번 재해의 주원인이라는 민간 및 군 조사 위원회의 발표였다. 복구 과정에서 제방만 제대로 축조했더라면 또 다른 피해는 없었을 것이라는 점을 고려할 때, 국가의 토목공사가 절약만을 목적으로 하면 안 된다는 사실을 분명히 알 수 있을 것이다. 카트리나의 피해액은 1,080억 달러(대략 120조 원)로 추산된다. 뉴올리언스 시당국은 몇십 억 달러의 토목공사비를 절약하려다가 천문학적인 예산을 낭비하게 된 셈이다.

연휴나 연말연시면 해외에 나가는 국민이 갈수록 늘어나는 상황에서 우리 국민의 생명을 보호하기 위해 외교부가 얼마나 많은 예방 정책을 준비하고 있는지, 만약 해외에서 산사태나 쓰나미 같은 천재지변이 발생할 경우 얼마나 빨리 구호 팀과 안전 팀을 꾸려서 보낼 수 있을지 의문이다. 2004년 12월 태국 휴양지를 덮친 쓰나미 사태로 542명의 국민이 사망한 스웨덴이 이후 해외에서 발생하는 자연재해와 테러에 긴급 투입할 요원을 훈련시키고 각종 대책을 실행할 안전재해본부를 신설해 대비하고 있는 것을 귀감 삼아 사례 연구를 해 볼 만하다. 외교력이 미치지 못하는 곳에 진출해 있는 우리 국민들을 어떻게 보호하고 그들의 생명을 지킬지에 대한 대책도 필요하다. 글로벌 시대에 걸맞은 재난 구호와 국민에 대한 안전 교육, 계도를 꼼꼼하게 챙기는 정부의 역할이 더욱 절실히 요구되는 상황이다.

하지만 무엇보다 지금, 국민이 허탈해하고 분노하는 것은 반복되는 국내 안전사고에 대한 정부의 안일한 대처와 구조적 병폐다. 문제가 발생해도 책임지는 사람은 없으니, 유사한 사고가 있을 때마다 으레 등장하는 정부의 재발방지 약속은 돌아오지 않는 메아리처럼 들린다. 문제의 원인은 명백하다. 낙하산 인사, 전관예우, 정규직과 비정규직의 차별, 정부, 기업, 하청업체 간의 수직적 관계, 암암리에 맴도는 집단이기주의와 특권 유지를 위한 권력 카르텔. 우리나라가 안고 있는 구조적 병폐인 셈이다.

이제 우리나라가 더 좋은 국가를 지향할 때 무엇이 걸림돌인지는 명확하다. 정부가 국민의 신뢰를 회복하기 위해서 무엇부터 손을 대야 하는지는 이미 답이 나와 있다. 과거의 잔재를 제거하지 않으면 우리의 미래는 어쩌면 현재보다 더 암울할지도 모른다. 언제, 누가, 어떻게 악순환의 고리를 끊을 것인가.

미래의 국가는
어떤 모습이어야 할까

2015년 파리에서 자행된 테러는 전쟁과 국가의 역할에 대한 우리의 생각을 완전히 바꾸는 계기가 되었다. 이전까지 국가는 그저 하루하루 국민들이 생활을 하는 데 불편하지 않도록 주택 정책을 잘 펼치고, 경제 및 재정 정책을 잘 운영해 물가를 잡고, 국민들이 소비 생활을 영위하는 데 지장이 없도록 상수도, 오물과 하수도 시설, 싼 에너지를 공급하는 정도에 그 역할이 집중되었다. 하지만 최근 들어 국민의 생명을 보호하고 안전을 지켜주는 불침번 역할이 매우 귀중한 가치로 떠오르고 있다. 밤에 국민들이 편하게 잠잘 수 있도록 국방, 치안, 질서 유지, 생명 보호 등을 책임지는 야경국가night-watcher's state로 회귀하는 모양새다. 다시 말해 국민의 재산, 안전, 생명 등 기본권 보호가 국가의 가장 중요한 역할로 떠오른 것이다.

정보기관의 역할도 갈수록 국가 활동에 필수적인 요소로 자리매김하고 있다. 국가는 국민의 생명을 언제 어디서나 보호하기 위해 세계를 상대로 정보를 수집하고, 국가를 전복시키기 위해 국내에 잠입하는 테러 세력을 축출하거나, 국내에서 독버섯처럼 자라고 있는 테러 동조 세력이나 테러 집단 세력의 조직원으로 훈련을 받고 돌아와 평범한 시민으로 위장한 채 살아가고 있는 테러 세력을 색출해 폭파, 사살, 납치 등의 활동을 미연에 저지해야 할 임무를 갖는다. 전쟁은 전장에서 군인끼리 벌이는 것이 아니라 내 집 앞 골목에서, 시장에서, 거리에서 민간인 복장을 한 테러범들과 대테러 훈련을 받은 특수경찰이 치르는 것으로 그 개념이 바뀌어가고 있다. 이런 상황을 반영해 예전에는 한직으로 꼽히던 내무 치안 정부 부처는 그 어떤 곳보다 바쁜 공무원 집단으로 변해가고 있으며, 경찰의 중심 업무는 범죄 예방과 질서 유지에서 국민의 생명 보호 기능까지 확대되고 있다.

따라서 경찰의 훈련, 임무, 정보 조직과 배치 등에 있어서 새로운 접근 방식이 요구된다. 예전의 범죄집단과는 완전히 다른, 살상무기로 무장한 테러집단과 전투를 해야 하기 때문에 경찰 교육과 훈련도 완전히 바뀌어야 한다. 정보 수집과 분석 능력 그리고 발 빠른 투입과 진압 등이 중요하며 경찰 부대의 배치, 수송 수단 확보 등 모든 방면에서 새로운 개념으로 접근해야 한다. 인터넷과 3D 프린터 등을 통해 언제든지 쉽게 살상무기를 공급받을 수 있을 정도로 기술이 발전하면서 군인들이 국경을 아무리 잘 지키고 안전요원들이 바다, 항만, 공항으로 들어오는 무기나 위험물질을 꼼꼼히 적발해 내더라도 국내에서 벌어지는 테러 시도를 모두 막아내기는 어렵다. 국내에 이미 위험한 사상과 생각을 같이

하는 사람들이 존재하며, 이들의 뛰어난 살상무기 제조 능력으로 대국민테러가 언제든지 가능하기 때문이다.

이런 상황에서 국가는 앞으로 무엇을 지향하는 집합적 공동체가 되어야 할까? 몇 가지 개념으로 나눠 살펴보자.

안전국가

국민의 안전과 생명을 지키는 업무는 언제나 국가의 가장 중요한 기능에 포함되어야 한다. 아무리 좋은 시설을 갖추고, 최고급 음식을 먹으며, 고급 자동차를 몰고, 좋은 직장에 다녀도 안전과 생명을 위협받는다면 그 국가는 경제적으로 궁핍하더라도 안전한 국가보다 나을 게 없다. 잘사는 나라도 중요하지만 못살더라도 밤에 마음 편히 안전하게 귀가할 수 있는 나라가 나을 수 있다.

이를 위해 전염병, 환경오염, 식음료 박테리아 테러, 건축물 붕괴, 교통사고 등을 예방하고 사고를 최소로 줄이기 위한 업무가 국가안전처에 통합적으로 귀속되어야 하고, 감사 기능과 행정 지시를 내릴 수 있는 법적 위상을 확보할 필요가 있다. 평상시 학생들의 안전교육도 중요하고, 국민을 상대로 한 안전 계도, 위험 시 대처 요령 숙지, 전쟁이나 테러가 발생했을 때의 행동수칙 등에 대해 동사무소 수준에서도 미리 정보가 교환되어야 한다. 특히 노약자, 어린이, 여성 보호를 위한 특별대책이 수립되어 위기 상황에서 적용할 수 있어야 한다. 이처럼 공무원의 역할은 대민 안전사고 예방 및 서비스가 주가 되어야 한다.

부강국가

안전국가를 지탱하려면 기술과 경제력, 군사력을 갖춘 부강국가여야 한다. 예전에는 국제 관계를 논할 때 강대국이란 개념이 사용됐지만, 앞으로는 국가의 크기, 경제 규모의 크기뿐만 아니라 제조 능력과 기술력이 강한 국가가 더욱 중요해지는 시대가 될 것이다. 탄탄한 경제력을 바탕으로 국방기술과 군사력이 강해 이웃 국가들이 감히 넘볼 수 없는 이 같은 국가를 부강국가라고 정의할 수 있다.

인구, 영토의 크기와 관계없이 경제력과 국방력이 강한 국가를 만들기 위해서는 제조업의 경쟁력, 첨단기술, 농업 기술과 농작물 비축 시설 등이 뛰어나고 위기 시에도 생존할 수 있는 능력을 갖추고 있어야 한다. 16세기 이후 스페인, 포르투갈, 영국, 프랑스, 네덜란드 등이 차례로 역사의 중심에 등장해 강대국의 반열에 오를 수 있었던 원동력은 무역과 상업, 교두보 역할을 수행한 잘 훈련된 해군, 상선과 전함 건조 능력을 갖춘 조선 기술, 원료를 들여와 가공하는 제조업 등이었다. 이처럼 초기 강대국들은 경제 수준, 기술력과 전쟁 수행 능력에서 모두 뛰어난 면모를 보였다.

강한 국가는 최신식 현대 무기와 화력도 중요하지만, 충성심이 강한 국민이 있어야 지속 가능하다. 국민들이 이데올로기, 지역에 따라 갈라져 국가의 정통성과 역사에 동의하지 않으면 정권의 성격에 따라 나라를 위해 목숨 바쳐 싸우는 데 주저하게 된다. 헌법에 담긴 국가와 민족정신이 불명료하거나 논란의 여지가 있다면 빠른 시일 내 공론화해 국민의 판단을 기반으로 하나로 통일해야 할 이유가 바로 여기에 있다. 그렇지 않을 경우, 역사 해석을 둘러싸고 국민들 사이에 이데올로기 갈등과 충돌이 빚어져 치유할 수 없는 내전으로 치달을 수도 있다.

특히 어린 세대들을 가르치는 데 있어서 어느 한 이데올로기에 치우치지 않은 객관화된 역사관이 반드시 필요하다. 교단에 서는 교사들은 국가 정체성과 정통성, 역사에 대해 같은 목소리를 내야 한다. 근대사에 대한 해석은 좌우 이데올로기적 잣대에 치우침 없이 사실 전달에 중점을 두어야 한다. 강한 국가일수록 자국의 역사에 자긍심을 가지고 있게 마련이다. 여기에는 수치와 오욕의 역사도 포함된다. 독일과 프랑스는 침략당한 역사, 죄 지은 역사 등 아픈 역사까지 자신의 일부로 겸허히 받아들인다. 역사를 해석하는 데 있어 국론이 갈라지면 국가의 힘은 양분되기 십상이다. 강한 국가의 힘은 무엇보다 국가의 정체성, 정통성 그리고 헌법을 지키고자 하는 국민과 모아진 국론이 있어야 완성된다는 사실을 지도자들은 명심할 필요가 있다.

민주국가

미래 국가는 완전한 민주국가를 지향해야 한다. 소수에게 집중된 권력 구조를 다수가 협의하고 합의하고 동의하는 절차로 이행시키는 것이 가장 민주적인 형태다. 또한 중앙에 집중된 조세권, 예산권, 행정권을 지방으로 이양해야 한다. 집중된 권력은 부패와 폐쇄적 정치 그리고 보스 정치를 초래할 뿐, 효율적 정치를 제공하지 못한다.

미래는 정치가 경제 발전의 발목을 잡거나, 사회 갈등을 증폭시키는 게 아니라 경제 성장과 사회 화합을 주도하는 상황으로 발전해야 한다. 이런 정치를 지향하기 위해서 필요한 제도 개혁에는 어떤 것이 있을까?

우선 권력이 한 사람에게 집중되는 대통령제보다는 의원내각제가 훨씬 더 매력적일 수 있다. 의원내각제는 국민에게 위임받은 표만큼의 지분을 가지고 다른 정당과의 협조를 통해 정치를 영위하기 때문에 절대로 누군가가 독주할 수 없는 제도다.

그러나 의원내각제는 지역, 종교, 사상, 인종 및 언어 등으로 사회가 다양하게 분화되어 있을 경우 권력이 너무 분편화되어 소수 내각이 구성될 개연성이 높고, 합의에 대한 전통이 미약한 국가의 경우 정부를 구성하는 것조차 어려울 수 있다. 설사 다수당으로 정부가 구성되더라도 정당 간 힘 있는 정책 부서를 선점하려는 경쟁이 치열해지며 예산 배정 같은 첨예한 부분에서 언제든지 정당끼리 맞설 수 있는 분열적 요소를 내포하고 있다. 이 같은 단점 때문에 의원내각제는 섣불리 선택했다가는 실패하기 쉬운 제도이기도 하다.

현실적으로 의원내각제를 적용하기 어려운 경우, 대통령제의 문제점을 보완한 대안을 찾아보는 것도 하나의 방법이다. 그 대안에는 크게 이원집정제, 대통령 중심형 책임총리제, 형식적 대통령제 등이 있다.

첫 번째 대안은 프랑스식으로, 국가의 원수인 대통령은 국민이 직접 선거로 선출하고, 의회의 신임을 받은 총리를 제청하면 대통령이 임명하는 이원집정부 방식이다. 의회의 과반수가 지지하는 국민의 대표를 총리로 제청할 때 대통령과 다른 정당 소속이라면 동거 정부로 불협화음을 낼 개연성도 있지만 대통령의 독주를 어느 정도 견제할 수도 있다는 측면에서 하나의 대안이 될 수도 있다.

두 번째로 대통령의 권력을 분산시켜 외교·국방·안보는 대통령이, 내무·치안·세금·복지·경제는 총리가 맡고, 인사권은 각 부처 장관이 갖는 분권형 대통령제 혹은 책임총리제가 대안이 될 수 있다. 일정한 정책 분야를 총리에게 위임하는 책임총리제는 대통령에게 집중된 권력을 어느 정도 분산시키는 효과가 있으나 대통령이 인사권과 총리임명권을 쥐고 있는 상황이라면 언제든지 권력독점형 대통령제로 회귀할 개연성이 열려 있어 효과적 대안이라고 보기 어렵다.

세 번째는 아일랜드와 핀란드식으로, 직접선거로 선출한 대통령에게는 형식적 외교권만 주고, 나머지 정치적 권한은 의회의 신임을 받는 총리에게 넘겨주는 방식이다. 이외에도 독일, 이탈리아, 스페인처럼 의회에서 선출한 대통령에게 총리의 유고 같은 국가적 위기 상황에서 헌법을 수호하고 중재하는 역할을 담당하게 하는 방식 등 여러 가지 대안이 있다.

또 다른 통치 형태의 개혁으로 지방분권형 정치가 있다. 이제는 중앙정부가 조세권, 예산권, 행정권을 모두 독점하는 방식으로는 국민에게 근거리에서 서비스를 제공할 수 없는 상황이다. 지방 주민의 삶의 질과 연관된 아동, 노인, 장애인, 가족 정책을 위한 예산을 확보하기 위해 정부의 눈치만 봐야 하는 중앙집권형 정치는 매우 비효율적인 통치 방식이다. 지방정부에 과감하게 의사결정권을 환원시켜주고 중앙정부는 감사감독권, 행정명령권을 가지고 감독과 시정을 요구하는 역할을 충실히 하면 된다. 시정이 이루어지지 않을 경우, 해당 지방정부는 예산 배정에서 불이익을 주는 방법으로 통제한다.

하지만 이 제도는 지방공무원의 능력, 지방의원의 자질, 지방행정부와 지방의회의 정책 협의 능력이 떨어지는 상황에서 성급히 시행하면 지방정부의 부패, 지방 관료의 무능에 따른 비효율, 세금 낭비, 지방의회의 폭력과 무질서가 난무할 수 있어 장시간을 두고 충분한 준비의 시간을 거쳐 이행해야 한다.

민주주의의 또 다른 척도는 세습적 절대특권이 제거된 통치 형태라할 수 있다. 민주주의의 역사는 극소수에게만 독점되었던 특권을 없앤역사라고 할 수 있다. 초기 대의민주주의가 정착되기 전에는 왕에 의한 1인 통치가 이뤄졌고, 차차 왕의 권력이 축소되면서 귀족, 성직자, 자본가 혹은 지주에게만 국회의원이 될 수 있는 자격이 부여되었다. 먹고사는 것이 문제가 없는 사람들이었기 때문에 당연히 이들에게 월급을 주지 않았다. 도리어 의회 회의에 참가하기 위해 지출하는 여행 비용, 체류 비용 그리고 한 달 이상 회기가 길어져 경제활동을 하지 않아 생기는 경제적 손실까지 모두 자신이 감수해야 했다.

1838년에 시작된 차티스트 운동Chartist Movement의 6개 항 중 2개 항이 가난한 사람도 정치를 할 수 있도록 출마자의 재산 자격 철폐, 정치인에 대한 활동비 지급 등을 요구하는 내용이었다. 그러나 이것이 즉시 시행된 것은 아니었다. 의원에 대한 급여는 1880년대에 들어서야 조금씩 지급되기 시작했다. 또한 프랑스혁명 이후 많은 정치인이 정치적 소신을 말하다가 단두대의 이슬로 사라지자 프랑스 헌법에 정치인의 발언에 대한 면책 그리고 회기 중 불체포 등의 문구가 삽입되는 등 정치인의 신분 보호를 통해 입법 활동이 보장되기 시작했다. 면책특권과 불체포특권은 정치적 소신에 따라 정의를 말할 수 있도록 보장해 주는 제도였다.

민주주의는 선거를 통해 국민의 대표를 뽑는 형식적 절차에 그치지 않고 부패와 권위에 물든 위선적 정치인이 정치에 발을 들여놓지 못하도록 하거나 제거하는 제도적 필터링 절차가 강화된 정치 모델이어야 한다. 이를 위해 국회의원의 권한을 파격적으로 줄이는 것이 필요하다. 정치의 역할은 봉사와 헌신이다. 국회의원, 지방의원은 나라와 지역의 변화를 위해, 자신이 꿈꾸는 세상을 만들기 위해 정책과 법을 만드는 역할을 담당해야 한다.

이 역할을 위해 많은 보좌관을 제공할 필요는 없다. 정책보좌 1명, 행정보좌 1명, 총 2명이면 충분하다. 가능하다면 개인보좌관 없이 여러 의원이 함께 보좌관을 사용하는 정책 보좌풀policy expert pool 제도도 시도해 볼 만하다. 이 제도는 현재 스웨덴, 덴마크에서 사용되고 있는데, 국민의 공복으로서 봉사하고 희생하는 정치인상을 정착시키는 데 크게 기여했다.

지방에서 올라와 의정 활동을 하는 국회의원에게는 숙면을 취할 작은 공간만 제공하면 된다. 자신의 집에서 국회까지 출근하는 국회의원을 위해 승용차를 제공할 필요도 없다. 국회 내 국회의원 전용 주차장을 설치하는 것은 더욱 안 될 일이다. 일반 시민처럼 지하철과 버스로 이동하는 것을 원칙으로 해야 한다. 경제적 능력이 있으면 자기가 비용을 대 자가용을 몰든지, 아니면 택시를 타는 것까지는 용인할 수 있으나, 차량 유지비를 제공하거나 택시 비용을 정산해 주어서는 안 된다. 일반 국민이 출근할 때 직장에서 출근비용을 정산해 주는 것을 본 적 있는가?

국회 내 국회의원 전용 출입구, 엘리베이터, 식당 등은 사무직원, 방문객 등도 똑같이 사용할 수 있게 개방해야 한다. 국회의원들의 특권 의식과 국민 경시 사상은 이런 사소한 것부터 우선권을 주기 때문에 싹트는 것이다. 당연히 해외 출장을 갈 때도 공항 VIP시설을 사용하지 못하게 해야 한다. 진정한 국민의 대표라면 일반 국민과 똑같이 줄을 서서 출국수속을 밟아야 한다. 북유럽에서는 장관, 국회의장, 국회의원 들이 일반 시민들과 함께 줄을 서서 비행기에 탑승하는 모습이 자연스럽게 받아들여진다. 그렇다고 국회의원의 격이 떨어진다고 말하는 사람은 없다. 오히려 국회의원이 더욱 존경과 친근감을 느끼는 대상으로 여겨진다고들 말한다.

국회의원들에 주어진 면책특권과 불체포특권 같은 법적 보호는 국민을 대변하기 위한 발언의 자유, 정책 활동의 자유를 위한 것이지 사실이 아닌 유언비어를 유포하고, 일반인도 입에 담지 못할 욕설로 상대방을 인신공격하고 막말이나 저질 행위를 하라고 준 것이 아니다. 의회 내 폭력과 욕설, 저질비방, 인신공격, 의사 진행 방해, 근거 없는 소문이나 유언비어 유포 등과 같은 행위는 국회의장의 권한으로 바로 경고, 퇴장,

윤리위원회 회부, 의원 제명 등의 조치를 취할 수 있도록 제도화해 이 같은 행위를 근절해야 한다. 이런 것이 국회법에 명시되도록 국민들이 압력을 가해야 한다.

정치인들에게 국민이 갖고 있는 권리 이상을 허용해서는 절대로 안 되는 이유는 간단하다. 그들은 국민을 대신해 정치하도록 위임받은 심부름꾼이지 절대 주인이 아니기 때문이다. 민주국가에서 주인은 엄연히 국민이다. 이 같은 사실은 주권재민의 헌법 정신에 잘 구현되어 있다. 따라서 심부름꾼이 주인 위에서 군림하지 못하도록 하는 것은 헌법 정신을 새롭게 세우기 위한 시대적 사명이다.

정치인들의 입법 활동을 충분히 지원해 주되 필요 이상으로 부여된 특권은 회수해야 한다. 이런 특권이 없어진다고 해서 정치를 외면할 거라면, 정치에 아예 발을 들여놓지 않는 게 낫다.

국회의원은 법을 만드는 사람들이기 때문에 국민 중에서도 준법 정신이 강한 사람이어야 한다. 법을 어겼을 때 일반 국민들보다 더 가혹하게 심판을 받아야만 하는 이유가 바로 여기에 있다. 정치인이 부패하면 국민에게 준법 정신을 강요할 수 없는 일이다. 국회의원의 높은 도덕성과 준법 정신은 국민의 법 존중과 준수의 핵심 요소가 된다. 따라서 불법선거 운동으로 당선된 게 입증되거나, 입법 활동 과정에서 이권에 개입한 근거가 있거나, 신분을 이용해 자녀를 불법취업시키거나, 성과와 연관된 비도덕적 행위가 발각될 경우 정치권에서 영구 추방하거나 10년 이상 정계에 발을 디디지 못하도록 할 필요가 있다.

복지국가

복지국가를 이야기하려면 먼저 국가와 국민의 역할을 명확히 할 필요가 있다. 복지국가의 목표는 모든 국민이 똑같은 혜택과 의무를 나누는 데서 시작돼야 한다. 국민의 삶의 질을 평준화하는 것뿐만 아니라 책임을 함께 나누는 것도 강조되어야 한다.

삶의 질을 고르게 하기 위한 국가의 역할 중 가장 시급한 것이 사회간접자본의 평준화다. 대도시, 중소도시 그리고 농어촌 지역의 공공의료시설을 평준화시켜 어린이, 장애인, 노인 들의 삶이 전국 어디서나 비슷하도록 해야 한다. 국민의 복지는 이렇게 전 국민을 편안하게 살 수 있도록 해 주는 사회간접자본 시설의 평준화 같은 것에서 출발해야 한다. 보건소를 설치하기 어려운 산간 지역 등을 위해 원격진료 설비를 설치하고, 헬기 등을 이용해 심장마비, 뇌출혈 환자를 빠른 시간 내 대형 병원으로 수송할 수 있는 전국 의료 체계가 수립되어야 한다. 삶의 질은 모든 국민에게 동일하고 균등하게 배분되어야 한다. 그렇지 않다면 모든 국민이 행복할 권리를 갖는다고 명시된 헌법 정신에 위배되는 것이다.

이와 함께 복지 제도의 부담은 모든 국민이 부담하는 세금에 기초해야 한다. 이것이 보편적 복지의 출발점이고, 평등성의 헌법 정신이다. 기본 생존권을 잘 보장해 주는 나라가 복지국가다. 복지 제도를 구축하기 위해 부자만 희생하는 구조는 지양해야 한다. 부자에게만 세금을 부담시켜 무상으로 균등하게 나누어주는 것을 보편적 복지라고 착각하는 좌파 인기 영합주의자들이 보편적 복지의 본래 의미를 퇴색시키고 있다. 가장 좋은 복지는 질 높은 사회간접자본, 좋은 일자리, 좋은 공교육 그리고 책임의 고른 분담을 전제로 한다. 이 네 가지가 잘 갖춰지면 모든 국민이 어떤 가정, 어떤 지역에 태어나더라도 삶의 질을 평등하게 누릴 수 있고 이를 위한 책임을 함께 나누는 구조가 마련된다.

선도국가

논의를 위해 먼저 국가들을 세 부류로 나누어보자.

- 스위스, 스웨덴, 네덜란드, 룩셈부르크, 핀란드, 덴마크, 아이슬란드, 오스트리아, 캐나다, 싱가포르.
- 영국, 프랑스, 미국.
- 포르투갈, 스페인, 그리스, 이탈리아, 인도, 나이지리아, 이집트, 멕시코.

위 국가들의 공통점은 무엇일까?

첫 번째 국가들은 세계에서 가장 살기 좋은 국가들, 노인들의 삶의 수준이 가장 높은 국가들, 가장 청렴한 국가들의 대표적인 예다. 복지와 삶의 질, 자연환경뿐만 아니라 싱가포르를 제외하면 모두 민주주의가 잘 구가되고 있는 국가들이다. 많은 나라들이 배우고 싶어 하고, 이민까지 가지는 못하더라도 한 번쯤 살아보고 싶은 나라로 꼽는 국가들이다. 긍정의 이미지로 자주 언급되고, 세계 발전 모델로 종종 선정되는 국가들이다.

두 번째 국가들은 세계의 자유민주주의 발전에 기여한 국가들이다. 우리가 현재 누리고 있는 자유민주주의 제도는 모두 이들 세 개 국가에서 발전했다. 의회 제도, 양당 제도, 의원내각제, 대통령제, 헌법, 견제와 균형의 3권 분립, 참여와 책임에 기초한 대의민주정, 대법원, 선거, 비밀투표제, 노동 운동, 시민운동, 자본주의, 노예해방 등 자유민주주의 제도는 이들 세 국가의 근대사 가운데 만들어졌다. 또한 이들 나라에서 등장한 계몽주의 철학을 낳은 사상가들은 자국의 국경을 넘어 세계 근대사상의 발전을 이끌었다. 장 보댕, 프랜시스 베이컨Francis Bacon, 르네 데카르트Rene Descartes, 볼테르, 생시몽, 몽테스키외Montesquieu, 루소, 데이비드 흄David Hume, 존 로크, 토머스 홉스, 애덤 스미스, 데이비드 리카도David Ricardo, 제러미 벤담Jeremy Bentham, 존 스튜어트 밀John Stuart Mill 등 계몽주의 사상가들은 모두 영국, 프랑스 계몽주의 사상의 뿌리에서 자라났다. 세 국가의 민주화 과정은 험난했지만, 이들 국가는 인류에게 가장 고귀한 선물을 안겨주었다. 영국과 프랑스는 왕을 단두대에 세웠고, 미국은 흑인 해방 문제를 놓고 4년이나 내전을 치렀다.

그렇다고 이들 세 나라가 가장 민주적인 국가라는 말은 절대 아니다. 자유민주주의의 가치를 위해 많은 피와 희생의 대가를 치렀다는 점을 부각시킨 것일 뿐이다. 윈스턴 처칠Winston Churchill은 민주주의 국가들끼리는 서로 전쟁을 벌이지 않기 때문에 민주주의가 가장 좋은 제도라고 칭송했다. 프랜시스 후쿠야마Francis Fukuyama는 1993년 발표한 책에서 인류의 마지막 생존자가 살고 있을 국가는 자유민주주의 체제를 갖고 있을 것이라는 역설적 표현으로 이 제도를 미화했다. 이렇듯 이들 세 국가는 민주적 사상, 규범과 제도로 세계를 선도했다. 이들이 세계를 선도한 것은 강대국이었기 때문만은 아니다.

세 번째 부류의 국가들은 어떤 공통점을 가질까? 애석하게도 부패, 폭력, 암살, 쿠데타, 범죄조직, 인신매매 같은 부정적인 주제어와 연관성이 높은 국가들이다. 이들 국가가 세계 행복 국가, 노인 죽음의 질, 장애인의 권리, 살고 싶은 국가, 세계에서 본받을 만한 국가로 분류되는 경우는 별로 없다. 세계의 귀감과 역할모델이 되는 국가가 아니라, 어떻게 하면 회피하고 본받지 않을 수 있을지 고심하는 국가로 꼽힌다. 물론 스페인과 포르투갈은 1492년 이후 1500년대 대양을 주름잡으며 세계를 양분했을 정도로 위대한 해양 국가였다. 모든 국가들이 스페인과 포르투갈을 뒤따르려고 했다. 그러나 거기까지였다. 스페인은 1500년대 유럽과 서인도제도, 라틴아메리카를 장악하고 세계 최고의 강대국이 되었다. 이후 국왕의 전횡과 폭력, 전쟁, 패배, 망명, 쿠데타 등으로 인해 부정적 이미지의 국가로 바뀌고 말았다. 이탈리아는 선조의 유물 덕분에 살아가고 있다는 비아냥을 듣거나 마피아, 부패, 섹스 스캔들, 마약 같은 부정적 단어가 따라다니며 조소의 대상이 되기도 한다.

어떤 나라를 지향할 것인가? 이 나라를 다시 한 번 제대로 만들어보고 싶다면 어떤 나라를 모델로 삼고 싶은가?

분명 세 번째 부류의 국가들은 보편적 이상국가의 모델이 아니다. 국가를 제대로 만들어보려면 다른 국가들이 부러워하고 배우고 싶어 하는 국가를 지향해야 한다. 전쟁, 기아, 부패, 범죄, 사기, 탄압, 차별이 아닌 평화, 공존 배려, 화합, 나눔, 톨레랑스를 앞세우는 국가, 세계가 배우고 싶어 하는 역할모델 국가가 되어야 한다.

이를 위해 어디서부터 시작해야 할까? 답은 국민의 변화다. 국민의 수준에 따라 정치인의 수준이 결정된다는 말이 있다. 국민이 미개하거나 잘 통제된 사회라면 독재자가 통치하기 쉽다. 이 말은 국민이 바뀌지 않으면 정치는 쉽게 바뀌지 않는다는 뜻이다.

결국 시작은 바른 교육이어야 한다. 새로운 세대를 키워 새로운 국민정신을 갖게 되기까지는 30년 이상 걸리기도 한다. 따라서 그 전에 국민계몽운동과 함께 평생교육을 제대로 시작해야 한다.

정치인들이 깨어 있다면 정치 제도 개혁도 함께 시작해 볼 일이다. 정치 제도 개혁은 정치인 스스로 하지 않으면 언젠가 국민들이 하게 되어 있다. 프랑스 역사가 이를 증명한다. 하지만 역사적으로 볼 때 영국, 미국, 스웨덴, 덴마크 같이 정치인들이 먼저 개혁을 시작한 경우, 국가적 시너지 효과가 가장 높게 나타났다. 국민이 주도하는 개혁은 갈등을 치유하는 데 꽤 오랜 시간이 걸리기 때문이다. 선도국가 개혁은 아래와 위의 동시적 개조가 아니면 불가능하기 때문에 더욱 어려울 수밖에 없다.

2부 /

역사는
무엇을
말해 주는가

3장

강대국의 등장과 몰락

아버지와 삼촌을 따라 중국으로 떠났을 때 베니스 출신인 마르코 폴로Marco Polo는 17살이었다. 4개 국어를 구사할 수 있었던 이 청년은 원을 세운 쿠빌라이칸의 총애를 받으며 그의 외교보좌관이 된다. 쿠빌라이칸은 몽골의 정복자 칭기스칸의 손자다. 특유의 능력과 성실함을 높이 평가받아 고국으로 돌아가려고 할 때 쿠빌라이칸이 그를 놓아주지 않으려 했을 정도로 왕의 신망을 얻었던 마르코 폴로는 그 때문에 많은 사람의 시기를 받기도 했다.

마르코 폴로는 절대권력자인 쿠빌라이칸이 죽기 전에 원을 떠나기로 마음먹었다. 그러던 중 좀처럼 찾아볼 수 없는 좋은 기회가 찾아왔다. 페르시아를 통치하던 왕의 장조카가 본국에서 신붓감을 보내달라고 왕에게 요청해 신부를 안전하게 호위할 사람이 필요했던 것이다. 길을 잘알고 말도 잘 통하는 마르코 폴로와 아버지, 삼촌이 신부를 안전하게 페르시아까지 호위하는 중책을 맡았다. 처음에 300여 명이 출발한 신부 호송단 중 신부와 호위병 그리고 마르코 폴로의 가족 등 몇십 명만 살아남았을 정도로 어려운 여행길이었지만, 마르코 폴로 일행은 신부를 페르시아 총독에게 무사히 인도할 수 있었다. 임무를 완수하면 고국으로 돌아가도 된다는 왕의 친서를 들고 있었기에 그들은 바로 본국으로 향했다.

마르코 폴로, 씨앗을 뿌리다

마르코 폴로와 아버지, 삼촌, 이렇게 세 사람은 1271년부터 1295년까지 방문길과 귀국길을 합쳐 4년을 빼면 20년 가까이 중국에서 생활했다. 당시 세계를 지배한 쿠빌라이칸 밑에서 20년 동안 왕의 신임을 받으며 생활하다가 고국인 베니스에 돌아온 그는 유럽 최고의 중국 전문가로 통했다. 그는 중국에서 가져온 귀중한 보석과 원석을 팔아 상상할 수 없을 정도의 부를 축적해 베니스에서 손꼽히는 갑부가 되었다. 이렇듯 중국에 가면 엄청난 기회를 잡을 수 있었지만, 인터넷과 페이스북 같은 소셜네트워크가 없던 시대였기에 이런 정보가 유럽까지 전파되지는 못했다. 그러다 우연한 기회에 세상에 이 같은 사실이 알려지게 되었다.

당시 경쟁 국가였던 제노바와 베니스 간에 전쟁이 벌어지자 마르코 폴로는 조국을 위해 참전하기로 결심했다. 그러나 마르코 폴로가 탄 배가 제노아 해군에게 포획되면서 그는 포로가 되고 만다. 제노아로 이송

된 마르코 폴로는 4년이라는 시간을 감옥에서 보내게 됐다. 이 감옥 생활은 마르코 폴로가 역사적인 인물로 남게 되는 결정적 계기가 되었다. 마르코 폴로는 4년 동안 수감 생활을 함께한 피사 지역 출신 루스티첼로Rustichello da Pisa에게 매일 밤 자신의 체험담을 생생하게 들려주었다. 베니스에서 중국에 이르는 바닷길, 사막과 산길을 따라 펼쳐지는 비단길 그리고 중국에서 겪었던 일들은 루스티첼로의 펜을 통해 기록되었다. 루스티첼로는 마르코 폴로 가족이 중국으로 가는 여행길부터 중국에서의 외교관 생활, 신부 공수 작전에 이르는 여정 그리고 다시 유럽으로 돌아오는 모든 과정을 상세히 기록했다. 두 사람이 감옥에서 나온 것은 1300년. 루스티첼로가 쓴 마르코 폴로의 여행기가 드디어 세상의 빛을 보게 된 것이다.

프랑스어와 이탈리아어가 섞여 쓰인 채 출판되었던 그의 책은 1300년대와 1400년대에 당시 유럽의 공통 언어였던 라틴어로 번역되어 전 유럽으로 퍼져 나갔다. 귀족이라면 반드시 배워야 하는 라틴어로 번역된 이 책은 곧 상류층의 필독서가 되었으며, 여러 나라에서 인기를 끌자 다시 각국의 언어로 번역되었다. 마르코 폴로의 《동방견문록》은 유럽의 다양한 언어로 번역되면서 그 내용이 조금씩 달라졌다. 당시 유럽인들이 신기하게 생각한 중국에 대한 상세한 기록을 담은 이 책은 동쪽으로 가면 유럽인들의 입맛을 사로잡은 계피, 생강, 향료, 차를 생산하는 동인도East Indies(이 개념은 지금의 인도 동쪽 지방을 의미하는 것이 아니고 남아시아 및 동남아시아 지역 그리고 중국까지 포함하는 폭넓은 아시아 지역을 지칭하며 동방이라고도 한다)에 갈 수 있다는 꿈을 갖게 만들었다. 동방으로 가면 무역을 통해 큰돈을 벌 수 있다는 생각은 많은 사람들의 꿈과 야망을 자극하기에 충분했다. 마르코 폴로가 제노바와의 전투에 참전하지 않았더라면, 전쟁포로로 체포되어 4년 동안 수감 생활을 하지 않았더라면, 감옥에서 루스티첼로라는 작가를 만나지 못했더라면, 그의 이름은 세상에 알려지지 못하고 묻혀버렸을지도 모른다.

1480년대 콜럼버스는 그리스 철학자인 클라우디오스 프톨레마이오스Klaudios Ptolemaeos의 원형지구설에 심취해 있었고, 천체우주학자인 토스카넬리Toscanelli와 친분을 쌓으며 동방 탐험의 꿈을 키워 나갔다. 토스카넬리는 유럽에서 서쪽으로 항해하면 육지를 통해 동쪽으로 가는 것보다 훨씬 빨리 동방에 도착할 수 있다고 믿은 사람이었다. 콜럼버스의 믿음에 무엇보다 확신을 심어준 것은 바로 마르코 폴로가 쓴 《동방견문록》이었다. 콜럼버스는 마르코 폴로의 책을 밑줄까지 그어가면서 탐독했고, 라틴어로 상세히 주역까지 달아놓았다. 콜럼버스가 미대륙을 탐험하기 위해 필요한 재정을 지원하겠다고 선뜻 약속한 카스티야의 이사벨라Isabella 여왕과 아라곤의 페르디난드Ferdinand 왕(두 왕은 정략결혼을 해 스페인 영토를 하나로 만드는 데 기여했다)의 마음을 움직인 결정적 계기는 무엇일까?

처음에는 반신반의하던 이사벨라 여왕의 마음을 돌릴 수 있었던 계기는 역시 마르코 폴로의 《동방견문록》이었다. 그녀는 마르코 폴로가 들고 온 값비싼 향료, 금과 은에 관심을 보였다. 1492년 그라나다의 알람브라궁전을 함락해 자신의 영토에서 이슬람 세력을 몰아내는 데 성공했지만 오랜 전쟁으로 재정적 압박을 받고 있던 상황에서 마르코 폴로의 여행기는 이사벨라 여왕의 호기심을 끌기에 충분했다. 만약 콜럼버스의 탐험이 성공해 동방에서 값비싼 향료와 금과 은을 충분히 가져온다면 재정 문제가 어느 정도 해결될 수 있었기 때문이다.

4차에 걸친 콜럼버스의 탐험은 이후 스페인이 서인도제도와 브라질을 제외한 남미를 정복해 강대국으로 성장하는 데 결정적 계기를 만들어주었다. 이렇듯 콜럼버스는 마르코 폴로의 중국 방문기를 읽으며 대륙 발견의 꿈을 키우고 신대륙을 발견하기 위한 탐험을 실행에 옮길 수 있었다. 마르코 폴로가 300여 년 전에 남긴 여행기는 스페인이 세계적 강국으로 발돋움할 수 있는 씨앗을 뿌려준 셈이다.

콜럼버스가 줄을 그어가며 자필로 주석을 달아놓은 《동방견문록》은 현재 세비야박물관에 보관되어 있다.

크나큰 도약

콜럼버스의 탐험 이후 스페인은 멕시코 침략전쟁, 잉카제국 정복 등 남미 정복에 나섰다. 동시에 막강한 해군력을 바탕으로 지중해와 북해 무역로를 장악하기 시작했다. 일찍부터 서아프리카를 탐험하고 남미의 브라질을 정복한 포르투갈과 경쟁관계에 있었으나 포르투갈은 스페인에 대적하지 못했다. 당시 유럽 대륙에서 막강한 권력을 휘두르던 합스부르크가와 혼인 관계를 맺은 스페인은 1519년부터 전 유럽의 패권을 장악하는 데 나섰다. 페르디난드와 이사벨라 왕의 딸 후아나Juana와 합스부르크가의 아들 펠리페Phillip의 혼인으로 태어난 카를로스 5세Carlos V 때부터 스페인, 네덜란드, 이탈리아 남부, 프랑스 버건디를 장악하고 있었기 때문에 오스트리아와 함께 프랑스를 포위할 수 있었고, 막강한 해군력을 바탕으로 영국해협 건너 영국군을 견제할 수 있었다.

영국과의 불편한 관계를 해소하기 위해 카를로스 5세는 영국 튜더 가문의 왕인 헨리 7세Henry VII의 아들인 아서Artuhr와 넷째 딸 캐서린 Catherine의 정략결혼을 성사시켰다. 하지만 정략결혼을 통해 양국 관계를 돈독히 하고자 했던 두 왕가는 그 뜻을 이루지 못하고 숙적으로 남게 되었다. 영국과 스페인의 숙적 관계는 2대에 걸쳐 이어졌다. 간략하게 설명하면 이렇다.

헨리 7세의 큰아들 아서가 결혼한 지 6개월 만에 죽자 헨리 7세는 혼인관계를 무효화하고 둘째 아들 헨리와 캐서린을 다시 결혼시켰다. 헨리 7세가 죽고 헨리 8세Henry VIII로 즉위한 헨리는 딸 메리Mary I를 낳은 캐서린에게 특별한 매력을 느끼지 못하고 귀족의 딸들과 주로 시간을 보내기 시작했다. 헨리 8세는 이혼을 인정하지 않는 교황청을 무시하고 일방적으로 이혼 절차를 진행해 버렸다. 교황청과 갈등을 빚자 헨리 8세는 아예 영국 교회를 국왕의 통치 아래 두는 종교개혁을 진행하고 가톨릭과의 결별을 선언했다. 가톨릭 국가를 자처하던 스페인은 영국과 앙숙 관계가 될 수밖에 없었다.

양국 사이에는 한때 화해 무드가 조성되기도 했다. 헨리 8세가 죽고 첫 번째 부인 캐서린이 낳은 딸 메리가 영국 여왕으로 즉위하면서 상황이 급변한 것이다. 독실한 가톨릭 신자인 메리는 당시 스페인의 통치자였던 펠리페 2세Philipp II와 혼인한다. 어머니의 조국 스페인과의 관계 회복을 꿈꾼 메리 1세와 영국 왕위를 노린 펠리페 2세의 뜻이 맞아떨어 져 이뤄진 정략결혼이었다.

하지만 두 나라의 화해 무드는 오래가지 않았다. 메리가 5년 만에 병으로 죽고 이복동생 엘리자베스 1세Elisabeth I가 즉위하면서 두 나라는 다시 숙적 관계로 돌아가고 만다. 펠리페는 새로운 영국의 왕 엘리자베스와 결혼하기를 원했으나 거부당했다. 이로써 두 나라는 운명적인 전쟁으로 치닫기 시작했다.

스페인은 1521년 아즈텍 왕국, 1535년 중남미, 베네수엘라를 차례로 복속시키고, 1539년 콜롬비아, 1541년 칠레, 1542년 페루, 1576년 필리핀 침략으로 지배 영역을 넓혀갔다. 스페인은 남미와 아시아 정복전쟁으로 엄청난 부를 축적했다. 세계의 바다를 장악한 스페인 해군 아르마다Armada는 무적함대로 통했다. 스페인은 막강한 해군력을 바탕으로 영국과 프랑스를 철저히 견제했다. 가톨릭 국가의 수장으로서 종교개혁을 통해 가톨릭교회에 도전하는 모든 국가와 전쟁을 선포하는 등 1500년대와 피레네 조약Treaty of Pyrenes이 체결된 1659년까지 160년 동안은 완전한 스페인의 시대라 할 수 있다.

스페인이 강대국이 된 이유

스페인이 강대국으로 자리매김할 수 있었던 요인은 무엇일까? 여러 가지가 있으나 크게 네 가지로 요약할 수 있다.

첫째, 스페인의 파괴적인 군대다. 710년부터 이베리아반도를 점령한 사라센제국의 무어족은 서고트족의 기독교가 점령하고 있던 지역을 780년 가까이 지배하면서 이슬람 전통과 문화를 꽃피웠다. 이베리아반도가 다시 완전히 가톨릭 국가가 될 때까지 이베리아반도의 다섯 왕국, 즉 아스투리아(이베리아반도의 최북단), 레온(북서부 지역), 나바레(프랑스와 맞닿은 동북부 지역), 카스티야(중부 지역), 아라곤(동부 지역)이 처절한 전투를 통해 무어족이 점령하고 있던 지역을 가톨릭 국가로 재건했다. 이베리아반도의 다섯 왕국은 1492년 무어족의 마지막 방어 지역인 그라나다를 탈환할 때까지 700년 가까이 세계 최고의 전투력을 가진 사라센 군대와 싸워야 했다. 카스티야와 아라곤에 의해 통일되었을 때 스페인 군대는 세계 최고의 전투력을 보유하고 있었다. 이 전투력은 유럽과 남미 등지에서 전쟁할 때 엄청난 파괴력을 발휘했다.

사라센을 상대로 독립전쟁을 치르는 동안 카스티야 군대는 우수한 인재, 화력, 전술, 기술의 결합으로 세계 최강이 될 수 있었다. 스페인에서는 상류 귀족뿐만 아니라 중산층까지 군인을 당대 최고의 직업으로 꼽았으며, 스페인 군대는 정교한 훈련과 전술로 정평이 나 있었다. 다양한 전투에 참전해 전투 경험을 쌓은 코르도바 귀족 출신 곤잘로 데 코르도바Gonzalo de Cordoba 장군은 4,000명의 장창보병, 총포병으로 이루어진 전투 대형을 완성해 일정 거리를 유지하면서 우수한 화력을 가진 두 가지 총포, 즉 장거리용 머스켓 소총 그리고 화승총이라 불리는 단거리용 아스케부스 소총으로 적을 사살하고, 이후 근접전에서 적을 완전 제압하는 테르시오Tercio 전투 대형을 완성했다. 카스티야왕국이 사라센 군대와 전투할 때부터 서서히 개발되기 시작한 이 전투 전술은 그라나다 탈환, 이탈리아 전투 등에서 효과를 보기 시작해 1500년대 남유럽 3개 용병 (밀라노, 나폴리, 시칠리) 그리고 아일랜드, 독일, 네덜란드 등지의 용병으로 구성된 플란더스연대Flanders 등에 적용되었다. 이처럼 스페인은 당시 유럽 보병 중 가장 우수한 전투력을 자랑했다.

스페인 군대는 또한 잔인하기로 유명했다. 멕시코의 아즈텍 왕국을 멸망시킨 에르난 코르테스Hernan Cortes는 점령 후 포로와 원주민을 대상으로 살해, 고문, 신체 절단을 저지르는 등 잔악하기로 악명이 높았다. 지금의 페루에 존재하던 잉카제국을 무력으로 정복하고 엄청난 금은보화를 본국으로 실어 나른 프란시스코 피사로Francisco Pizarro도 예외는 아니다. 기독교를 전파하기 위해 함께 따라갔던 본국의 선교사들이 정복자들의 난폭함과 비인간성을 폭로할 정도였다. 서인도제도 정복자들의 잔인성을 폭로한 도미니칸 선교사 바르톨로메 데 라스 카사스Bartolome de las Casas는 그의 책《서인도의 파괴에 대한 간략한 이야기A Short Account of the Destruction of the Indies》에서 원주민 학살과 고문 등 비인간적 행위로 인해 신의 심판이 두려울 정도라는 표현으로 이들을 비판했다.

스페인의 잔악성은 유럽에서도 그대로 나타났다. 네덜란드에서 신교 운동이 벌어지면서 가톨릭에 도전하는 세력이 나타나자 스페인은 네덜란드에 대규모 군대를 보내 진압하는 데 나섰다. 하지만 영국의 해상 봉쇄와 네덜란드와의 전쟁으로 세금이 제대로 걷히지 않아 군인들의 봉급 지급이 늦어지면서 스페인 군대의 불만이 쌓이기 시작했다. 그로 인해 점령한 지역을 약탈하고 시민을 학살하는 사건이 빈번하게 벌어졌다. 가장 잔악한 예가 바로 1576년의 앤트워프(현재 벨기에의 도시, 당시는 스페인에 속했다) 사건이다. 불만에 찬 스페인 군인들이 앤트워프를 약탈하면서 방어망을 치고 저항하는 시민군을 잔인하게 공격해 7,000명을 학살한 사건이 벌어졌다. 결과적으로, 스페인 군대의 잔악성은 신교도 국가를 단결시키는 역효과를 나타냈다. 이 일은 스페인 군대의 잔혹한 속성을 알린 사건으로 기록돼 있다.

두 번째는 전략적 동맹과 혼인 정책을 들 수 있다. 동맹의 시작은 카스티아의 이사벨라와 아라곤의 페르디난드의 결혼이다. 두 왕국의 공동왕으로 즉위한 두 사람은 스페인 왕국Kingdom of Spain을 선포하면서 유럽을 효율적으로 관리하기 시작했다. 두 왕국이 하나가 되면서 시칠리 섬, 나폴리공국, 사르데니아 섬, 나폴리를 포함한 이탈리아 대부분의 지역을 장악하고, 포르투갈과 스페인까지 연결해 지중해 전체를 영향권 아래 두면서 아프리카, 중동 등으로 연결되는 해상무역을 통해 엄청난 부를 창출해 낼 수 있었다.

첫째 딸과 셋째 딸을 통해 사돈 관계를 유지하면서 포르투갈을 영향력 아래 두기도 했다. 또 다른 혼인 동맹은 합스부르크가와 이루어졌다. 둘째 딸을 신성로마제국의 황제인 막시밀리안Maximillian의 아들과 혼인시키면서 버건디 지방과 네덜란드의 통치권을 넘겨받았다. 두 집안의 혈통인 카를로스 5세가 신성로마제국의 황제가 되면서 스페인은 포르투갈, 스페인, 이탈리아, 오스트리아, 프랑스 버건디 지방, 네덜란드를 통치하는 당대 최고의 강대국으로 부상할 수 있었다.

앞에서 소개한 영국까지 가톨릭 동맹국으로 남아 있었다면 로마제국에 버금가는 역사상 최대 제국을 완성할 수 있었겠지만 헨리 8세가 가톨릭과 단절하면서 그 꿈은 수포로 돌아가고 말았다. 카를로스 5세의 아들 펠리페 2세가 영국의 메리 1세와 결혼해 다시 그 꿈을 이루어보려고 했으나 메리 1세의 죽음으로 결국 실현되지 못했다.

세 번째는 신대륙 발견이다. 이사벨라 여왕이 콜럼버스의 탐험을 지원하지 않았더라면 역사는 다른 방향으로 흘러갔을 것이다. 콜럼버스보다 먼저 서아프리카를 탐험한 포르투갈에 스페인 대신 세계를 지배할 수 있는 기회가 주어졌을지도 모른다. 이사벨라 여왕의 혜안과 사람을 보는 직관력이 스페인을 세계적 국가로 올려놓는 데 결정적 역할을 한 것이다. 주변 강대국과의 정략결혼을 통한 유럽 통치 전략 또한 치밀한 계획하에 이뤄진 이사벨라 여왕의 작품이다.

신대륙 발견으로 쿠바, 타히티 등 카리브해 군도를 손에 넣을 수 있었고, 멕시코를 시작으로 브라질을 제외한 중남미 전체를 식민지로 만들 수 있었다. 이 밖에 마이애미 등 북미 지역까지 영토를 확장해 이 지역에서 보내는 금과 은 등의 귀금속뿐만 아니라 원자재, 향신료 등으로 이익을 봤고 세금, 관세 등의 명목으로 엄청난 재원을 확보할 수 있었다.

네 번째로 카스티야 여왕인 이사벨라 1세가 국내 치안, 재정, 관료 제도, 정부 개혁을 통해 국가의 기강을 확립해 강대국으로 발전할 수 있는 기틀을 확립했던 점을 들 수 있다. 이사벨라 1세 이전, 오랫동안 전쟁을 수행하면서 스페인의 재정은 파탄 상태에 이르렀고, 왕실 중심의 중앙집권화가 진행되면서 행정 조직은 무용지물이 되었다. 국왕에게 충성하는 소수 귀족들에게 너무 많은 권력이 주어졌고, 경제 지배권이 집중되었다. 부족한 재정을 메우기 위해 국가의 땅을 귀족들에게 제 가치보다 훨씬 낮은 가격에 매각하는 일이 다반사였다. 그리고 살인, 강간, 약탈 등 사회적 문제가 만연했지만 사법 제도가 갖춰지지 않아 범법자를 징벌하는 경우가 매우 드물었다. 국가의 기강을 제대로 잡지 않으면 사회가 불안정해져 국민의 불만이 폭발할 수 있다고 본 이사벨라 1세는 질서와 안전에 치중하기로 했다.

이사벨라 1세는 즉위한 후 2년 만인 1476년, 가장 먼저 치안을 바로 잡기 위해 경찰 제도를 도입했다. 이전까지는 범죄가 발생해서 피해자들이 해당 지역의 귀족들에게 사건을 해결해 줄 것을 요구하더라도 무시당하는 일이 다반사였다. 범죄율이 높지만 범인이 색출되지 않았기 때문에 사회는 매우 불안할 수밖에 없었다. 이사벨라 1세는 국내 치안을 담당할 조직이 필요함을 절감했다. 이에 국가 경찰 조직을 구성하고 치안, 질서 유지, 범죄자 색출 업무를 부여했다. 치안 유지 업무를 담당할 경찰을 지원할 재원을 마련하기 위해 100가옥당 일정액의 세금을 부과하는 제도를 새로 도입했다. 또한 경찰이 범인을 잡으면 사법 절차에 따라 재판을 받을 수 있도록 형사 제도, 사법 제도를 재정비했다. 그 결과, 범죄율이 급격히 낮아지면서 치안 상태는 빠르게 호전됐다. 스페인은 국내 치안과 질서 유지, 범인 색출 등을 목적으로 한 국가 경찰을 세계 최초로 조직한, 경찰 행정 선진국인 셈이다.

두 번째로 손을 댄 것은 국가 재정 문제의 해결이었다. 이사벨라 1세는 국가 재정 문제를 해결하지 않고는 해외 개척, 군대 유지 등이 어려울 것으로 보고 이의 해결을 위한 묘책을 강구하기 시작했다. 우선 헐값으로 매각했던 국가 자산을 원래 판매 가격으로 재구입한 후 적정 가격으로 재판매하는 절차에 들어갔다. 원매자가 적정 가격에 되살 수 없는 경우에는 국가가 되사는 식이었다. 소유하고 있던 자산의 적정 가격을 책정하는 과정에서 귀족들의 동요와 반대가 있었지만 국가의 재정을 바로잡겠다는 대의를 앞세우는 국왕의 설득에 대부분은 순순히 응했다. 이 과정에서 엄청난 재징 수입이 국고로 환수됨에 따라 국가의 재정 상황이 조금씩 호전되기 시작했다. 하지만 몇 세대에 걸쳐 진행된 재정 고갈 문제가 그렇게 쉽게 해결될 리 없었다.

　무엇보다 지속적으로 국고를 채울 수 있는 방법을 강구해야 했다. 국내 및 이탈리아 등지에 주둔하고 있는 군대가 계속해서 엄청난 재원을 필요로 했기 때문이다. 장기적인 해결책을 모색하고 있는데, 이때 등장한 콜럼버스가 국고 수입의 안정을 꾀할 수 있는 해결사 역할을 해 줄 수도 있다는 희망을 갖게 되었다.

　이사벨라 1세는 행정 개혁에도 착수했다. 귀족 자문 기구인 추밀원Privy Council은 몇몇 귀족들에게 권력이 집중되는 악폐를 조장했다. 이에 따라 추밀원을 무력화하기 위해 주교, 3명의 기사, 8~9명의 법조인 등으로 새로 구성된 국가평의회Council of State를 조직해 이곳에서 국왕의 통치에 대해 체계적으로 자문하고, 이를 바탕으로 국민적 지지를 이끌어 낼 수 있도록 했다. 더불어 200여 명의 왕실 귀족들이 장악한 왕실 행정과 운영을 정비하기 위해 귀족들을 배척하고 대신 경험이 많은 관료를 중용해 왕실을 조직적으로 관리하기 시작했다.

카스티야의 이사벨라 1세는 남편인 아라곤의 페르디난드 왕의 도움을 받아 국가 기강을 확립하고 해외로 눈을 돌릴 수 있었다. 두 사람이 서거한 후, 그 뒤를 이은 카를로스 1세, 펠리페 2세가 스페인을 세계적인 강대국의 반열에 올려놓을 수 있었던 배경에는 바로 한 세대 전에 이루어진 개혁이 있었다. 행정, 사법, 경찰, 조세 등을 통한 내치의 안정화, 재정, 군사, 외교로 이어지는 국제정치 기술과 능력, 한두 세대 앞을 내다보는 지도자의 비전 등은 국가를 경영하는 사람들이 주의 깊게 성찰해 봐야 할 부분이다.

몰락의 원인

강대국의 첫 번째 조건은 우수한 군대다. 로마와 몽골은 우수한 군대가 있어서 세계를 제패할 수 있었다. 900년대에서 1200년대까지 유럽을 떨게 만든 바이킹도 풍채 좋고 힘센 전사들이 있어 가능했다. 강한 군대를 가진 스페인은 1,500년 동안 유럽의 맹주로 군림했다. 이베리아 반도를 700년 가까이 지배해 온 사라센과 싸우며 세계 최고의 용맹스러운 군인들을 만들어냈다. 1492년 콜럼버스가 신대륙을 발견한 이후부터는 안정된 재정을 바탕으로 명실공히 병력 규모에 있어서도 최대 군사대국이 되었다. 1550년 전후 프랑스와 영국의 병력이 각각 5만 명, 2만 명에 불과할 때 육군과 해군을 합친 스페인의 군사는 무려 15만 명에 이르렀다. 유럽 전역에서 30년전쟁이 벌어지던 시기에 프랑스는 15만

군을 거느리고 있었던 데 비해 스페인은 두 배가 많은 30만 대군을 가진 명실공히 세계 최대의 군사대국이었다. 스페인 군사는 적어도 1620년 대까지만 해도 앞선 군사 전술과 전투 대형, 용맹성으로 유럽 전역과 중 남미를 제압했다.

그런데 1630년대에 들어서면서 스페인의 전력은 현저하게 약화되기 시작했다. 30년전쟁에서 새로운 다크호스로 떠오른 네덜란드와 스웨덴 에 발목을 잡히고 만 것이다. 북유럽에서 무너지기 시작한 스페인은 계 속되는 전쟁에서 쓰디쓴 패배의 맛을 보며 역사의 뒤안길로 서서히 물 러나고 있었다. 무적함대, 무적육군이라고 불리던 스페인이 무너지게 된 결정적 원인은 무엇일까?

역설적이게도 스페인의 최대 아킬레스건은 바로 군병력이었다. 현대 전에서는 대량살상무기, 전술핵무기, 미사일, 드론 등 최고의 군사기술 과 장비가 차지하는 비중이 크지만 1800년대까지만 해도 강한 군대의 기본은 많은 군사력이었다. 군인들은 대부분 농부들로, 평화 시에는 고 향에서 농사를 짓다가 국가가 전쟁을 치를 때면 동원되어 전투에 참가 했다. 평상시에는 농사를 지으며 국가에 세금을 내는 납세자인 동시에 전시에는 국가를 위해 국방 의무를 지는 군인이 되었던 것이다. 많은 농 민들이 이렇게 1인 2역을 했다. 이 때문에 지역의 맹주인 귀족들은 자체 군대를 육성하는 것은 물론, 평상시 농민들의 군사 훈련을 담당하는 역 할을 맡고 있었다. 국왕과 귀족의 관계는 충성으로 맺어져 있어 왕은 귀 족들만 잘 관리하면 됐다.

하지만 국가가 팽창하면서 해외에 나가 전쟁을 치를 수 있는 전문 전투병, 말하자면 직업군인이 필요해졌다. 농사를 전업으로 하는 농민들을 군인으로 데리고 나가 전쟁을 치르는 것보다 항상 군부대에서 생활하면서 군사훈련과 체력 단련을 하는 직업군인을 육성하는 것이 더욱 강한 군대를 조직하기 위한 효과적인 방법이었다. 그런데 국내에서 군인을 고용하는 것보다 외국에서 유입하는 것이 훨씬 더 수월했다. 외국에는 우수한 군인들이 넘쳐났기 때문이다. 아일랜드, 독일, 네덜란드, 스위스 등지와 시칠리, 나폴리, 제노아, 피렌체, 베네치아 등지에는 봉건영주 밑에서 군사훈련을 받은 데다 해외 전투 경험이 많은 직업군인이 얼마든지 있었다.

그중에서도 스위스의 민병대는 잘 조직된 군사훈련, 풍부한 해외 경험 등으로 가장 선호되는 해외 용병이었다. 경험이 많고 잘 싸우는 용병일수록 몸값은 천정부지로 뛰었다. 전사할 수도 있는 위험한 직업이었기 때문에 용병들은 요즘으로 치면 위험수당까지 합해 높은 연봉을 보장해 주어야 했다.

스페인은 군사의 10퍼센트만 자국민이었고, 90퍼센트는 용병으로 충당했다. 바로 여기에서 스페인의 문제가 비롯되었다. 세계 최대 군사대국이라는 말은 세계에서 가장 많은 용병을 거느리고 있기 때문에 엄청난 예산을 군사비용으로 지출하고 있다는 것을 의미했다. 폴 케네디Paul Kennedy 예일대 교수가 《강대국의 흥망The Rise and Fall of the Great Powers》에서 지적했듯, 영국과 스페인은 1500년대 말과 1600년대 초 사이 국가 전체 예산의 75퍼센트를 군사비용으로 지출했는데, 그중 90퍼센트를 군인들의 봉급으로 사용했다.

많은 군사를 보유할 경우, 국가의 경제 상황이 좋을 때는 문제가 없지만 상황이 조금만 악화되면 큰 타격을 받게 마련이다. 다른 나라와의 전쟁에서 패배하거나, 국내에 흉년이 들어 작황이 좋지 않아 세금이 적게 걷히거나, 봉급과 보급품을 실은 배가 적국에 탈취되거나 침몰당하면 군인들의 사기가 저하되고 불만이 쌓이게 마련인데, 이는 전투력에 바로 영향을 미친다. 봉급을 지급하지 못하는 기간이 길어지면 상관의 명령을 거부하는 하극상이 벌어지는 등 전투를 시작하기도 전에 이미 전쟁에서 지는 것에 버금가는 상황이 빚어진다. 따라서 통치자들은 군인들의 봉급 지급과 음식 보급, 대포 등 중화기 제작, 말의 꼴과 기마장비 확충 등 엄청난 비용이 들어가는 전쟁 수행 비용을 마련하기 위해 늘 고심했다. 다시 말해, 군사 강국의 가장 큰 문제는 바로 예산의 확보였다. 또한 전쟁에서 지면 전쟁배상금 지급 의무, 영토의 상실 등으로 몇 배의 손실을 보기 때문에 어떤 수단을 써서라도 전쟁에서 이기기 위해 군인들의 사기를 높여야 했고, 그러려면 군사자금이 풍부해야 했다.

스페인은 1492년 이후 국력 확장 과정에서 군 병력을 증강해 나갔다. 1470년대에는 2만 명의 군 병력으로도 충분했으나, 신대륙을 발견한 이후 해군의 증강, 합스부르크 왕가와의 결혼을 통해 버건디 및 네덜란드 지역에 배치한 육군의 증강으로 1550년대에는 15만 군으로 군세가 급팽창했다. 1588년 엘리자베스 여왕의 영국과 오렌지 공 윌리엄 1세William I의 네덜란드에 일격을 당한 아르마다 패전 이후에 더욱 군 병력을 증강시킨 스페인은 군 병력이 1590년대에 20만을 넘었고, 세계 최강이던 시기에는 30만에 육박했다. 스페인의 군 병력 증강은 신대륙 발견,

이탈리아 확보, 네덜란드 지배 등을 통한 안정적 재정 확보를 전제로 했다. 스페인의 국력 확장은 재원 확보를 바탕으로 한 것이었기 때문에 계획대로 예산이 확보되지 못하면 바로 국가 전체가 파산하는 위험에 처할 수도 있었다.

그러나 신대륙에서 들어오는 자본은 시간이 지나면서 정체되었고, 신교도운동을 벌이는 네덜란드를 스페인이 강하게 탄압하자 네덜란드가 독립을 추구하면서 문제가 발생하기 시작했다. 무역, 기술, 귀금속 가공, 예술 등이 번성한 네덜란드는 스페인의 중요한 자금줄이었다. 하지만 1556년 펠리페 2세가 즉위할 무렵부터 네덜란드의 저항이 커지면서 경제적 타격이 가해지기 시작했다. 플랜더스에서 태어난 아버지 카를로스 5세의 통치하에서는 순종적이었으나 아버지와 달리 스페인에서 태어나 플랜더스어를 구사하지 못하는 펠리페 2세에게서는 동질감을 느끼지 못했던 데다, 운명예정설Predestination에 충실한 칼뱅교Calvinism와 고마리즘Gormarism 그리고 이를 거부한 알미니우스파Arminism 등 신교도들을 탄압하는 왕에게 강한 반감을 품게 되었던 것이다.

군 병력을 유지하기 위해 막대한 자금이 필요했던 스페인은 정세의 변화에 따른 재정 적자로 결국 폴란드에서 빌린 국가채무를 상환하지 못해 1500년대에만 다섯 번 국가파산을 경험했다. 국가파산의 원인은 무엇보다도 아버지 카를로스 5세가 남겨놓은 국가채무와 국가 수입 감소로 지급이행 능력이 떨어졌기 때문이었다. 국가파산의 영향으로 군인들의 봉급을 지급하지 못하자 용병들은 불만을 품게 되었다. 스페인의 권위에 큰 타격을 입힌 아르마다해군의 1588년 패배는 기상 조건, 지형지물을 이용한 영국의 탁월한 전략이 큰 역할을 했지만, 무엇보다 해상 보급 부족과 봉급 미지급으로 인한 사기 저하가 스페인 해군의 전투력에 악영향을 끼친 게 결정적인 원인이었을 것이라 역사가들은 지적한다.

이와 함께 스페인의 독보적 전투전술 개념인 테르시오가 더 이상 큰 힘을 발휘하지 못한 것도 악영향을 끼쳤다. 경쟁 국가들이 앞다퉈 스페인의 전투 대형을 모방하는 데 나섰고, 그보다 훨씬 파괴적인 전술이 도입되기 시작했다. 스페인이 100여 년 동안 우위에 있었던 전투 기술에만 의존하고 있을 때 독립전쟁으로 서서히 북유럽 강국으로 등장하기 시작한 네덜란드는 스페인의 전투 대형을 파괴하기 위한 전술을 개발하면서 빠르게 전세를 뒤집었다. 30년전쟁 당시 신교도 진영의 다크호스로 떠오른 구스타브 아돌프 2세Gustav Alolf II가 지휘하는 스웨덴 군사들도 새로운 전투 대형과 전술로 스페인을 능가하기 시작하면서 스페인의 무적육군은 지상전에서 패배를 거듭했다.

스페인이 강대국의 자리에서 내려오게 된 두 번째 원인으로는 신흥국 네덜란드와의 전쟁을 들 수 있다. 1568년부터 1648년까지 이어진 80년전쟁으로 국고가 바닥나자, 결국 제국은 몰락하는 운명에 처하고 말았다. 제프리 파커Geoffrey Parker는 《스페인과 네덜란드Spain and the Netherlands 1559-1659》에서 무모한 전쟁이 스페인을 결국 패망을 길로 내몰았다고 결론지었다. 파커에 따르면 1566년에서 1654년까지 계속된 네덜란드와의 전쟁에 218억 두카트ducat의 군사비용을 퍼붓는 동안 서인도제도 식민지에서 들어온 총수입은 121억 두카트에 불과했다고 한다. 전쟁이 재정에 얼마나 큰 부담이 되었을지 짐작할 수 있다.

피터 윌슨Peter Wilson의 《30년전쟁사The Thirty Years War: Europe's Tragedy》, 파커의 《플랜더스 군대와 스페인 전쟁로The Army of Flanders and the Spanish Road》에는 스페인 패망의 원인이 상세히 기술되어 있다. 윌슨은 스페인이 네덜란드와 전쟁을 벌이기 위해 본토에서 플랜더스까지 무리하게 군대를 보내야 했는데, 바닷길을 이용할 경우 200킬로미터밖에 되지 않지만 제노아, 밀라노, 스위스, 알자스 지방을 지나 플랜더스에 도착하는 1,000킬로미터의 길을 택할 수밖에 없었던 이유로 강한 북동풍으로 좌초할 위험이 컸고, 프랑스와 영국 함대에게 기습공격을 받을 우려가 있었음을 지적했다. 하루에 23킬로미터 정도 이동하는 육로를 택할 경우 병력, 병참, 장비 이동 등을 위해 40여 일이 소모되는 데다 전투를 벌이기도 전에 대부분의 체력을 소모해 신속한 기동력을 갖춘 네덜란드군에게 패할 수밖에 없었다는 지적이다. 또한 네덜란드에 신전투 개념이 도입되면서 기동력이 낮은 테르시오 부대를 격파할 수 있었던 것도 스페인의 패배를 불러온 하나의 원인이었다.

폴 케네디 교수는 네덜란드가 스페인과 맞서는 동안 영국의 엘리자베스 여왕이 매년 예산의 일정 부분을 떼어 네덜란드 정부를 지원해 준 것도 스페인 패배의 원인이라고 지적했다. 당시 스페인은 영국에 침입할 기회를 호시탐탐 노리고 있었는데, 영국은 자국을 대신해 스페인과 싸워주는 네덜란드를 지원함으로써 전략적 이득을 취하고자 했다. 게다가 네덜란드가 프랑스의 팽창까지 막아주어서 영국과 네덜란드의 밀월관계는 중요한 군사동맹으로 30년전쟁에서 신교도동맹이 승리할 수 있는 교두보를 놓아주었다.

스페인의 약화된 재정과 경제 능력은 급격히 감소한 인구에도 영향을 받았다. 스페인은 1492년 그라나다 함락으로 이슬람 세력을 제거하는 데 성공했지만, 개종을 통해 무어인들을 완전히 기독교화하는 데는 실패했다. 가톨릭으로 개종한 아랍인을 마리스코인Mariscos이라 불렀는데, 펠리페 2세 때부터 시작된 이들의 저항과 폭동으로 불안감을 느낀 펠리페 3세는 1609년에서 1612년까지 적게는 27만 5,000명에서 많게는 30만 명의 마리스코인을 모르코와 튀니지 등지로 추방했다. 이와 함께 1599년과 1600년대 사이에 엄습한 흑사병은 스페인 인구의 10퍼센트를 앗아갔다. 이 두 사건은 그렇지 않아도 네덜란드와의 전쟁에서 고갈된 재정을 완전히 메마르게 했다.

스페인 몰락의 또 다른 원인으로 국가 통치 구조의 문제점을 들 수 있다. 스페인은 카스티야, 아라곤 두 왕국이 나바레, 레온 왕국을 흡수해 하나의 국가로 발전했지만, 영국이나 프랑스 같은 강력한 중앙집권 체제가 갖추어져 있지 않았다. 행정적으로는 카스티야와 아라곤의 지배하에 있었지만, 지방마다 각각 독립된 귀족의회가 있어 국왕의 통치력을 수시로 견제했다. 펠리페 3세가 지배하던 1598~1621년 아라곤, 나바레, 레온 등지에서는 단 한 번만 카스티야에 조세를 보냈을 만큼 중앙의 통제력이 지방에 거의 영향을 미치지 못했다. 프랑스처럼 전 국토를 국왕의 손아귀에 둔 프랑스국민회의 같은 조직이 있었더라면 좀 더 중앙집권화되어 스페인을 더 효율적으로 통치할 수 있었을 것이다. 지방 토호 세력의 권력은 각각의 의회에 기반을 두고 있었기에 왕권이 약화되기 시작하면서 더욱 강력한 힘을 발휘했다.

따라서 스페인의 몰락은 영국, 프랑스, 네덜란드 등과의 경쟁에서 서서히 밀린 탓도 있지만, 국내에서 비즈카야 폭동을 시작으로 안달루시아 폭동, 아라곤 폭동이 이어졌고, 해외에서는 포르투갈 독립전쟁, 나폴리 폭동 등이 이어지면서 국력이 빠르게 약화된 게 원인이었다. 1648년 네덜란드와의 전투에서 패배하고, 뒤이어 프랑스와 치른 전투에서도 패배하면서 맺은 피레네 조약, 스페인이 오랫동안 지배하고 있었던 네덜란드 영토(지금의 벨기에와 룩셈브르크 지역)를 2년전쟁에서 빼앗기고, 마지막으로 1700년에 카를로스 2세Carlos II의 왕위 계승 문제로 국력이 소모되면서 스페인은 강대국의 지위에서 완전히 밀려나고 말았다. 이렇듯 세계의 중심이었던 스페인은 네덜란드, 프랑스, 영국에 차례로 그 지위를 물려주고 말았다.

영국

18세기 유럽에서 발발한 7년전쟁을 연구한 톰 포콕Tom Pocock은 그의 저서 《제국의 전투: 최초의 세계대전Battle for Empire: The very first world war 1756~1763》에서 아주 흥미로운 논의를 전개했다. 그는 1756년에 시작되어 1763년에 종료된 7년전쟁이 최초의 세계대전이라고 주장했다. 그 이유는 이렇다.

7년전쟁은 언뜻 보면 유럽 국가끼리의 전쟁 같지만 미국, 아시아, 남미까지 확산되어 세계의 모든 대륙이 전쟁에 참가해 진정한 의미의 세계전쟁이라는 것이다. 세계대전은 승리 국가와 패배 국가들만이 개입되는 것이 아니라 전쟁 후 세계의 지도가 완전히 바뀌는 전쟁을 가리킨다. 이 세계대전에서 승전국은 영국과 프로이센이었다. 그전까지만 해도 루이 14세가 지배하는 프랑스가 유럽에서뿐만 아니라 세계의 주도권을 쥐고 있었다. 프로이센은 7년전쟁 이후 오스트리아로부터 삭소니

지방(현 독일의 동부 드레스덴 지역), 실레지아(현 폴란드 서쪽 국경 지역), 스웨덴의 영토인 스트랄순드만 남기고 북쪽 해안에서 축출되어 현재 독일 국경의 큰 밑그림이 완성되면서 유럽의 또 다른 강대국으로 등장하게 되었다.

하지만 이 전쟁의 진정한 승리자는 영국이었다. 영국은 이 전쟁에서 프랑스가 소유하고 있던 북미 지역을 점령하고, 서인도제도, 스페인 소유였던 플로리다, 서아프리카의 세네갈을 차지했다. 인도의 여러 프랑스 무역사무소까지 점령하고 전쟁 후 반환했지만 다시는 요새화하는 것을 금지해 결국 인도 전체를 손에 넣을 수 있는 교두보를 마련했다. 7년 전쟁은 영국이 세계적 강대국으로 등장하는 데 결정적 역할을 한 셈이다. 영국은 이 전쟁 이후 나폴레옹이 등장했던 기간만 제외하고 1945년까지 185년간 세계 유일의 강대국으로 군림했다.

세계사의 중심에 등장하다

영국제국의 역사를 연구한 로렌스 제임스Lawrence James는 그의 책《영국제국의 등장과 몰락The Rise and Fall of the British Empire》에서 영국이 세계사에서 초강대국으로 등장할 수 있었던 원동력은 무엇보다도 국왕에 대한 충성과 대영주의를 건설하겠다는 일종의 초민족주의적 의지라고 봤다. 정복전쟁에서 승리하면 왕에게 영광을 바쳤고, 전쟁에서 패하더라도 명예롭게 국왕을 위해 싸우다 전사하는 모습에서 영국의 정신과 혼을 찾아볼 수 있다고 썼다. 즉, 대영주의의 꿈은 100년전쟁으로 시작된 프랑스에 대한 경쟁심리와 스페인, 네덜란드 등 선도국가들의 성공을 따라잡기 위한 끊임없는 시샘의 결과였다는 것이다. 여기에 산업혁명의 성공으로 앞선 기술과 군사력은 대제국으로의 성장에 날개를 달아주었다.

데이비드 랜즈는 그의 저서 《국가의 부와 빈곤》에서 영국은 자기보다 앞선 국가들을 끊임없이 시기하면서도 모방해 국력을 키움으로써 결국 경쟁국을 압도할 능력을 키웠나고 정의했다. 이 시기와 질투의 정치로 영국은 엘리자베스의 통치 시절 스페인의 아르마다를 제압하고 1600년대 네덜란드 무역선을 차단하고 독점을 금지하는 것 같은 견제 등을 통해 차츰 군사력과 경제력을 발전시켰다. 영국은 선망의 대상이던 경쟁국의 기술, 능력, 지식을 모방하면서 상대방의 힘을 약화시키기 위한 모든 수단을 동원했다. 섬이라는 지리적 조건을 이용해 보호무역과 해상 차단을 적절히 활용하면서 상대국의 경제적 지배를 통제하려고 한 것이었다.

영국은 네덜란드의 무역 독점을 견제하기 위해 네 번에 걸쳐 항해금지법Navigation Act을 제정해 영국 무역업자들에게 네덜란드 상선을 이용하지 말고, 네덜란드 상품 수입을 억제할 것을 권고해 네덜란드의 압도적 세계 무역을 무력화하기 위해 총력을 기울였다. 1651년 의회권고안Parliamentary decree으로 출발한 이 무역금지법은 네덜란드의 세계 무역을 철저하게 봉쇄하는 데 성공해 영국이 무역 왕국으로 올라설 수 있도록 시간을 벌어주었다.

영국에서 산업혁명이 일어날 수 있었던 원동력은 바로 영국의 경쟁심과 자존심, 모방과 보호무역에 있다고 해도 잘못된 말은 아니다. 영국의 보호무역은 200년이 지난 1860년, 영국과 프랑스의 자유무역협약인 코브덴-슈발리에Cobden-Chevalier 조약에 따라 파기되었다. 이 조약은 영국이 제1차 세계대전 이전에 자유무역의 선봉주자로 올라설 수 있는 계기가 되었다.

보이지 않는 손에 의한 자유시장경제를 설파한 애덤 스미스조차도 영국의 보호무역주의는 어쩔 수 없는 선택이었다고 분석했다. 그 이유는 자국보다 앞서가는 산업 국가의 독점적 지위로부터 자국의 경제를 보호하지 않으면 국가가 성장하기는커녕 자유무역의 희생자가 될 것이라고 보았기 때문이다. 1600년대 중반 네덜란드는 전 세계 무역을 장악하고 있었는데, 이익의 극대화를 위해 대규모 보관 창고를 운영했다. 네덜란드 상인들이 이를 바탕으로 상품 가격을 좌지우지하는 등 농간을 부려 보호무역은 어쩔 수 없는 선택이었다. 자유무역이 성공하기 위해서는 시장독점 같은 견제 장치가 필요하다고 본 것이다.

이렇듯 영국이 세계사의 중심에 등장할 수 있었던 것은 국력이 약할 때는 강한 국가를 견제하기 위해 주변국가와 외교 공조 정책을 추구하면서 힘의 균형을 이루었고, 자국의 산업을 보호하면서 서서히 쌓은 경제력을 바탕으로 경쟁 국가들을 제압한 뒤에는 군사력을 앞세워 용맹스럽게 굴복시키는 전략으로 지배력을 확장시킨 결과였다. 다시 말해, 영국이 세계 국가로 확장한 과정은 유럽의 강대국을 하나씩 이겨 나간 기나긴 여정의 결과였다.

팍스 브리태니커의 구축

유럽 강대국 간 7년전쟁이 발발한 1756년, 유럽 대륙에서 영국은 프랑스와 손잡은 합스부르크 가문이 지배하는 오스트리아에 비해 열세에 놓여 있었다. 영국은 1686년에 체결된 유럽대동맹Grand Alliance에 3년 뒤인 1689년에 가입해 프랑스의 지배에 대항하는 유럽의 다른 공국들과 군사적으로 의존 관계에 있었다. 루이 14세 당시 프랑스는 전 유럽뿐만 아니라 세계를 지배했다. 7년전쟁에서 영국은 루이 14세의 권력을 물려받은 루이 15세의 통치하에 있는 프랑스를 견제하지 않고서는 북미와 유럽을 장악할 수 없다고 보고 강력한 군사력을 가진 프로이센과 군사동맹을 체결했다. 이로써 66년 동안 유럽의 판도를 장악하고 있던 유럽대동맹을 통한 힘의 균형은 일시에 영국과 프로이센에 쏠릴 수밖에 없었다.

동부전선은 프로이센이 맡고, 서부전선은 영국이 맡은 7년전쟁에서 러시아의 통치자 엘리자베타 1세가 서거하면서 국정 공백을 이유로 러시아가 전쟁에서 발을 빼자, 영국과 프로이센의 협공으로 프랑스와 오스트리아 군사는 빠르게 격퇴되었다. 프로이센은 프레드릭 대제(프레드릭 3세)가 서거한 이후 나폴레옹에 의해 수도였던 베를린과 옛 수도 쾨니히스베르크까지 점령당하는 굴욕을 겪었지만, 영국은 프랑스의 해상 봉쇄를 끝까지 견뎌내면서 북미의 지배권과 동인도 및 서인도의 해상 무역권을 확보했다. 나폴레옹이 모스크바로 진격하면서 대부분의 군사를 잃는 동안 영국과 프로이센은 전열을 다듬어 협공으로 파리를 함락했다. 귀양지에서 탈출해 재기를 노리는 나폴레옹에게 워털루 전투에서 마지막 일격을 가하는 데도 영국과 프로이센의 군사적 협력 관계가 지대한 역할을 했다. 프로이센의 군사적 힘이 차츰 팽창하면서 덴마크, 오스트리아와의 전쟁에서 승리한 후 프랑스 파리를 점령한 비스마르크가 등장할 때까지 영국은 세계 제1제국의 자리를 굳건히 차지하고 있었다.

7년전쟁에서 승리한 영국 정부가 1765년 미국 식민지 13개 주에 인두세법Stamp Act을 도입해 식민지 주민에게 직접세를 거두려 하자 미국은 영국의 조세 정책에 조직적으로 반발하기 시작했다. "국민대표의 선출 없이는 세금도 없다No taxation without representation"라는 구호 아래 세금 저항 운동을 벌이던 북미 13개 주 독립 세력은 보스턴 폭동Boston Tea Party 이후 전국에 걸쳐 영국에 폭력적으로 저항하기 시작해 결국 1776년 토머스 제퍼슨Thomas Jefferson의 주도로 작성된 독립선언서를 발표하며 독립 전쟁이 시작됐다. 프랑스는 7년전쟁에서 패배한 후 영국에 보복하기 위해 라파예트Marquis de Lafayette와 군대를 보내 적극 지원하는 등 미국 독립에 중요한 후원국이 되어 공헌했다. 결국 영국은 전쟁에서 패배해 미국의 13개 식민지를 잃고 북미에서 손을 뗄 수밖에 없었다. 7년전쟁 이후 프랑스가 떠난 미국 식민지에서 인두세를 신설해 세금을 징수하려고 무리하게 요구하다가 지배권을 완전히 잃는 전략적 오판을 한 셈이다.

하지만 미국에서의 패배는 영국에게 새로운 기회를 가져다주었다. 미국의 독립 이후 곧바로 재개된 무역으로 경제의 숨통을 트일 수 있었던 것이다. 또 다른 활로는 동인도회사의 인도 경영 정상화였다. 당시 총리였던 윌리엄 피트William Pitt the Younger는 1784년 인도법India Act을 통과시켜 부패로 인해 무역 적자를 초래하는 동인도회사를 정상화시키고 인도와 함께 동남아시아 페낭(현재 말레이시아 북동 지역)을 개척해 새로운 무역로를 개설하는 등 적자 재정을 흑자 기조로 전환시키고, 과도한 국가 부채를 빠르게 줄일 수 있었다. 1811년 자바 지역을 네덜란드로부터 빼앗았고, 1819년 싱가포르, 1824년 말라카(현 말레이시아 남부), 1826년 미얀마 등을 차례로 식민지로 복속시켰다.

미국과의 전쟁이 좀 더 길어졌더라면 전쟁으로 인해 재정 파탄 상태가 지속되어 프랑스 같은 경제위기를 맞아 프랑스혁명과 왕권 붕괴 같은 일을 겪을 수도 있었다고 역사학자 제러미 블랙Jeremy Black은 분석했다. 영국의 입장에서는 미국을 잃고 인도양으로 관심을 돌려 아시아 지역을 장악하면서 세계적인 제국으로 성장할 수 있는 큰 전기가 마련된 셈이다. 과감하게 버릴 것은 버리고 새로운 것을 추구한 토리당의 윌리엄 피트의 전략은 기업뿐만 아니라 국가에도 중요한 시사점이 있는 경영 전략이다. 윌리엄 피트는 두 번에 걸쳐 총 20년 동안 총리직을 수행하면서 세계적으로 영토를 팽창시키며 대영제국을 일으킨 역사적 인물로 꼽힌다.

이후 영국 정부가 지속적으로 동인도회사의 활동을 장악하면서 식민지 개척이 본격화되기 시작했다. 동인도회사가 개척한 인도 시장에서 영국 정부의 식민지 통치권을 의무화한 1814년 동인도통치법Charter Act을 제정해 인도에 대한 통치를 점차 확대하다가 1858년 인도의 영국 식민지화를 완성시키고 빅토리아 왕은 대영제국과 인도의 황제로 등극했다. 영국은 여기에 그치지 않고 국력이 쇠약해진 중국을 공략하기 시작했다. 인도에서 생산해 판매하던 아편을 청제국이 압수하는 사건이 발생하자 청제국과 1차 아편전쟁을 벌여 홍콩을 조차租借하는 등 영국의 제국주의적 침략은 거침없었다. 유럽에서 영국을 위협할 상대는 러시아가 유일했다.

영국은 러시아가 발칸반도로 남하할 것을 우려해 프랑스와 함께 크림반도의 러시아 해군을 급습해 전쟁을 벌여 러시아의 남하를 견제하는 데 성공했다. 크림전쟁은 영국이 산업혁명 이후 근대적 무기 체계를 도입한 전쟁으로, 화력과 장비의 우세로 러시아를 제압해 유럽의 마지막 위협 세력까지 제거하는 데 성공했다. 대제국은 아프리카를 장악함으로써 완성되었다.

1884년과 1885년 유럽 11개국이 참석한 베를린 회의Berlin Conference에선 아프리카의 분할을 논의하고 실질적 재배Effective Occupation 원칙을 처음으로 적용시켜 영국과 프랑스의 아프리카 지배를 더욱 공고히 만들었다. 아프리카가 분할된 이후 영국은 1898년 프랑스와의 파쇼다 사건Fashoda incident으로 수단까지 점령하고, 남쪽에서는 보어인(남아공을 개척한 네덜란드인)이 세운 두 개의 공화국, 오렌지공화국과 트란스발공화국을 격퇴시켜 명실공히 카이로에서 케이프타운에 이르기까지 아프리카를 종축으로 점령하는 세계 대제국을 완성했다. 영국은 7년전쟁 이후 1900년까지 150년 동안 미국독립전쟁에서 맛본 패배 이후 한 번도 큰 전쟁에서 패배하지 않는 등 팍스 브리태니커Pax Britannica, 즉 영국 지배하의 세계 평화 체제를 건설해 명실공히 세계 제국으로 우뚝 서게 되었다.

영국은 어떻게 성공했나

　영국의 근대국가 성장 과정을 보면 엄청난 발전의 요소가 있었음을 발견하게 된다. 하나씩 자세히 살펴보자. 영국의 국력 성장은 왕권을 견제하는 의회 세력 간의 끊임없는 경쟁과 논쟁을 통해 국가의 아젠다를 결정하는 의회민주주의의 틀을 갖춘 데서 비롯되었다. 왕의 폭정과 절차의 무시를 좌시하지 않은 귀족들이 요구해 성립된 마그나카르타 Magnacarta에서 시작된 상원 제도House of the Lord 그리고 1314년 에드워드 3세Edward III의 통치 시 주민대표를 뽑는 것으로 시작된 하원 제도House of the Common는 영국 의회 제도의 기초를 놓아주었다.

　의회 제도는 왕의 권력을 적절히 견제하는 수단으로 민주주의가 발전하는 데 있어 가장 중요한 씨앗을 싹트게 했다. 1628년 의회를 무시하고 국정을 전횡한 찰스 1세를 견제하기 위해 의회가 제안한 권리청원 Petition of Right까지 다시 무용지물로 만들자 올리버 크롬웰을 중심으로 한 의회청교도파가 내란을 일으켜 왕을 직접 교수대에 세운 사건은 세계 초유의 혁명으로 간주된다. 프랑스 루이 16세가 프랑스혁명 이후 국민회의에서 요구한 입헌군주제를 인정하지 않고 도주하다가 체포되어 결국 단두대에 서게 된 사건보다 245년이나 앞선, 민주주의 발전의 신호탄인 셈이다. 영국은 의회 엘리트와 군의 주도하에 혁명이 이루어졌지만 프랑스는 시민의 주도하에 이뤄졌다는 차이만 있을 뿐이다.

　영국의 입헌군주제가 민주주의로 발전하는 결정적인 계기가 된 사건은 또다시 왕을 폐위시키고 새로운 왕을 옹립하는 과정에서 새로운 두 정당, 토리당과 휘그당이 탄생해 국가의 정책 결정을 의회주의자들이 주도하게 된 명예혁명이다. 왕정파에 속한 토리당 의원들은 제임스 2세를 지지해 왕위에 복귀시키고자 했지만, 루이 14세의 프랑스 같은 절대주의적 왕권 제도가 도래할 것을 경계한 휘그당의 주도로 왕의 큰딸 메리와 그녀의 남편 윌리엄 3세를 영국 왕으로 옹립하고 권리장전을 채택해 영국 의회 중심 정치를 한 단계 발전시키는 데 매우 중요한 역할을 했다. 권리장전으로 국민의 체포 및 구금에 대한 제한, 정치인의 의회 내 자유발언, 왕에 대한 청원과 정치적 보복으로부터의 자유, 의회 활동의 강화, 특별세금 부과 시 의회의 동의, 평화 시 군대 편성 및 유지 등에 대한 의회의 동의 등 왕의 자의적 통치를 제한하는 입헌군주제의 제도적 틀이 완성됐다.

토리당과 휘그당은 영국의 의회정치 발전 과정에서 정치적으로 정적이었지만, 두 정당의 설립으로 정부의 수장인 총리를 임명하는 총리 제도가 도입된 1721년부터 영국 정치는 내각 각료를 임명해 행정부가 정치를 주도하는 정치로 탈바꿈했고, 의회의 신임을 받지 못하면 정권이 교체되는 정치 제도화의 중요한 기초를 마련했다. 두 라이벌 정당은 사사건건 부딪치며 경쟁했지만 논리적 설득의 근거가 없고 의회의 지지를 받지 못하면 정부 내각을 해산하는 의회민주주의의 전통을 세우며 발전했다.

이 과정에서 영국이 고안해 낸 의회민주주의의 꽃인 총리 제도가 만들어졌다. 1714년 즉위한 조지 1세George 1는 독일 하노버에서 태어나 영어를 한 마디도 하지 못했다. 왕으로 즉위한 뒤 1727년 사망할 때까지

13년간의 통치 기간 내내 매년 고향인 독일을 방문해 여름을 보내고 올 정도로 그는 영국 생활에 잘 적응하지 못했다. 무슨 말이 오가는지 이해하지 못하는데도 의회에 참석해 정치 토론을 듣는 것도 처음 몇 번만 시도하다가 중단했을 정도로 영국 정치에 매력을 느끼지 못했다. 이때 고안해 낸 것이 바로 내각 제도와 총리 제도다. 국왕이 외유하거나 해외 출타로 자리를 비울 경우, 국정을 책임지고 담당할 장치가 필요했던 것이다. 단순히 국왕의 통치를 보조할 수단으로 고안된 제도였지만, 이 제도는 후일 현대적 의원내각제의 전형을 제공했다. 특히 입헌군주제를 채택한 모든 유럽 국가에서는 의원내각제가 공식처럼 받아들여질 정도로 깊게 뿌리내렸다. 의회내각제는 영국이 유럽에 선사한 선물인 셈이다.

여기에 1인 1표 단순다수제, 유럽에서 폭넓게 채택하고 있는 헤어 방식Hare method 선거 제도, 1인 1표 단기 이양식Single Transferable Vote, STV도 헤어가 고안해 낸 제도이다. 1839년 처음 차티스트 운동의 요구 사항으로 시작되어 영국 의회에서 회기 때마다 논의된 비밀투표제도 영국에서 고안해 낸 제도다. 이처럼 영국은 하나하나 열거할 수 없을 정도로 다양한 절차적 민주주의 제도의 틀을 제공했다. 다시 말해, 영국은 근대 민주주의의 기틀을 제공한 국가라 해도 과언이 아니다.

제도만 좋다면 국가가 안정적이고 지속적으로 발전할 수 있을까? 영국의 예를 보면 제도만으로는 부족하다는 것을 알 수 있다. 총리의 역할이 바로 그 같은 판단을 가능하게 해 준다. 영국에서 고안된 총리 제도가 처음 도입된 것은 1721년이다. 이때 그 역할을 담당한 사람은 로버트 월풀Robert Walpool이다. 월풀은 국왕 조지 1세와 그의 아들 조지 2세

George II가 통치하던 시기까지 21년이나 실질적 통치권을 장악했다. 이 시기 영국의 입헌군주제는 불안했다. 1701년 제정된 왕위계승법Act of Settlement을 통해 가톨릭계 스튜어트 왕족 가문에게는 왕위를 물려주지 않는다는 조항 때문에 왕위 계승 서열 50위까지를 제외하고 독일 하노버로 출가한 신교도 가문에서 계승자를 결정한 것 때문에 왕위 계승 문제를 놓고 왕족 간 시기와 다툼이 벌어져 언제든지 쿠데타가 일어날 수 있는 상황까지 치달았다. 이른바 자코바이트Jacobite 사건이다.

1708년 프랑스 해군의 도움을 받아 왕위를 차지하려던 제임스 2세 James II의 아들 제임스 스튜어트James Stewart는 뜻을 이루지 못하자 앤 여왕Anne이 서거하고 조지 1세가 즉위한 1715년 다시 반란을 일으켰다. 토리당 일부 세력의 도움을 받아 초기 군사작전은 선전했지만 결국 실패하고 만다. 1718년에도 다시 시도했다가 실패하자 조지 2세가 즉위한 1744년에 프랑스의 군사적 도움을 받아 다시 한 번 침략하지만 태풍과 높은 파도로 결국 상륙조차 실패하고 말았다. 1745년 다시 대대적으로 스코틀랜드 반군을 조직한 찰스 스튜어트Charles Stewart(제임스 스튜어트의 아들)는 마지막 전투에서 패하고 프랑스로 돌아가 영국 왕권에 대한 꿈을 접고 만다.

자코바이트 사건은 영국의 초기 입헌군주제가 매우 불안한 형태로 유지되었다는 것을 여실히 보여준다. 조지 1세가 통치하던 13년 동안 집안 살림을 맡아 실질적 권력을 행사한 장본인이 바로 월풀이다. 월풀은 왕을 대신해 국가 재정 문제를 해결했다. 그리고 안정적인 정치 운영으로 불안하던 왕권을 확립하기 위한 중요한 버팀목 역할을 담당했다.

1720년 발생한 사우스 시 컴퍼니South Sea Company 파산으로 국가 신용과 정부 예산에 막대한 손해가 발생하자 조지 1세는 월풀에게 그 해결을 맡겼는데, 그는 기대대로 빠르고 깔끔하게 파산 절차와 신용 문제를 해결해 냈다. 이로 인해 월풀을 신뢰하게 된 조지 1세는 이후 모든 국내 문제를 그에게 일임했다. 그의 공식적 직함은 제1재무장관First Lord of the Treasury이었다. 이 자리는 후일 총리를 가리키는 명칭으로 받아들여졌다.

다음은 월풀이 정의한 정치인의 역할이다. 이 정의는 그의 뒤를 이은 총리와 정치인들에게 기준이 되었음은 물론, 후일 영국 민주주의의 기초를 놓았다.

- 총리는 직접 통치하지 않는다. 총리는 국왕을 대신하는 국왕의 신하일 뿐이다(주어진 권력 이상 욕심을 내지 마라. 권력의 본질을 이해하라).
- 국민의 대표로 구성된 하원이 정치의 중심이다(국민 위에 군림하는 상원은 국가의 이익을 대변하지 않는다. 대다수 국민의 진정한 목소리에 귀를 기울여라).
- 내각은 흩어져서는 안 된다. 단일한 목소리를 내야 한다(개인적으로 활동하는 장관은 국가의 이익에 방해가 될 뿐이다. 국가의 이익을 지향하는 정부의 일에 적극 참여하도록 독려하고 대화하라).
- 내각의 힘은 소속 정당의 지지와 협조에서 나온다(목소리를 규합하는 것은 지도자의 능력에 달려 있다. 내각 구성을 가능하게 하는 우군 정당의 지지가 없으면 내각의 존재가치는 이미 사라진 것이다. 정당의 지지를 끌어내기 위해 당 소속 의원들과 대화하고 설득하라).
- 의회의 강한 지지와 신뢰가 없을 때는 과감히 총리직을 버려라(정치인

은 신뢰를 바탕으로 한다. 나의 정치가 신뢰와 믿음을 잃으면 눈치 보지 말고 빨리 자리를 버려라).

이렇게 다섯 가지로 이뤄진 그의 원칙과 소신은 후일 영국 정치의 근간이라고 할 수 있는 의원내각제의 기틀을 잡아주었고, 정치지도자의 역할과 사명에 중요한 방향타 역할을 해 주었다. 특히 다섯 번째 항목은 시사하는 바가 크다. 그는 실제로 1742년 치러진 보궐선거 결과가 선거 부정과 부패의 결과라는 야당의 지적에 불신임투표에서 질 경우 물러나겠다고 약속했다. 뿐만 아니라, 자신을 믿으라며 부정선거를 척결하겠다고까지 공언했다. 결과는 3표 차이로 월풀의 승리였다. 하지만 그는 의회의 전폭적 믿음과 신뢰를 상실했다고 보고 국왕의 간절한 만류를 뿌리치고 총리 자리에서 내려오는 과감한 결단을 보였다. 신뢰의 정치가 영국에서 중요한 덕목으로 자리 잡게 하는 데 그의 정치적 소신이 영국의 후대 정치인에게 얼마나 큰 영향을 미쳤는지 알 수 있을 것이다.

영국 헌법을 연구한 월터 베젓Walter Bagehot은 그의 저서《영국 헌정 English Constitution》을 통해 의회와의 관계에서 국왕에게는 세 가지 권리가 부여된다고 정의했다. 첫째, 의회정치에 대해 보고받을 권리, 둘째, 의견을 개진할 권리, 셋째, 특정 사안에 대해 정부에 경고할 권리다. 영국의 입헌군주제가 서서히 뿌리내리는 과정에서 총리의 역할, 내각의 역할, 의회의 역할이 얼마나 중요한 요소로 자리 잡았는지 알 수 있는 대목이다.

영국의 정치사를 보면 월풀을 귀감으로 삼아 훌륭한 정치인이 많이 배출되었다. 영국의 발전은 걸출한 총리들이 있었기에 가능했다고 할 정도로 총리의 역할은 절대적이었다. 이들은 의회에서 설득을 통해 합의를 이끌어내고, 국가의 이익이 무엇인가 고민했다. 윌리엄 피트, 로버트 필Robert Peel, 윌리엄 글래드스턴William Ewart Gladstone, 벤저민 디스랠리Benjamin Disrelli, 윈스턴 처칠, 마거릿 대처Margaret Thacher, 토니 블레어Tony Blair로 이어지는 걸출한 정치인들은 초대 총리 로버트 월풀이 정해 놓은 기준과 원칙대로 국가를 우선하고 국민을 위해 봉사하는 바른 정치를 실천했다. 영국 역사의 기저에 흐르고 있는 민주주의의 원리와 원칙 그리고 발전 과정은 현재를 살아가는 우리들이 과거를 돌아보면서 우리의 현실에 맞는 정치를 추구하는 데 방향타 역할을 해 줄 것이다.

현재 진행형인 영국의 브랜드 파워

영국 주도하의 평화 시대, 팍스브리태니커는 150년간 지속되었다. 제2차 세계대전 이후 세계의 주도적 지위는 미국과 소련에 넘어갔지만 영국은 21세기를 살아가는 우리들에게 여전히 강대국 이상의 국가로 남아 있다. 단지 인구, 경제력, 군사력 같은 일반적 국력의 지표를 이야기하는 게 아니다. 아직도 엘리자베스 여왕 시절에 활동했던 셰익스피어의 문학 작품을 읽으며 그의 생가를 방문하는 문학 마니아들이 있다. 셰익스피어의 작품은 재생산되고 재해석되면서 끊임없이 새로운 독자와 작품을 만들어내고 있다. 과학을 공부할 때면 반드시 언급되는 만유인력의 법칙은 또 어떠한가. 뉴턴의 과학적 발견은 지금의 우주 시대를 여는 밑거름이 되었다. 영국인으로 태어났지만 미국 독립운동에 큰 영향을 끼친 토머스 페인Thomas Paine은 그의 저서 《상식Common Sense》에서 독립의 당위성을 설파하고 미국 헌법의 틀과 형태를 제시해 영국으로부터의 독립에 회의를 갖고 있던 식민지 엘리트들에게 독립의 열망을 품게했다. 페인은 세계 최강국이던 모국의 식민 지배는 모순이고 독립은 필연이라고 보았다. 페인은 미국 건국이라는 목표를 갖게 하고 그것을 꿈꾸게 한 진정한 전위적 인물이다.

현재 널리 적용되고 있는 민주주의 이론을 들여다보면 영국의 경험주의와 계몽주의 사상가들을 빼놓고는 아무런 이야기도 할 수 없다. 그렇다고 해서 정치경제 이론에 관해서만 영국의 영향력을 찾아볼 수 있는 것은 아니다. 프랜시스 베이컨, 토머스 홉스, 존 로크, 애덤 스미스, 데이비드 흄, 데이비드 리카도, 토머스 맬서스Thomas Malthus, 제러미 벤담, 존 스튜어트 밀 등으로 이어지는 정치경제이론 사상가들은 물론 《종의 기원The Origins of Species》을 쓴 찰스 다윈Charles Darwin, 적자생존론Survival of the Fittest을 설파한 허버트 스펜서Herbert Spencer 등 영국 지식인들은 정치 이론뿐만 아니라 현대 사회의 중요한 지식 체계의 틀을 제공해 주었다. 이 밖에도 제2차 세계대전 이후 국가의 경제위기를 극복하기 위한 모델을 제시한 존 케인스는 실업 문제를 해결하기 위한 복지국가의 등장에 크게 기여했다. 이처럼 지식 체계 전반에 대한 영국인들의 기여는 눈부실 정도다.

아시아에 한류가 있다면 과거 서구사회에는 '영류Enlgish stream'가 있었다. 1960년대를 풍미한 비틀스Beatles는 전 세계 젊은이들을 열광의 도가니에 몰아넣었다. 비틀스는 아직도 두터운 마니아층을 확보하고 있다. 007로 잘 알려진 제임스 본드 시리즈는 1953년 처음 상영된 뒤 2015년까지 총 26편의 영화가 제작되었고, 새 시리즈가 나올 때마다 누가 본드 걸인지 최고의 관심사가 될 정도로 인기를 누리고 있다. 잘 알려져 있지 않지만 영국의 작가 이언 플래밍Ian Fleming이 바로 007을 만든 주인공이다. 제임스 본드의 가치는 영화 역사상 관객 동원 3위를 기록할 정도로 높게 평가된다.

1997년 세계를 강타한 조앤 롤링Joan K. Rowling의 〈해리 포터Harry Potter〉 시리즈는 역사상 최대 판매 부수인 5억 부 이상 팔려 나갔으며, 이를 원작으로 8개 시리즈로 만들어진 영화는 세계 최다 관객 동원 2위를 기록했다. 이 밖에 〈해리 포터〉를 주제로 한 테마파크가 전 세계에 네 개나 건설되었으며, 〈해리 포터〉를 캐릭터로 만든 컴퓨터게임 시리즈도 14개에 이르는 등 앞으로 창출될 경제적 가치를 가늠하기가 쉽지 않을 정도다. 〈타임The Times〉에 따르면 2015년 해리 포터의 브랜드가치는 150억 달러에 이르러 〈포브스Forbes〉의 기업가치 평가에서 가장 높은 점수를 받은 애플Apple(1,453억 달러)의 10분의 1에 이르고 삼성(379억 달러)의 절반 정도로 웬만한 대기업의 가치를 능가한다. 한 작가가 쓴 소설이 이렇게 큰 경제적 가치를 창출한 경우는 역사상 존재하지 않았다. 롤링은 지식문화 기반의 세계적 아이콘으로 통하고 있다.

《반지의 제왕Lord of the Ring》과《호빗Hobbit》의 작가 톨킨J. R. R. Tolkien도 영국의 문화적 가치를 높이는 데 크게 기여했다. 두 소설이 출판된 것은 1937년과 1954년이지만 2001년 영화로 만들어진 이후 폭발적 인기에 힘입어 톨킨의 두 소설 중《반지의 제왕》은 1억 5,000만 부가 판매됐고, 《호빗》역시 1억 4,000만 부가 판매됐다. 두 작품을 합해 총 3억 부가 판매된 셈이다. 2003년까지 세 편의 시리즈로 영화화된 〈반지의 제왕〉은 3조 5,000억 달러 상당의 수입을 올렸고, DVD와 캐릭터 판매, 컴퓨터 게임 판매 등이 포함된 수익금은 5조 달러를 상회한다. 〈반지의 제왕〉마지막 편인 〈왕의 귀환〉은 아카데미상 11개 부문을 휩쓰는 등 역대 최다 수상 영화인 〈벤허〉, 〈타이타닉〉과 동률을 기록해 세계적으로 그 가치를 인정받았다.

영국의 음악, 영화, 문학 그리고 상상력의 집합체인 캐릭터는 과연 어디서 나온 것일까? 끊임없는 문화의 가치 생산은 어떻게 가능했을까? 달리 말해, 이런 문화적 가치를 생산한 영국의 저력은 어디서 비롯됐을까?

영국의 끊임없이 재생산되는 문화적 역량은 관점에 따라 문화 제국주의Cultural Imperialism, 문화 식민주의Cultural Colonialims로 해석되기도 한다. 이 이론은 미셸 푸코Michel Foucault와 에드워드 사이드Edward Said에 의해서 발전했다. 권력, 통치성, 진리, 이데올로기, 패권 등은 자신이 자리한 사회적 위치에서 주위환경을 통제하고 영향력을 미치는 능력에 따라 좌우되기 때문에 우월적 존재와 문화에 대한 동경과 패배의식이 팽배해진다는 것이다. 영미의 음악, 문화, 영화가 세계적으로 인기를 끄는 이유에 세계적 질서의 체계적 관리라는 차원에서 접근한 이 이론에 따르면 주류 문화에 대한 종속성과 끌림 현상은 당연한 것이다.

사이드가 주장한 문화 제국주의는 제2차 세계대전 이후 제국의 시대

Age of Empire는 끝났지만, 영국 같은 강대국이 떠난 뒤에도 속국에는 식민지 시대의 의식과 가치가 고스란히 살아 있어 사람들이 그에 길들여지기 때문에 영어 문화를 소비하고 향유하는 문화적 유산이 남는다는 것으로 요약된다. 그 결과, 현대인은 문화적 식민주의 속에서 살아가고 있다는 것이다. 영미문화의 인기는 잘 짜인 구성과 좋은 작품성, 엄청난 제작비를 투입해 만들어낸 완성도와 규모에 압도되어 생겨나는 것이기도 하지만, 아직도 낙후되고 열세에 있는 자국 문화에 대한 대리 만족의 현상이라고 해석한 셈이다.

일부에서는 영미 문화의 우월성은 신자유적 결과라고 해석한다. 이들은 다국적기업Multinational Corporations, 비정부기구Non-Governmental Organization, NGO, 국제비정부기구International NGO가 확장되면서 전 세계의 가장 중요한 가치로 신자유적 통치성Neo-Liberal Governability, 서구적 생각과 존재의 동화가 떠오르고 있다고 주장한다. 영어권의 영화, 문학, 음악, 화젯거리를 소비하면서 서구적 가치에 만족하고 자유의 대리만족을 추구하기 때문에 인기가 끊임없이 이어진다는 논리다. 서구의 식민지적 통치가 비판 의식을 마비시켜 영미 문화에 맹목적으로 열광하는 마니아층을 양산한다는, 이른바 '문화 식민주의'의 연장선상에 신자유주의적 시각이 존재하는 듯하다.

하지만 이 같은 문화이론적 시각만으로 영국의 문화적 본질과 특질에 접근하기는 어렵다. 세계를 통치한 경험과 경륜 그리고 한 시대의 사상, 기술, 경제 발전의 모델을 제공했다는 선구적 자신감이 그대로 투영되어 세계가 곧 자국의 시장이라는 시각을 바탕으로 생산해 내는 문화적

스케일과 대담성이 영국 문화의 저력은 아닐까?

영국은 1066년 바이킹 민족인 정복왕 윌리엄William the Conqueror에게 함락된 이후 한 번도 외세의 지배를 받아본 경험이 없는 국가다. 정복왕 윌리엄은 영국 중세 역사에서 주류 왕권 세력으로 성장했다. 영국과 프랑스가 벌인 100년전쟁은 영국을 정복한 정복왕 윌리엄의 노르만 왕조(영국과 해협을 공유하는 프랑스의 북서 해안) 후예들이 프랑스의 왕권과 영토를 놓고 벌인 전쟁이다. 이 전쟁에서 진 영국은 프랑스와 혹독하게 경쟁했는데, 이 과정에서 섬나라의 특질과 독자적 민족성이 성장했다. 랭커스터 가문과 요크 가문 간에 벌이진 장미전쟁은 바로 왕조 확립 과정에서 일어난 영국 최초의 왕권 다툼이었다. 이 과정에서 튜더왕조가 성립되어 헨리 7세Henry VII 이후 영국은 독자적 왕국을 만들어 나갔다.

그러나 국왕의 전횡을 견제하고 가톨릭 가문의 즉위를 차단하기 위해 왕을 두 번이나 강제로 퇴위시키는 과정에서 영국 스튜어트 가문의 딸과 결혼해 유럽의 피를 수혈받기도 했다. 1688년 네덜란드 혈통인 오렌지 공 윌리엄을 왕으로 옹립한 과정과 1714년 독일 하노버 혈통의 조지 1세를 왕으로 옹립한 과정에서 네덜란드와 독일 가문 출신의 수혈을 받는 등 변화를 거듭해 온 영국의 DNA는 순수혈통주의를 강조한 프랑스나 독일제국과는 분명 다르다. 영국은 두 나라와 달리 강력한 의회의 전통 속에서 만들어진 계승법이 있었다. 또한 영국은 프랑스나 독일과 달리 메리 1세, 엘리자베스 1세, 앤 여왕, 빅토리아 여왕, 엘리자베스 2세Elizabeth II 등 다섯 명의 여왕을 배출했다. 프랑크족의 부계 전통으로 여왕을 갖지 못한 프랑스나 독일과는 분명 다른 역사적 전통을 갖고 있는 것이다.

영국의 문화적 DNA는 유연하면서도 융합적인 사고와 다양성을 받아들이는 전통을 지닌다. 그리고 국왕에 대한 충성과 복종을 바탕으로 한 세계 통치의 경험이 영국인의 피 속에 남아 현재까지 전해지고 있다. 영국의 역사 교육은 그들만의 문화적 특질을 그대로 전수하는 과정이다. 앞으로 세계의 주류에 진입하길 원하는 국가들은 영국의 모델을 들여다보고 무엇이 이들을 다르게 행동하도록 하고, 진취적으로 나아가게 했는지 그 본질을 간파할 필요가 있다.

프랑스

2015년 11월 13일. 파리 외곽 상드니에서 끔찍한 테러 사건이 벌어졌다. 복면을 쓴 테러리스트들이 라이브 밴드 음악에 심취해 있던 젊은이들에게 무자비하게 총격을 퍼부은 것이다. 총격을 피해 거리로 쏟아져 나온 시민들을 대상으로 몇 시간 동안 무차별 사살이 자행되었다. 130명의 무고한 시민이 희생당한, 제2차 세계대전 이후 최대 살상극이었다.

2015년 1월 9일. 〈샤를리 에브도〉 잡지사를 급습한 근본주의자 테러리스트들은 이슬람을 모욕했다는 이유로 무차별 난사를 벌여 총 17명의 사상자를 내고 진압됐다. 비통한 얼굴로 희생자를 애도하는 시민들의 TV 인터뷰가 전 세계에 생중계되었다.

"볼테르의 정신이 숨쉬는 나라, 에밀 졸라가 사랑한 국가, 개인의 자유와 평등 그리고 공동의 책임과 획일적 압제로부터 해방을 갈구한 프랑스는 다시 일어날 겁니다".

"아무리 극단적인 폭력이 우리를 압제하려고 해도 자유와 평등으로 세계의 등불이 되었던 우리는 세계의 중심에서 다시 우뚝 설 겁니다."

세계는 2015년 두 번에 걸쳐 자행된 파리 테러 사건을 목도하면서 파리 시민의 의연함에 경의를 표하며 진정으로 아픔을 함께했다. 국가비상사태를 선포하고 충격과 슬픔에 빠진 국민들 앞에서 의연하게 대처하는 프랑스 정부, 프랑스인, 파리 시민 들을 보면서 프랑스의 저력을 다시 한 번 확인할 수 있었다. 그렇다면 프랑스의 정신은 무엇일까? 테러의 여파로 위축될 것이라는 예상을 비웃듯 파리로 향하는 관광객의 발길이 끊이지 않는 이유는 무엇일까?

영욕 뒤에 숨은 신비

영국과의 백년전쟁을 승리로 이끌며 유럽의 강대국으로 부상한 프랑스는 베르사유궁전, 루브르궁전 등 화려한 문화적 유산으로 유명하지만, 철옹성 같던 절대왕정을 무너뜨린 시민혁명 등 정신적 유산으로도 우리에게 깊이 각인되어 있다. 프랑스혁명은 볼테르의 자유시민적 가치와 생시몽의 평등 사상, 루소의 일반의지, 즉 시민의 뜻과 희망에 따른 정치를 희구한 프랑스혁명정신을 실천에 옮긴 시민들의 절규를 표출한 특권층에 대한 저항의 메시지를 담고 있다. 프랑스혁명은 현재 세계가 향유하고 있는 자유, 평등, 박애를 인류의 가슴속에 심어준 사건이다. 과도한 세금, 국왕의 압제, 귀족과 성직자들의 신분적 모멸에 저항한 국민들의 절규는 프랑스를 한순간에 격동의 소용돌이에 몰아넣었다. 그 결과, 단단한 요새처럼 느껴지던 절대왕정은 순식간에 무너지고 말았다. 프랑스혁명은 세계적으로 무수히 존재한 국민항쟁의 정수를 보여준다. 프랑스혁명의 결과, 하늘의 뜻으로 여겨지던 국왕의 권위는 국민의 결집된 저항 앞에 처참하게 부서져내렸다.

자신을 국가와 동일시한 루이 14세의 손자 루이 16세의 머리가 길로틴Guillotine(프랑스혁명 시절에 제작된 목을 자르는 사형 도구)의 칼날에 잘려 땅바닥에 뒹굴 때 파리 시민들은 이제 국민의 시대가 도래할 것이라고 믿었다. 하지만 국민회의 독재자 로베스피에르Robespierre가 자행한 피비린내 나는 처형은 몇 달이 지나도 끝날 기미를 보이지 않았고, 곧 공포의 정치가 시작되었다. 시민혁명이 실패할지도 모른다는 생각에 국가의 미래를 걱정하던 국민들은 이집트, 북아프리카, 아시아에서 들려오는 나폴레옹 장군의 승전보에 환호했다. 세계 최강국인 스페인, 네덜란드, 프로이센을 하나씩 정복하고 세계 최강 영국군을 격파했다는 소식에 프랑스 대제국의 부활을 꿈꿨을 것이다. 하지만 모스크바를 점령하는 데 실패한 후 결국 파리를 점령당하며 영웅 나폴레옹이 외국 군대 앞에서 항복했을 때 파리 시민들은 다시 점령당한 민족의 슬픔과 울분을 삼켜야 했다.

나폴레옹 이후 다시 권좌에 오른 부르봉 왕조의 후예 루이 18세Louis XVIII, 그 뒤를 이은 샤를 10세Charles X가 왕위를 이었을 때 옛 영광을 되찾을지도 모른다는 희망으로 가득 찼지만 샤를 10세의 폭정은 파리 시민을 7월혁명의 폭도로 만들어버렸다. 프랑스 작가 빅토르 위고가 쓴 〈레미제라블Les Misserables〉은 국왕의 폭정과 사치 그리고 시민의 비참한 삶이 대비된 시대적 비극을 담아낸 작품이다. 2012년 영화화된 〈레미제라블〉에서 앤 해서웨이Anne Hathaway가 부른 〈아이 드림드 어 드림I Dreamed a Dream〉의 절규는 프랑스 국민의 절망과 처참한 삶을 고스란히 토해 낸 독백이다. 7월혁명의 결과, 새로운 희망 오르레앙 가의 루이 필립Louise Phillip을 왕으로 맞이하지만, 지극히 서민적이던 국왕이 권위와 특권의 정치로 치달으면서 국민적 저항이 결집되며 2월혁명이 불가피해졌다. 2월혁명으로 프랑스는 국민의 손으로 대통령을 뽑는 공화국 체제로 복귀하지만 나폴레옹 3세는 황제의 꿈을 접지 못하고 갓 피어난 공화정을 3년 만에 파기하고 부패선거와 동원선거 등으로 프랑스를 제2제정으로 몰고 간다.

나폴레옹 3세는 이탈리아, 아프리카, 아시아에서 프랑스제국의 영토를 넓히는 공을 세웠지만, 정작 유럽에선 라이벌인 프로이센을 견제하지 못했다. 그 결과, 프랑스 국민은 자국의 자존심인 베르사유궁전에서 프로이센 국왕과 비스마르크 재상의 독일제국 선포식을 지켜보는 수치를 당해야 했다. 독일제국은 알자스-로렌을 독일 영토로 편입하고 프랑스어의 사용을 금지시켰다. 와신상담 기회를 노리던 프랑스는 제1차 세계대전에서 영국과 미국의 도움을 받아 다시 독일을 정복하는 쾌감을 맛보지만 히틀러에게 파리가 점령당하는 굴욕으로 치를 떨어야 했다. 프랑스는 1789년 혁명 이후 두 번의 시민혁명, 다섯 번의 공화정, 두 번의 제정, 두 번의 입헌군주제를 거치며 현존하는 정치 체제를 모두 경험해 본 셈이다. 세계 그 어느 나라도 프랑스처럼 다양한 역사적 영욕을 경험하지 못했다.

파노라마처럼 펼쳐지는 프랑스의 역사를 파헤치다 보면 경이와 존경 그리고 아쉬움의 감정이 교차한다. 프랑스의 끈질긴 생명력, 압제에 대한 국민의 엄청난 저항의 동력, 자유와 평등의 가치정신, 문화와 예술에서 숨쉬는 창조의 생명력은 어디에 뿌리를 두고 있을까? 테러분자들의 공격으로 인한 상처의 아픔을 감내하면서도 질서정연하게 슬픔을 승화시키며 사회적 조화를 이끌어낸 힘은 어디서 나온 것일까? 압제와 저항의 굴곡을 겪으며 평탄치만은 않았던 역사의 흔적을 어떻게 이해할 수 있을까? 이 질문들은 국가를 경영하는 사람, 세계를 상대로 활동하고자하는 우리에게 큰 자극과 호기심을 준다.

100년간의 강대국 지위

프랑스는 1659년 체결된 피레네조약 이후 1763년 7년전쟁이 있기까지 100년 넘게 세계 최고의 강대국 지위를 유지하며 주변국을 위협하는 존재로 군림했다. 패색이 짙던 영국과의 100년전쟁에서 잔다르크의 애국적 궐기로 전세를 뒤집어 간신히 이길 수 있었던 프랑스가 200년 만에 세계 최강의 위치에 설 수 있었던 원동력은 무엇일까?

세계 강대국의 등장과 몰락에 대해 연구한 폴 케네디 예일대 교수는 1500년대가 스페인의 시대, 1600년대 중반까지가 네덜란드의 시대였다면 1659년부터 100년간은 프랑스의 시대라 명명할 수 있다고 했다. 케네디 교수는 프랑스가 강대국으로 떠오른 배경으로 합스부르크가, 스페인, 네덜란드의 군대가 위세를 떨칠 때 신교도 국가들과 손잡고 국익을 챙긴 실익 외교를 펼친 점을 들었다. 루이 13세는 30년전쟁에서 같은 가톨릭 가문인 합스부르크 그리고 스페인과 손잡지 않고 새로운 전술로 독일 남쪽까지 점령한 스웨덴의 구스타브 아돌프 2세와 손잡아 전승국으로서 전쟁을 끝맺었다. 전쟁이 끝나갈 무렵 참전해 외교적 실리를 취한 셈이다.

루이 14세는 30년전쟁의 막바지인 1643년에 전사한 아버지 루이 13세에게 전승국의 지위를 선물로 받았을 뿐만 아니라 어머니의 섭정과 주교인 마자랭Cardinal Jules Mazarin이 외교적 수완으로 11년 만에 스페인을 제압하면서 부르봉 왕조의 안정적 통치 기반을 물려받았다. 1500년대 중반 신교도와 가톨릭 세력 간의 방화, 살인, 폭동 등으로 국내가 어지러운 상황에서 왕권이 약화되었던 프랑스는 30년전쟁을 통해 비로소 유럽의 강대국이 될 수 있었다.

전쟁은 승리하는 국가에게 강대국으로 떠오를 기회를 안겨주기도 한다. 하지만 이후에도 계속 강대국 지위를 유지하기 위해서는 전쟁 이후 안정적인 통치, 지속적인 경제 성장, 군사력 확장이 뒤따르지 않고서는 불가능하다. 프랑스가 강대국으로 진입할 수 있었던 것 역시 이 세 가지가 모두 갖춰졌기에 가능했다.

케네디 교수는 프랑스가 100년간 강대국 지위를 누릴 수 있었던 핵심 동력으로 부르봉 왕조의 안정적 중앙집권적 왕정 체제를 꼽았다. 프랑스의 세계 지배는 루이 14세의 직접 통치 기간인 61년 동안 강력한 절대왕정체제를 구축할 수 있었기에 가능했다는 것이다. 다섯 살 때 왕위에 오른 후 섭정받았던 시기까지 합하면 72년 동안 절대군주로 군림한 루이 14세는 막강한 통치 체제를 구축했다. 그의 뒤를 이은 증손자 루이 15세도 59년 동안 권좌에 있는 등 두 왕의 통치 기간은 131년 동안 이어졌다. 바로 이 기간 프랑스가 세계적인 강대국으로 자리 잡았다는 점을 보면 국내 정치의 안정과 강력한 중앙집권적 체제가 국력 성장에 얼마나 중요한지 알 수 있다. 통치 기간 동안 루이 14세는 어떤 발전동력을 만들어냈을까?

다섯 살 때 루이 14세가 왕위에 오르자 의회의 도움을 받아 섭정의 전권을 장악한 어머니 안 도트리슈Anne of Austria는 행정부의 수장인 수석장관으로 마자랭을 유임시키고 그에게 루이 14세가 직접 통치할 때 전권을 장악할 수 있도록 정지 작업을 하라고 지시했다. 동시에 왕의 권위를 보호하는 대법관으로 피에르 세귀에Pierre Seguier를 유임시켜 왕의 법적 지위를 다지는 임무를 주었다. 그러나 루이 14세가 친정을 선포하기까지의 과정은 순탄치 않았다. 국가 재정을 늘리기 위해 어머니 안 도트리슈가 귀족들에게 세금을 부과하자 의회주의자들을 중심으로 조직적인 반발이 일어나 어린 루이 14세는 의회의 감시하에 어머니와 함께 파리에서 도피해야 할 정도로 내란이 계속됐다. 이런 고비를 넘기고 파리로 돌아왔지만 최고 귀족들과 수석장관의 알력과 질투가 루이 14세의 입지를 위협했다. 그러나 어머니의 적극적 방어로 이 모든 고비를 넘기고 무사히 친정 체제를 선포할 수 있었다.

중세 유럽의 왕은 축성식을 통해 왕위에 오르는 게 일반적인데, 루이 14세는 열여섯 살 때인 1654년 축성식을 치렀지만, 국정은 여전히 마자랭 주교가 도맡아 했다. 1661년 마자랭이 사망한 후 루이 14세는 수석장관 체제를 폐지하고 자신이 직접 국정을 관장하는 친정 체제를 선포했다. 이때 그의 힘을 견제할 사람은 아무도 없었다. 그가 직접 통치를 시작했을 때 어머니와 수석장관, 대법관의 도움으로 거의 모든 장애물이 제거되었던 것이다.

1661년 수석장관 마자랭이 죽자 루이 14세는 마자랭의 후임을 임명하지 않고 모든 국정을 직접 챙기기 시작했다. 1인 통치를 용이하게 하기 위해 지방 행정을 중앙에서 통제하는 정부 조직을 완성했고, 중앙정부의 경우, 네 개의 평의회, 즉 국가평의회, 지방정보 수집 및 행정평의회, 종교평의회, 왕립재정평의회 등 국가 행정 조직을 상설화해 왕의 통치를 보조하도록 했다. 봉건 제도의 폐지를 통해 중앙집권화를 강화하고, 중앙관료의 임명을 통해 지방 토호 세력을 약화시켰다. 법 제도를 새롭게 정비하고, 주민등록부를 만들어 세례, 결혼, 사망 등 주민정보를 등록하게 해 교회의 등록과 별개로 운영했다. 이 주민등록부는 세금 및 징병제를 실시할 때 유용하게 사용되었다. 이와 함께 민법 체계를 개선하고 항소권을 도입해 억울한 소송에서 구제될 수 있는 법률의 틀을 마련했다.

또한 주민등록부를 정리하고, 체계적인 징병제를 도입해 강력한 군대를 조직해 나갔다. 지방 귀족들이 운영하는 군대를 왕실의 통제하에 두고 사병 육성을 금지시키는 한편 국가가 직접 상비군을 조직해 전쟁을 효율적으로 치를 수 있도록 체계적 군사훈련을 실시했다. 또한 군사 행정의 조직화, 군계급 제도의 개선을 통해 군의 기강과 위계질서를 확립했다. 귀족들에게만 수여되던 군장성 계급을 전투에 승리한 사람에게 우선 배정하고, 상호경쟁을 독려함으로써 군의 기강을 강화했다. 또한 군인병원을 만들어 전쟁에서 부상당한 군인을 효율적으로 치료하고 의료 및 수술 기술이 체계적으로 발전할 수 있는 기반을 마련했다. 이처럼 군 조직의 현대화를 통해 군인들의 사기, 전투력, 건강 등이 향상되면서 1660~1680년대까지 프랑스는 스페인, 영국, 네덜란드와의 전투에서 승리를 일궈냈고, 남쪽으로 피레네 산맥, 북쪽으로 라인 강, 동쪽으로 알프스 산맥을 국경으로 하는 자연 국경을 고수하면서 국토를 넓혀갈 수 있었다.

파리의 거리, 가로수, 가로등 및 공원을 정비하고 건설했을 뿐만 아니라 베르사유궁전을 건축해 왕족 및 귀족이 머무르게 하고 발레, 연극, 오페라 등의 예술과 파티, 향연을 계속 여는 등 파리를 최고급 예술 소비의 중심지로 떠오르게 했다. 왕을 예방하는 외국 사절단에게 향연을 베풀고 숙소를 제공함으로써 프랑스 문화는 유럽 전 지역에 빠르게 퍼져나갔다. 베르사유궁전 건축은 축조 단계부터 무리하게 국민의 세금과 노동을 강요해 많은 원성을 사기도 했지만 프랑스를 세계에 알리는 중요한 기폭제가 된 것도 사실이다. 이런 측면에서 루이 14세의 치적은 양면성을 내포한다. 루이 14세는 전쟁에서 승리할 때마다 이를 기념하는 아치형 건축물을 축조하고 루브르궁전의 증축 및 개축을 지속적으로 벌여 파리를 세계 최고의 예술, 문화, 건축이 숨쉬는 도시로 탈바꿈시켰다.

또한 프랑스과학원Academy of Science, 역사기록원Academy of Inscription and

Medals, 파리관측소Paris Observatory, 건축아카데미Academy of Architecture 등을 설립하고 과학, 라틴어를 통한 역사 고증, 천체 연구 등을 이끌어 프랑스가 당대는 물론 후대에도 주목받도록 자국의 가치를 끌어올리는 데 매우 중요한 역할을 했다.

이 밖에 재무담당장관으로 콜베르Jean-Babtiste Colbert를 등용해 외국 기술자 고용을 통한 제조 산업 육성, 무역 촉진 등을 바탕으로 국가의 재정을 강화해 나가기 시작했다. 베네치아의 유리 기술자, 네덜란드의 선박 기술자, 스웨덴의 철강 제련 및 제강 기술자 들을 초빙해 국내의 유리 산업, 조선 산업, 철강 산업 등을 육성해 수입을 대체하고 국가의 산업 경쟁력을 키워 나갔다. 또한 툴루즈와 지중해를 연결하는 미디운하Canal du Midi를 건설해 지중해와 대서양을 통한 무역을 가능하게 하여 군수품 및 생필품 수송 비용과 기간을 단축시켰다. 이는 국가의 산업 및 군사적 측면에서 매우 중요했다. 미디 운하는 수로, 수문, 다리, 터널 등 모두 328개의 구조물이 설치되어 있는 시설로, 당대 최고의 토목공사로 꼽힌다. 수로가 통과하는 지역에서 생산되는 밀, 와인, 비단, 목화, 소금 등을 프랑스 곳곳으로 수송할 뿐 아니라 수출이 용이하도록 길을 열어 줘 농민들의 산업 생산력을 높이는 데 크게 기여했다.

당시만 해도 네덜란드가 무역을 장악하고 있었다. 주로 곡물과 와인 등을 거래하는 네덜란드 상인들이 생산 전에 싹쓸이 매입하는 방법으로 매우 저렴한 가격에 농작물을 사들여 창고에 보관하다가 가격이 오르면 판매했기 때문에 프랑스 농민들은 물가의 압력을 견디지 못하고 파산하는 경우가 빈번했다. 이 같은 이유로 미디운하는 농민들 사이에서 큰 호

응을 받았다. 미디운하는 이후 프랑스의 농업 경쟁력을 끌어올려 주었고, 그 영향으로 제조업이 살아나면서 이후 산업혁명의 기폭제 역할을 톡톡히 해 냈다.

콜베르는 재정을 맡아 국가 살림을 하는 동안 국가재정위원회Council of Finance 의장으로서 관료와 투자자들의 부패 고리를 끊기 위해 많은 노력을 기울여 세금이 새는 것을 예방하는 데도 큰 성과를 보였다. 또한 파리 지역의 유리 제조 산업, 직물 산업, 고급 벽지 산업, 국가무역선 운영 등으로 루이 14세가 전쟁으로 고갈시킨 국고를 안정적으로 유지할 수 있었다. 그러나 루이 14세 통치 후반기인 1690년대부터 1715년까지 계속된 전쟁에서 프랑스가 연달아 패배하면서 막대한 전쟁 자금이 지출돼 국고가 메마르기 시작했다. 이후 콜베르의 노력은 수포로 돌아가 루이 14세 사후 프랑스의 재정은 파산하는 사태를 면치 못한다. 역으로 생각하면 콜베르 같은 재상이 없었더라면 루이 14세의 정복 전쟁, 문화 부흥, 파리 건설 등으로 프랑스가 세계 문화예술의 선두주자가 될 수 없었을 것임을 감안할 때 그의 역할이 얼마나 큰 비중을 차지했는지 짐작할 수 있다.

프랑스 문화의 자부심과 국가 경쟁력

나폴레옹 이후 세계사를 정리한 팔머와 콜튼R. R. Palmer & Joel Colton은 세계사에서 프랑스처럼 역동적이던 국가, 세계인의 생활양식에 그토록 폭넓게 영향을 끼친 국가는 없었다고 단언했다. 프랑스는 루이 14세가 통치한 72년 동안 군사 강국을 넘어 정치, 관료주의, 법치, 경제 성장 모델, 외교술, 사상, 문화, 예술, 건축, 궁중법도, 예절, 카페 문화, 음식 등 통치 양식부터 일상생활에 이르기까지 프랑스만의 독특한 스타일을 만들어 전 세계에 전파했다.

프랑스어는 유럽 엘리트들에게 가장 인기 있는 필수 외국어였다. 2,000년 가까이 최고 언어의 자리를 지켜온 라틴어가 프랑어에 그 지위를 내 준 것이다. 이는 예술, 건축, 음악, 문학 등을 꽃피워 프랑스 문화의 세계 지배를 강화하는 계기가 되었다. 로마시대 이후 유럽 엘리트들이 필수 교양이던 라틴어 대신 프랑스어를 배우기 시작한 것도 바로 루이 14세 때부터다.

영국을 중심으로 유럽 귀족 자제들 사이에서 유행한 그랜드 투어The Grand Tour는 프랑스와 이탈리아를 돌며 2~3년, 길게는 4~5년 동안 예술과 문화, 문학, 사상, 세계 문명을 배우는 여행을 통한 수업 방식이었는데, 파리와 로마는 가장 중요한 여행 목적지 중 하나였다. 그랜드 투어가 1600년 중반부터 350년 동안 유럽의 주류를 형성한 각국 엘리트들의 필수 코스였다는 점을 감안할 때, 라틴어와 프랑스어가 유럽 문화에서 차지한 비중을 짐작할 만하다. 그랜드 투어는 1800년대 중반부터 미국과 남미 최상류층 자녀들에게까지 파급되어 파리와 로마는 새로운 제국과 국가 건설을 꿈꾸는 젊은이들에게 꿈과 희망, 이상과 열정을 심어주는 최적의 장소로 떠올랐다. 영국 계몽주의 사상가로 널리 알려진 토머스 홉스, 존 로크, 애덤 스미스 등도 영국 귀족의 자제들을 이끌고 그랜드 투어를 다녀온 당대 최고의 가정교사였다.

파리는 로마와 함께 세계에서 가장 가보고 싶은 도시로 떠오른 1700년대 초부터 세계인들이 꿈꾸는 여행지가 되었고, 300년이 지난 지금까지도 그 지위를 유지하고 있다. 또한 몰리에르, 볼테르, 발자크, 위고, 에밀 졸라, 알베르 카뮈, 장 폴 사르트르, 시몬 드 보부아르Simone de Beauvoir 등 유명 작가들이 시대의 여명과 운명을 다룬 작품들 또한 세계인의 사랑을 받으며 프랑스의 가치를 높이는 데 크게 한몫했다.

루이 14세 이후 프랑스는 세계의 강대국으로 거듭났고, 나폴레옹의 유럽 지배를 통해 세계사를 장식하면서 강대국의 이미지를 굳혔다. 혁명과 반혁명, 공화국과 군주국, 독재와 민주주의 사이를 곡예비행하듯 헤쳐 가며 발전한 프랑스는 자유와 평등이라는 민주주의의 가치뿐만 아니라 문학, 예술, 문화, 건축, 음식, 패션, 화장품 등 세계 최초의 유행 제조기Vogue setter로서의 국격을 현재까지 꾸준히 유지해 오고 있다. 2015년 두 번에 걸쳐 자행된 파리 테러에서 볼 수 있었던 프랑스 국민들의 담담한 모습과 의연하게 대처하는 자세 그리고 국민 통합의 광경은 분명 역사의 굴곡에서 형성된 민족정신과 문화와 역사에 대한 자부심이 몸과 마음속에 내재되어 있음을 증명하지 않을까?

미국

미국이 세계사적인 측면에서 두각을 나타내기 시작한 것은 100여 년에 지나지 않는다. 미국은 제1차 세계대전이 시작된 1914년 이후 1918년 봄까지 독일의 공격으로 수세에 몰리고 있던 영국과 프랑스에 전쟁 자금을 대출해 주고 전쟁 물자를 지원하면서 전쟁을 관망하는 상황이었다. 그러다 미국의 상선 7대가 독일 잠수함에 격침당하자 참전을 결정했다. 미국은 1917년 4월 참전을 결정한 이후 1918년 11월 승전국으로서 세계 정치 무대에 등장했다.

하지만 이때까지 미국은 독주하는 것이 아니라 기존 강대국인 영국 및 프랑스와 함께 세계 문제를 해결하고자 했다. 우드로 윌슨 대통령 Woodrow Wilson의 주도로 만들어진 국제연맹의 초대 사무총장에는 영국인, 2대 총장에는 프랑스인, 3대 총장에는 아일랜드인이 임명됐고, 국제연맹 건물도 스위스 제네바에 두도록 해 유럽의 동참을 이끌어내고자 했다. 미국은 이때까지 세계 문제를 책임질 만큼의 힘을 갖추지 못했기 때문에 영국과 프랑스의 세계 강대국 지위를 인정하면서 자국의 부담을 덜 수 있는 전략을 세운 것이다.

제2차 세계대전을 통해 미국과 소련 양강 체제의 판이 만들어졌다. 이른바 동서냉전의 시작이다. 미국은 소련을 중심으로 한 공산주의 국가와 대항하기 위해 북대서양조약기구North Atlantic Treaty Organization, NATO를 중심으로 방어망을 구축하고, 여기에 기존 강대국인 영국, 프랑스, 서독, 이탈리아를 포함하는 친서방 세력을 결집시켜 이끌어갔다. 존 F. 케네디John F. Kennedy 대통령 때 1961년 쿠바에서 벌어신 미소의 대결 국면을 넘긴 이후 냉전 체제 속의 평화가 이루어졌지만, 결국 승리의 추는 로널드 레이건Ronald Reagan 대통령의 미국 쪽으로 기울었다. 미하일 고르바초프Mikhail Gorbachev의 자유 정책은 유럽 냉전의 상징인 베를린장벽의 붕괴로 이어졌고, 이어 동유럽 국가들이 줄줄이 자유 체제로 편입하기 시작했다. 혈맹인 우크라이나, 벨라루스, 조지아 등 코카서스 지방은 물론, 카자흐스탄, 우즈베키스탄 등 중앙아시아 국가들도 독립을 택했다. 소련 제국이 무너지고, 미국의 세계경찰국가 시대가 열린 것이다. 이로써 미국의 지배하에 평화가 보장되는 팍스아메리카나Pax-Americana 가 시작되었다.

미국의 최강국 지위는 1989년 베를린장벽이 무너진 순간 시작되었다고 봐도 무방하다. 그 이전까지는 소련과 경쟁하는 양강 구도로, 우방의 도움이 없으면 미국 혼자서 소련과 싸우는 것이 버거웠다. 영국이 제1차 세계대전 때 프랑스와 함께 독일과 싸우며 미국의 도움을 필요로 했듯, 미국도 냉전 체제 속에서는 일본, 영국, 프랑스, 독일, 이탈리아 같은 친서방 세력의 지지를 필요로 했다. 하지만 소련이 무너지자 미국의 군사적 힘과 경쟁할 수 있는 국가는 더 이상 존재하지 않았다. 미국의 국제관계를 연구하는 케네스 월츠Kenneth Waltz는 유니폴라 체제unipolar system, 즉 단극 체제는 세계를 매우 불안정하게 만든다고 지적했다. 스페인의 펠리페 2세 때 터키와 벌인 레판토 전쟁, 영국과의 전쟁, 프랑스의 루이 14세 때 네덜란드, 영국, 오스트리아와 벌인 전쟁이 그랬고, 나폴레옹이 황제가 되어 지배하던 10년간 끊임없이 이어진 전쟁, 빅토리아 여왕 시절 영국 제국주의가 지배하던 1800년대 말의 아프리카, 아시아에서 벌어진 식민전쟁, 비스마르크가 지배하던 독일제국, 이어 벌어진 제1차 세계대전, 히틀러가 지배하던 시절 잠시 있었던 단극 체제 때 모두 사람들은 전쟁의 망령으로 인해 공포에 떨어야 했다.

미국 중심의 단극 체제는 이미 강력한 도전을 받고 있다. 알카에다Al-Qaeda가 자행한 9·11 테러, 외교 및 국방, 경제 등 전 분야에 이르는 중국의 급속한 부상, 친미노선의 조지아를 군사력으로 밀어붙인 데 이어 미국의 전략적 허점을 노려 우크라이나의 크림반도를 점령한 러시아의 움직임 등이 바로 미국 중심의 단극 체제에 대한 강력한 도전으로 간주된다. 이에 편승해 일본은 중국의 군사대국화를 견제하기 위해 평화헌법을 폐기하는 전략을 채택했고, 중동에서는 이제 미국의 외교력이 힘을 발휘하지 못하고 있다. 미국은 수니파와 시아파로 대표되는 이란과 이라크의 갈등, 사우디아라비아와 이란의 종주국 패권 다툼, 이스라엘과 팔레스타인 분쟁을 더 이상 효율적으로 관리하지 못하고 있다. 북한은

핵실험과 미사일 발사를 통해 미국의 인내를 시험하고 있다.

에드워드 카Edward Hallett Carr와 한스 모겐소Hans Morgenthau는 이 같은 국제 정세를 '현실주의'로 분석했다. 두 학자는 국익에 최우선인 전략은 경제력 확대, 강한 군사적 힘의 구축, 무기 경쟁, 일시적 동맹으로 국가의 이익을 극대화하는 데 있다고 봤다. 영원한 우방이나 영원한 적은 없고 단지 지금 당장 최고의 파트너를 찾아 생존하면 된다는 논리다. 폴 케네디 예일대 교수는 '신현실주의' 이론에 따라 무질서 상태anarchy에서 누구나에게 최종적으로 도움이 되는 상대를 찾아 나가는 과정이 국가 외교 정책의 가장 큰 과제라고 보았다. 역시 국력의 논리에 기반을 둔 생각이다.

미국이 세계 최강국으로 올라설 수 있었던 배경도 궁금하지만, 미국의 미래 그리고 세계의 미래는 어떻게 전개될 것인가에 대한 의문이 지금 세계를 살아가면서 우리나라의 미래 그리고 국가의 운명을 염려하는 사람에게 큰 고민거리로 남는다.

헌법 수호에 대한 강력한 의지

미국의 13개 주 대표들은 영국을 이겨내기 위해 세습을 통한 입헌군주제와 다른 정치 제도를 선택했다. 미국은 네덜란드 공화제에 주목했다. 제임스 메디슨은 《페더럴리스트 페이퍼》 제20편에 미국의 연방 대통령제는 네덜란드식 연방주의에 큰 영향을 받았다고 적었다. 11개 주로 이루어진 네덜란드공화국을 본받아 미국은 13개 주로 구성된 연방 공화제를 선택했다. 하지만 미국의 연방제는 네덜란드공화국에는 없는 간선 대통령제를 도입했고, 국민이 직접 선출한 연방의회, 사법부인 대법원과 엄격한 3권 분립을 통해 권력의 견제와 균형을 꾀하고자 했다.

미국의 연방대통령제와 3권 분립에 기초한 권력의 분점과 균형-견제의 정치는 로크의 자연권 사상, 루소의 법치주의와 평등사상, 몽테스키외의 3권 분립, 영국의 권리장전, 홉스의 재산권 보호와 사유재산 인정, 애덤 스미스의 자유경쟁과 개인의 책임 등 당대 최고의 사상과 이론을 집약시킨 제도다. 또한 '국가는 소수의 기본권과 자유를 보장해야 한다'는 헌법조항을 추가시킨 제임스 매디슨의 권리장전 정신은 미국 민주주의의 기초가 되었다.

미국은 1789년 조지 워싱턴이 초대 대통령으로 당선된 이후 버락 오바마Barack Obama 대통령까지 총 46명의 대통령을 선출했다. 국민의 직접선거로 뽑은 선거인단이 대통령을 선출하는 민선 대통령제를 선택한 공화제를 세계 최초로 도입한 것이다. 헌법에 기초한 제도화 과정은 순탄치 않았다. 44명의 대통령 중 4명이 암살당하는 불운을 겪었다. 첫 번째 희생자는 에이브러햄 링컨Abraham Lincoln이다. 70만 명 이상의 희생자를 낸 노예 해방 문제로 시작된 남북전쟁에서 승리한 링컨 대통령이 암살되면서 미국은 영원히 남과 북으로 갈릴 수도 있는 최대 위기 상황으로 치달았다.

링컨 대통령은 남북전쟁 막바지인 1864년 11월에 치러진 대통령 선거에서 미국의 통합을 가속화하기 위해 남부 출신 앤드루 존슨Andrew

Johnson 후보와 통합당Union Party을 결성해 당선되었다. 위기의 순간, 링컨이 만들어놓은 남북의 고리로 부통령이던 존슨이 대통령직을 승계하면서 다행히 대혼란의 정국을 수습할 수 있었다. 남과 북의 갈등으로 치달을 수도 있었던 틈을 남부와 북부를 잇는 두 후보의 연합이 훌륭하게 메워 준 것이다. 비록 링컨은 암살당했지만 국론이 둘로 갈라질 수 있었던 국가를 하나가 되게 만들어 세계 최강국의 길을 열어준 셈이다. 이후 미국은 하나의 국가라는 공동의 정체성을 만들어 나갈 수 있었다.

링컨 이후에도 세 번이나 대통령이 암살되었다. 1881년 24대 대통령으로 당선된 제임스 가필드James A. Garfield는 당선된 지 6개월 만에 암살당했다. 자신을 지지하던 선거운동원이 약속한 공직을 제공하지 않았다는 이유로 암살을 자행한 것이다. 당시 미국에선 대통령 선거와 엽관주의spoils system의 부패 고리가 고질적 문제로 지적되고 있었다. 1901년 윌리엄 매킨리William McKinley 대통령은 정신병자에 의해 세 번째로 암살된 대통령이 되었다. 1960년 40대의 기수로 미국을 새롭게 바꿔보려던 존 F. 케네디John F. Kennedy 대통령 암살은 뒤에 검은 조직이 있을지도 모른다는 의혹이 아직까지도 깨끗하게 가시지 않은 상태다.

이처럼 네 번에 걸쳐 비극적 암살이 자행되었지만, 미국은 큰 정치적 혼란과 사회의 분열 없이 안정된 정국을 되찾을 수 있었다. 부통령이 대통령직을 승계해 남은 임기를 마치는 대통령 유고 시 제도가 헌법에 따라 잘 작동해 제도가 중단되거나 국가가 혼란에 빠지는 것을 예방하는 방파제 역할을 해 주었기 때문이다. 이 같은 미국의 사례는 제도의 연속성과 안정성은 헌법에 의한 통치가 제대로 작동될 때 얻을 수 있다는 교훈을 잘 보여준다.

　과열된 선거나 박빙의 선거는 국가를 갈라놓을 수 있다. 부패에 의한 선거라면 그럴 가능성이 더욱 크다. 역대 세 번의 대통령 선거가 초박빙의 승부로 두 번은 하원, 한 번은 대법원에 의해 최종승자가 결정되었다. 1824년 존 퀸시 애덤스John Quinsy Adams와 앤드루 잭슨Andrew Jackson 후보의 대결에서 잭슨이 유권자와 선거인단 투표에서 모두 1위를 차지했으나 결정권을 가진 하원 의장이 2위 후보와 결탁해 애덤스의 손을 들어준 사례는 부패 협상corrupt bargain의 전형으로 꼽힌다. 두 번째로 러더퍼드 헤이스Rutherford Birchard Hayes 공화당 후보가 선거에서 지고도 공화당이 장악하고 있던 하원위원회의 지지로 새뮤얼 틸던Samuel J. Tilden 민주당 후보를 제치고 대통령으로 당선된 사례는 미국 부패선거의 또다른 전형으로 거론된다. 2000년 대통령 선거 때 플로리다 주 개표 과정에서 투표 기계의 오작동, 투표소 관리위원들의 반복된 실수 등으로 인해 조지 부시 공화당 후보에게 승리가 돌아갔으나 앨 고어Al Gore 민주당 후보는 대법원의 결정에 깨끗이 승복하고 패배를 인정했다. 이때도 부패선거와 부정선거라는 주장이 제기되었다.

　선거에서 이기고도 패배를 인정한 후보들은 부정선거를 이유로 끝까지 선거 결과에 대한 불복 투쟁 등을 시도할 수 있었는데도 왜 그런 선택을 하지 않은 것일까? 바로 헌법주의에 대한 믿음 때문이었다. 패배자가 재개표를 요구하면 정확한 결과가 나올 때까지 무정부 상태로 치달을 수 있게 된다는 점을 패배 후보자는 알고 있었던 것이다. 근소한 차이로 패배할 경우 무효표 해석과 재검표 과정을 포함한 최종결정까지 몇 달이 소요될 수도 있다. 선거 불복을 선언하는 그 순간부터 선거 결과의 정당성이 의심받기 때문에 나라는 당선 정당 지지자와 패배 정당 지지자로 갈라져 혼란 상태로 빠질 수 있다. 바로 이 같은 문제점을 패배 후보자들은 간파하고 있었던 것이다.

대통령 선거에서 패배한 후보들이 헌법이 정해 놓은 절차와 규칙에 따라 결정된 결과에 승복한 행동에는 바로 헌법 중단 사태와 국가의 분열과 소요 그리고 갈등으로 치닫는 상황을 막아보겠다는 신념이 담겨 있다고 볼 수 있다. 부패와 부정선거의 희생양이라는 확신이 있었음에도 불구하고 헌법에 정해 놓은 절차와 과정을 따랐기에 최종 결정에 승복했던 것이다.

선거 결과에 대한 깨끗한 승복 정신은 헌법 수호와 정치 질서 유지라는 미국식 민주주의 정신을 깊이 뿌리내리게 하는 바탕을 제공했다. 쿠데타, 민란 같은 내란 혹은 외침에 의해 헌법이 중단되는 사태를 한 번도 겪지 않고 발전한 국가는 미국밖에 없다. 미국의 남북전쟁은 헌법 때문이 아니라 노예 해방 문제로 인해 발발한 것으로, 헌정 질서 파괴로 인한 것이라고 보기는 어렵다.

영국은 1649년 찰스 왕을 무력으로 끌어내려 단두대에 세운 경험이 있다. 무혈혁명이라는 1688년 명예혁명도 의회 주도의 쿠데타라고 할 수 있다. 스웨덴도 1872년 구스타브 3세가 군사 쿠데타로 의회 제도에 철퇴를 가하고 절대왕정을 세웠고, 1809년 의회와 새로운 국왕 옹립파가 주도한 쿠데타를 통해 구스타브 4세를 제거하고 민주정으로 복귀한 역사가 있다. 프랑스, 네덜란드 등은 외침과 전쟁으로 인해 헌정 질서가 파괴된 역사가 있다. 독일은 히틀러가 의회를 통한 쿠데타를 성공시키는 등 헌법이 중단된 경험을 갖고 있다.

아프리카, 남미, 아시아 등지에서 군사 쿠데타로 민주주의가 단절된 가운데 나타난 무질서, 언론 탄압, 인권 탄압과 고문, 부패와 가난, 사회 양극화 등의 역사를 보면 미국의 헌법 수호정신과 정치의 연속성 그리고 정치 질서가 얼마나 소중한 가치인지 알 수 있다. 프랜시스 후쿠야마 스탠퍼드대 교수는 두 권의 책 《정치 질서의 기원The Origins of Political Order》과 《정치 질서와 정치 쇠퇴Political Order and Political Decay》에서 민주주의의 점진적 발전을 위한 중요한 조건인 헌법 질서와 정치 질서 유지, 점진적 부패 청산이라는 가치를 가장 모범적으로 수행한 국가는 바로 미국이라고 결론지었다.

경제 성장과 부의 축적

미국은 4년마다 치러지는 대통령 선거 제도로 안정성을 유지하며 헌정 질서를 확립해 왔다. 행정부 구성의 연속성과 규칙성은 정국을 안정시키고 정치적 예측을 가능하게 한다. 누가 권력을 가지고 있고, 어떤 정책이 나올지 예측할 수 있다는 것이다. 이것을 우리는 정치의 예측 가능성predictability이라고 부른다.

정치의 예측 가능성이 높아지면 당연히 경제 성장도 가능해진다. 역으로 설명하면 정치가 불안정한 곳에는 투자가 이루어지지 않는다. 행정부의 규칙성과 정국의 안정성은 경제 성장의 디딤돌 역할을 한다. 역사적으로 봐도 경제 성장에 성공한 모든 나라들은 행정부가 안정적으로 유지됐다. 미국이 강대국으로 등장한 것은 네 번의 대통령 암살, 남북전쟁의 혼란 속에서도 헌법의 연속성과 제도의 안정성이 유지되며 지속적으로 성장을 구가하면서 부를 축적했기 때문에 가능했다.

미국은 남북전쟁이 끝나고 세계에서 유례를 찾아볼 수 없을 정도로 빠른 경제 성장과 부의 축적을 이루었다. 전쟁으로 파괴된 나라를 재건하기 위한 국가 재건 프로그램은 링컨이 암살당한 이후에도 대통령직을 승계한 앤드루 존슨에 의해 차근차근 진행되면서 남과 북의 경제는 활활 불이 붙기 시작했다. 세계적 기업이 나타난 것도 바로 이때부터다.

미국에 이주해 정착한 1세대 개척자들에게 토지를 나눠준 정책은 미국의 사유재산 제도와 자유경쟁의 뿌리를 형성했다. 이후 미국으로 가면 마음껏 경작할 수 있는 넓은 땅을 제공받기 때문에 성실히 노력하면 누구나 성공할 수 있다는 확신을 갖게 되어 수많은 유럽인들과 아시아인들이 몰려들었다. 서부를 개척하기 위해 땅을 나눠주기 시작한 홈스테드 법Homestead Act의 결과다.

성공의 꿈을 품고 고국과 고향을 등진 사람들의 개척정신은 남북전쟁 이후 농업과 산업 발전에 기여해 빠른 경제 성장을 이룰 수 있는 토양을 만들었다. 미국의 부를 팽창시킨 가장 중요한 기폭제로 개방 이민 정책을 드는 것은 바로 이런 이유 때문이다.

남북전쟁이 끝난 1865년부터 1900년까지 35년 동안 미국은 당시 세계에서 유례를 찾아보기 힘든 경제 성장을 이룩했다. 폴 케네디 예일대 교수가 제시한 경제사 자료는 미국의 경이적 발전을 단적으로 보여준다. 밀 256퍼센트, 옥수수 222퍼센트, 정제설탕 460퍼센트, 석탄 800퍼센트, 철도철강 523퍼센트, 철도 건설 567퍼센트의 경이적인 성장이 이 기간 동안 이루어졌다. 1865년 300만 배럴에 머물던 원유 생산은 1898년 5,500만 배럴로 늘어났고, 주조된 철광석은 2만 톤에서 900만 톤으로 급증했다. 1800년대 말 미국은 이미 세계적인 농업 국가, 산업 국가, 나아가 제조 국가로 성장해 있었다.

1914년 동부 뉴욕과 서부 캘리포니아, 북부 디트로이트와 남부 루이지애나까지 광활한 국토에 깔린 철로는 총 길이가 40만 킬로미터를 넘었다. 영토가 2.5배에 이르는 러시아가 당시 7만 킬로미터 정도밖에 확보하지 못한 상황을 보면, 이때 이미 미국이 세계 강국의 지위에 올라섰음을 알 수 있다.

1900년대 초 동서남북을 잇는 철도와 증기기관차의 보급으로 빠르고 값싼 교통수단을 확보해 밀, 밀가루, 옥수수, 돼지고기, 쇠고기 등의 농산물을 빠르게 수송할 수 있게 됨으로써 미국은 금세 유럽의 경쟁국들을 제치고 세계 1위 수출국으로 부상할 수 있었는데, 이는 유럽의 자국 농민 보호정책과 자유무역의 정치적 투쟁을 심화시키는 계기가 되었다. 유럽 시장으로 유입된 미국의 값싼 농산물은 유럽의 정당 정치가 자유무역과 보호무역, 자국 산업 보호와 자유시장경쟁 등의 복잡한 경쟁 구도를 발전시키는 데 간접적으로 영향을 끼친 셈이다.

1914년 미국의 경제력은 국가총수입Gross National Income, GNI 기준으로 영국의 3.5배, 프랑스의 6배, 독일의 3배, 러시아의 5배를 넘어섰다.

1인당 국민소득도 세계에서 가장 높아 생활 수준이 유럽을 빠르게 능가하기 시작했다. 석탄의 경우 영국은 2억 9,000만 톤, 독일은 2억 7,000만 톤을 생산할 때 미국은 4억 5,000만 톤을 생산해 에너지 소비와 공장 가동에 충분히 사용하고도 남아돌았다. 그 결과, 미국은 세계 최대 석탄 수출국이 될 수 있었다.

미국의 수출은 1860~1914년 3억 3,000만 달러에서 23억 6,000만 달러로 7배 성장하면서 경제 성장의 견인차 역할을 해 냈다. 1860년대까지는 목화를 중심으로 농산물과 원료를 수출했지만 점차 제조업으로 바뀐 것이 특징이다. 1900년대 초부터는 제조업이 미국의 성장을 이끌기 시작했다. 기계, 철강 제품, 전기, 공작기계, 가전 제품 등이 내수부터 수출까지 성장을 주도한 것이다.

이후 미국의 경제 발전은 대기업이 이끌었다. 철강 회사, 전기 회사, 석유 회사, 건설 회사, 무역 회사, 금융기관 등이 빠르게 성장하기 시작했다. 미국의 제1세대 산업 기반 기업들이 속속 등장한 것도 1900년대 초다. 이 시기에 등장한 인터내셔널 하베스터International Harvester, 싱거Singer, 듀폰Du Pont, 벨Bell, 콜트Colt, 스탠더드 오일Standard Oil 등은 미국 산업 발전의 선구자 역할을 담당했다. 1901년 기준으로 앤드루 카네기Andrew Carnegie는 영국 전체 철강 회사의 매출을 단일 기업 US 스틸US Steel이 능가하는 신화를 만들어내며 미국 재벌의 선구자적 아이콘으로 떠올랐다.

군사대국으로 나아가다

경제 성장이 군사적 영향력의 확보로 이어지기는 미국의 경우도 마찬가지였다. 미국의 군사적 팽창 과정을 보면 다른 제국주의 모델을 그대로 따라가고 있음을 알 수 있다. 1898년 쿠바사태로 인해 벌어진 스페인과의 전쟁에서 경제력을 바탕으로 무장한 미국 해군은 녹슨 스페인 군대를 상대로 손쉽게 승리를 거뒀다. 이는 미국이 전쟁을 통해 외국의 땅을 빼앗은 첫 번째 사례로 꼽힌다. 이 전쟁에서 미국은 쿠바, 필리핀, 푸에르토리코, 괌을 얻는 전과를 올렸다. 제국주의의 첫 발을 내딛는 순간이었다.

이어 1903년에는 남미 콜롬비아 영토였던 파나마를 독립시켜 미국의 영향권에 놓았고, 1904년 파나마 운하 건설권을 프랑스로부터 빼앗아 1914년 개통한 이후 미국의 영향력을 넓혀 나갔다. 이로써 미국의 팽창적인 라틴아메리카 정책이 시작되었다. 케네디 교수가 지적했듯, 1904년 영국의 군함 제작자인 윌리엄 화이트William White가 미국을 방문했을 때 당시 14대의 전함, 13대의 구축함이 동시에 건조되고 있었을 정도로 해군력의 증강도 빠르게 진행되었다.

미국의 군사적 팽창을 가능하게 한 또 다른 이유로 우수한 군사학교를 통해 배출된 인재를 들 수 있다. 미국 제3대 대통령 토머스 제퍼슨Thomas Jefferson은 육군사관학교(일명 웨스트 포인트)를 설립해 우수한 장교를 배출하기 시작했다. 초기에는 10~37세의 다양한 연령층을 6개월 정도 교육시켜 초급 장교를 배출하는 수준이었으나 군사교육이 체계화되면서 점차 우수한 장교가 배출되기 시작했다. 1846~1848년 벌어진 멕시코 정복전쟁은 웨스트 포인트 출신 장교들이 두각을 나타낸 첫 번째 전투였다. 미국이 멕시코를 상대로 쉽게 전투에서 이길 수 있었던 것은 훈련되지 않은 민병으로 이루어진 멕시코군에 비해 체계적 군사훈련을 받은 장교들이 지휘하는 잘 훈련된 육군이 있었기 때문이다. 남북전쟁의 두 영웅인 율리시스 그랜트Ulysses S. Grant 북부군 장군과 로버트 리 Robert E. Lee 남부군 장군은 모두 웨스트 포인트 출신으로 잘 알려져 있다. 특히 북군을 지휘하며 남북전쟁을 승리로 이끈 그랜트 장군은 웨스트 포인트 출신의 첫 미국 대통령으로 활약하는 등 군과 정치에서 두각을 나타냈다. 1898년 스페인전쟁, 1903년 파나마전쟁 그리고 제1차 세계대전과 제2차 세계대전에 참전한 미군의 지휘관들, 특히 더글러스 맥아더Douglas MacArthur, 드와이트 아이젠하워Dwight Eisenhower로 이어지는 군 영웅들 역시 웨스트 포인트 출신 인재들이다. 아이젠하워는 그랜트의 전례를 따라 제2차 세계대전을 승리로 이끈 전쟁 영웅으로 42, 43대 미국 대통령을 역임해 웨스트 포인트가 미국의 중요한 엘리트 과정으로 자리매김하는 데 일조했다.

　미국이 웨스트 포인트를 통해 일찌감치 우수한 육군 장교를 육성해 강한 육군을 만들었다면 1845년 제임스 폴크James K. Polk 대통령이 설립한 해군사관학교를 통해서는 우수한 해군 장교를 배출했다. 1800년 대 중반부터 미국 해군이 세계에 두각을 나타내기 시작한 시기가 우수한 해군 장교가 배출되기 시작한 시기와 일치하는 것은 당연한 귀결이다. 1854년 일본의 개항을 성공시켜 일본의 근대화를 이룬 메이지유신.

이를 이끈 매튜 페리 제독Commodore Matthew C. Perry은 해군사관학교의 학제를 개편하고 현대적 증기군함을 이용한 전술을 적용해 해군의 획기적 발전을 이끌었다. 미국이 제2차 세계대전에서 일본의 하와이 공습 이후 태평양에서 승기를 잡고 전세를 역전시킬 수 있었던 것도 알고 보면 해군사관학교를 졸업한 우수한 지휘관의 해군 전술과 화력 운영 능력 덕분이었다. 여기에 정보 해독 기술을 통해 확보한 일본군의 전략 비밀을 분석해 종합적으로 대처할 수 있었던 능력이 있었기에 가능했다. 이는 물론 우수한 화력을 갖춘 군사장비도 중요하지만 능력 있는 지휘관이 있어야 전쟁에서 승리할 수 있다는 것을 보여주는 역사적 사례다. 영국, 프랑스, 독일이 일찌감치 세계를 제패할 수 있었던 것도 귀족 출신의 우수한 군지휘관들이 있었기에 가능했다는 역사적 교훈을 미국은 독립 초기부터 제대로 간파해 군지휘관 학교를 설립했는데, 이것이 주효했던 셈이다.

미국은 영국, 프랑스, 독일과 달리 군사학교의 문을 귀족의 자제뿐 아니라 모든 청년에게 개방했다. 이는 누구에게나 신분 상승의 기회를 부여했다는 점에서도 긍정적으로 평가받을 만하다.

엄청난 국력의 원천 그리고 미래

영국 〈파이낸셜타임스Financial Times〉가 1954년 이후 2013년까지 미국의 기업 매출, 순이익을 기반으로 미국이 왜 세계를 지배하고 있는지 분석한 적이 있다. 1954~1961년 미국에서 최대 순이익을 기록한 기업은 자동차 기업 제너럴 모터스General Motors Corporation, GM다. 현재 가치로 환산한 1961년 GM의 순이익은 76억 달러 정도로, 2013년 애플 순이익의 5분의 1 수준이다. 당시 직원 수(60만 명)로 나눈 1인당 순이익은 1만 2,666달러(약 1,484만원)로, 애플의 30분의 1밖에 안 된다. 애플의 2013년 순이익은 370억 달러다. 직원 수(9만 2,600명)로 나눈 1인당 순이익은 40만 달러(약 4억 3,800만 원)에 이른다. 애플의 등장으로 많은 노동력을 필요로 하는 제조업의 시대는 완전히 저물고 정보기술의 시대가 열린 것이다.

이렇듯 미국에서는 새롭게 등장한 강한 기업들이 2000년대 경제를 이끌어가고 있다. 아마존Amazon, 구글Google, 이베이eBay, 마이크로소프트Microsoft Corporation, 페이스북Facebook, 트위터Twitter, 넷플릭스Netflix, 인텔Intel, 델Dell, HP, IBM, 오라클Oracle, 시맨텍Symantec 등 소프트웨어, 하드웨어 생산 회사들과 IT 연동 서비스 유통 회사들이 폭넓게 포진해 있다. 실리콘밸리의 중심으로 활동하고 있는 스타트업 기업 중 10억 달러 이상의 가치를 가진 기업을 유니콘Unicorn이라고 부르는데, 2016년 1월 기준으로 229개의 벤처 기업이 활동 중이다. 우버택시Uber, 에어비앤비Airbnb 등이 새롭게 떠오르고 있는 기업들이다. 100억 달러 이상의 가치를 가진 벤처 기업인 데카콘Decacon도 속속 생겨나고 있다. 2006년 〈월스트리트 저널The Wall Street Journal〉이 분석한 기사에 따르면 미국에서 가장 창의적인 지역 20개 중 12개가 실리콘 밸리를 둘러싼 지역에 분포하고 있다. 그만큼 이 지역에선 새로운 기업들이 무수히 생겨나고 있으며, 앞으로도 새로운 부를 창출해 내는 벤처 기업들이 지속적으로 나타날 것으로 보인다.

미국 경제의 강점은 전통적인 제조 기업들이 2007년의 위기를 이겨내고 여전히 건재하다는 데서도 찾아볼 수 있다. 포드, GM, GE 등 자동차·가전 기업과 엑슨모빌Exxon Mobil 같은 에너지 기업이 재정 위기를 이겨내고 아직까지 탄탄한 실적을 내고 있다. 맥도날드McDonald, 코카콜라 Coca-Cola 같은 식음료 회사들도 미국을 떠받치는 세계적 기업이다.

세계 전략에 따른 국방력도 미국을 지탱하는 힘이다. 미국은 막대한 국방비를 지출해 첨단무기와 기술을 지속적으로 발전시켜 경쟁국들을 계속 따돌리고 독주를 지속하고 있다. 미국의 국방 산업은 규모 면에서 가장 크고 질적으로도 우수하다. 미국의 국방비 지출 규모는 2015년 기준 5,975억 달러에 달하는데, 이는 지출 상위 2위부터 13위까지 국가들의 지출 규모를 모두 합한 것에 버금가는 수준으로 미국의 무기 산업 발전에 도전할 수 있는 국가는 한동안 없을 것이라고 봐도 될 정도다. 2위를 차지한 중국은 1,458억 달러로 미국의 5분의 1 수준에 불과해 중국이 미국의 국방력을 능가할 가능성은 아직까지 요원하다. 중국의 경제력이 미국을 추월할 것으로 예상되는 2025년 전후 국방 예산이 파격적으로 늘어나 미국과 본격적으로 경쟁하게 되더라도 향후 20~30년 정도 미국의 군사적 우위는 계속될 것으로 보인다.

미국은 우주 산업에서도 독보적 위치에 있다. 미항공우주국National Aeronautics and Space Administration, NASA의 우주항공 시설뿐만 아니라 개인 우주 회사들이 우후죽순 생겨나 셔틀 우주여행을 계획하고 있는 등 우주항공 분야에서 미국의 지배는 상당 기간 지속될 것이 확실하다. 러시아의 경우, 소련이 붕괴된 이후 우주항공 산업은 직격탄을 맞고 상당 부분 해체되었으며 유가 하락으로 지속적인 예산 확보에도 어려움을 겪고 있어 앞으로도 당분간은 미국의 약진을 견제하지 못할 것으로 보인다. 중국 역시 빠른 속도로 우주항공 산업 기술을 발전시키고 있으나 미국의 수준에 비하면 질적으로나 양적으로 크게 격차가 나고 있는 것이 사실이다. 중국의 경제 수준이 성장함에 따라 단기 집중투자를 할 경우 미국의 기술을 어느 정도 따라잡을 수는 있겠지만, 미국의 견제와 기술 개발 속도 등을 감안할 때 중국이 미국을 능가할 가능성은 한동안 없을 것으로 보인다.

1957년 처음으로 무인 위성을 발사해 궤도에 올려놓은 이후 위성체 개발과 발사 기술에 있어서는 러시아, 중국, 일본 등도 경쟁력을 확보해 미국과 대적하고 있다. 하지만 통계수치를 보면 미국의 독점 현상은 한동안 깨지지 않을 듯하다. 2013년 기준 1,071개 궤도위성이 지구 주위를 돌고 있는데 그중 절반가량인 530개가 미국이 운용하는 것이다. 위성체 제작, 위성 발사 기술에 있어서도 미국의 기술은 아직 독보적 위치에 있다.

미국이 경제력과 국방력을 세계 최고 수준으로 유지시키는 비결은 무엇일까? 바로 지식 산업의 최선봉에 있는 대학의 경쟁력이다. 〈타임〉 선정 세계 최고 엘리트 100대 대학 순위에서 20위 안에 드는 미국 대학은 14개에 이르고, 50위 내에 드는 학교는 26개일 정도로 미국 대학은 독보적인 위치를 차지하고 있다. 그러다 보니 세계 각지의 우수한 인재들이 미국 대학으로 몰려들고 있다. 2013~2014년 미국의 유학생 수는 88만 6,000명에 이르는데, 유학생들의 국적을 분석해 보면 중국(31퍼센트), 인도(11.6퍼센트), 한국(7.7퍼센트)이 1~3위를 차지한다. 2012~2013년 기준으로 영국에는 36만 명의 외국 학생이 등록되어 있는데, 유학생들의 국적을 보면 중국이 19.8퍼센트로 가장 많고, 이어 인도가 5.3퍼센트를 차지했다. 프랑스의 경우, 매년 평균 30만 명의 유학생이 프랑스 대학에서 수학하고 있다. 2015년 오스트레일리아에서 수학하는 외국 유학생 수는 29만 9,000명에 이른다. 미국은 2위인 영국보다 50만 명 이상이 매년 더 찾고 있으며 유학생 수가 계속 늘어나고 있어 미국의 지식 독점은 한동안 계속될 것으로 보인다.

또 다른 통계수치를 보면 미국의 지속적인 경쟁력이 어떻게 확보되었는지 알 수 있다. 학위를 취득한 후 미국인 학생들뿐만 아니라 외국 출신 유학생들도 본국으로 돌아가지 않고 대학연구소나 기업에 취업해 눌러앉는 추세가 더욱 강해지고 있다. 미국에서 박사과정을 마친 전체 학생 중 46퍼센트가 외국인인데, 학위를 마치고 5년 이상 미국에 거주하는 경우가 중국 92퍼센트, 인도 81퍼센트, 독일 52퍼센트, 한국 41퍼센트 정도다. 기업 입장에서는 우수한 외국 인재를 공급받을 수 있으니 환영할 만한 일이다. 이러한 흐름은 미국의 기업 경쟁력을 높이는 긍정적인 요소로 작용할 것이 분명하다. 이처럼 미국 대학들의 경쟁력이 높다 보니 세계 최고의 학문상이라 할 수 있는 노벨 물리, 화학, 의학, 경제학 부문을 미국이 거의 독식하다시피 하고 있다.

미국 중심의 세계 경제 지배 구조는 한동안 바뀌지 않을 것으로 보인다. 미국은 현재 세계 최대의 무역국이다. 중국이 빠른 성장세를 보이며 미국의 위치를 넘보고 있지만 갈 길은 요원하다. 양적 측면에서 보면 중국은 2차 상품을 만들기 위한 원자재 수입이 주류를 이루고 있고, 미국은 고급완제품이 소비되는 말 그대로 세계의 최대 완제품 수입 시장이다. 중국의 소득 수준이 빠르게 향상되면서 언젠가는 미국의 지위를 위협할 수도 있겠지만, 적어도 20년 이상은 미국의 소비 시장을 질적으로 능가하지 못할 것으로 보인다.

미국의 지배를 더욱 공고히 하는 분야는 무엇보다 국제통화와 자본시장이다. 제2차 세계대전이 끝나갈 무렵인 1944년 체결된 브레튼우드 통화 체제Breton Wood System 이후 금의 가치와 연계된 화폐 결제 제도가 채택됐지만 리처드 닉슨Richard Nixon 대통령 시절 미국은 브레튼우드 시스템을 한순간에 미국의 달러 중심 체제로 바꿔버렸다. 결국 1971년 이후 각국이 금보다는 달러 보유액을 서둘러 늘리는 화폐 정책으로 돌아서면서 달러는 세계의 단일 기축통화로 자리 잡았다. 그러다 보니 단기 외채 비율이 높고 달러 보유액이 적은 나라는 국제자본시장의 변동이 갑자기 왔을 때 불어나는 이자비용과 신용경색의 여파로 새로운 금융자금을 들여오지 못해 단기 외채 상환 불능 등 유동성 위기를 맞아 국가파산으로 갈 수밖에 없게 됐다. 그 결과, 멕시코, 아르헨티나, 한국, 그리스처럼 국제통화기금International Monetary Fund, IMF의 국제구제자금을 들여올 수밖에 없는 상황이 된다. 국제경제가 불안정할 때 IMF의 영향력이 갈수록 커질 수밖에 없는 구조가 된 것이다.

IMF는 브레튼우드 통화 체제가 형성될 때 영국과 미국의 주도로 만들어진 기구다. 회원국이 예치한 기금의 규모에 따라 권력을 나누어 갖기 때문에 기금을 많이 예치한 나라일수록 영향력이 크게 작용할 수밖에 없다. 가장 큰 영향력을 행사하는 미국은 IMF에서 17.7퍼센트의 지분을 가지고 있다. 그 뒤를 이어 일본 6.56퍼센트, 독일 6.12퍼센트, 프랑스 4.51퍼센트, 영국 4.51퍼센트 등으로 투표권을 행사한다. 2위부터 4위까지의 지분을 모두 합한 만큼을 미국이 가지고 있으니 미국이 국제적으로 얼마나 큰손인지를 다시 한 번 확인할 수 있다.

세계은행World Bank도 마찬가지다. 세계은행 개발기금의 투표권 지분은 미국 15.85퍼센트, 일본 6.84퍼센트, 중국 4.42퍼센트, 독일 4.0퍼센트, 영국 3.75퍼센트로, 미국은 IMF에서보다는 약하지만 여전히 여기서도 막강한 지분을 보유하고 있다. 이렇듯 미국은 두 기구에서 모두 강력한 투표권을 행사할 수 있으며 거부권까지 갖고 있어 사실상 국제금융시장을 주도하고 있다고 할 수 있다.

또 다른 자본시장인 세계 주식시장에서 전 세계 주식 거래액 55조 달러 중 미국이 차지하는 비율은 34퍼센트, 그 뒤로 일본과 영국이 각각 6퍼센트의 비율을 기록하고 있다. 세계의 큰손인 연금기금과 투자회사의 자본이 미국에 상당 부분 몰려 있다는 점에서 미국이 세계경제에서 차지하는 비중은 쉽게 가늠할 수 없을 정도다.

미국 주도의 국제금융시장을 타파하기 위해 중국은 다양한 국제기금을 만들어 미국을 견제하고 있다. 중국은 실크로드기금(중국, 몽골, 라오스, 캄보디아, 미얀마, 방글라데시, 파키스탄, 타지키스탄 등 8개국)을 통해 일대일로一帶一路(아시아와 유럽, 아프리카를 아울러 육해상 실크로드를 잇는

중국 중심의 경제벨트) 사업의 길목에 있는 아시아 국가들의 낙후된 사회
간접시설에 투자한다는 구상이다. 브릭스개발은행BRICs Development Bank,
BDB을 설립해 브라질, 러시아, 중국, 인도, 남아프리카공화국 개발기금
으로도 사용하고 있다. 또한 2012년 긴급외환보유기금Contingent Reserve
Arrangement, CRA을 설치하고 전체 자본금 1,000억 달러 가운데 410억 달
러를 투자했으며, 상하이 협력기구Shanghai Cooperation Organization, SCO (러시
아, 카자흐스탄, 우즈베키스탄, 타지키스탄, 키르기스스탄 등 7개국)를 국제
금융협력기구로 전환하려는 노력을 기울이고 있다. 2015년 출범한 아
시아인프라투자은행Asian Infra Investment Bank, AIIB은 예상했던 35개국보
다 훨씬 많은 57개국이 참가할 정도로 큰 성공을 거두었다. AIIB는 일
본이 주도하는 아시아개발은행Asian Development Bank, ADB을 견제하는 성
격도 갖고 있어 미국과 일본의 입김에서 벗어나 세계의 금융시장을 주
도해 보려는 중국의 의지를 알 수 있다.

　이에 대응한 미국의 전략은 환태평양경제동반자협정Trans-Pacific
Partnership, TPP이라는 기구다. 이 협정은 태평양 연안 12개국이 모여 자
유무역지대를 형성한다는 것으로, 세계 경제 규모 1위와 3위인 미국과
일본이 참여하기 때문에 가장 큰 단일시장이 탄생하는 셈이다. 미국은
태평양 연안 11개 국가들과 경제공동시장을 탄생시켜 중국의 거대시장
과 경쟁하겠다는 계산이다.

　이렇듯 미국은 첨단무기 체제를 갖춘 국방력, 선도적인 우주항공 기
술, 급성장하는 지식 시장, 탄탄한 금융 자본 시장으로 세계를 장악하고
있어 중국의 급성장에도 불구하고 한동안 미국 주도의 세계질서는 계속

될 것으로 보인다.

미국의 시대는 저물고 있는가

하지만 한 제국의 시대는 반드시 막을 내리고 세계의 패권은 다음 주자에게로 넘어가게 되어 있다. 한 가지 다른 점이 있다면, 역사 발전 과정에서 지금까지는 무력 전쟁과 정복의 결과로 새로운 세계 패권 국가가 탄생했지만, 이제는 무력이 아닌 평화적 경쟁을 통해 이루어질 것이라는 점이다. 현재 북아프리카, 시리아, 터키, 이라크, 아프가니스탄에서 벌어지고 있는 IS와의 전쟁이 과연 미국의 몰락을 재촉하게 될까? 결과는 아무도 알 수 없다.

2016년 현재 미국에서 진행되고 있는 대통령 예비선거에서 공화당 후보로 나온 도널드 트럼프Donald Trump의 인기가 백인을 중심으로 하늘을 찌르고 있다. 그의 연설에 종종 등장하는 회교도에 대한 조롱 그리고 멕시코를 포함한 외국 이민자에 대한 혐오와 2등 국민 취급이 백인 중산층, 백인 소외계급의 열렬한 환호를 받고 있다.

미국에서 벌어지고 있는 트럼프 소동을 보다 보면 21세기판 십자군 원정대를 보고 있는 듯하다. 세계인들은 미국 공화당 대통령 예비경선 결과를 미국의 중산층 국민, 특히 백인(흔히 말하는 WASPWhite-Anglo Saxon-Protestant)들이 히틀러 같은 인종 차별주의와 백인 우월주의를 지지하고 있다는 강력한 신호로 받아들인다. 미국의 악명 높은 백인 인종 우월주의 운동인 KKK^{Ku Klux Klan} 사무총장이 트럼프가 선거에 승리하면 국무장관을 역임하기를 희망한다고 이야기하는데도 트럼프는 침묵을 지키며 암묵적 인정의 신호를 보냈다. KKK는 제2차 세계대전 당시 히틀러를 공개적으로 지지한다고 밝혔던 조직이다. 트럼프 사건은 미국이 세계를 지배할 능력과 자격을 서서히 잃고 있다는 증거인지도 모른다. 왜 그럴까?

영국의 세계 통치자 자격에 금이 가기 시작한 것은 강력한 경쟁자인 미국과 소련의 등장에도 그 원인이 있지만, 무엇보다도 마하트마 간디 Mahatma Gandhi의 비폭력 서항운동을 총칼로 무자비하게 제압하면서 인도를 피로 물들게 한 것이 발단이 되었다고 보는 시각이 강하다. 영국은 1919년 4월 13일 잘리안와라 공원에서 종교의식을 치르기 위해 모인 군중을 향해 발포 명령을 내려, 영국 정부의 발표 기준 397명(인도 의회 발표 1,000~1,500명)이 사망했다. 이 잔악한 비인륜적 행위에 인도인들은 분노했다. 발포를 명령한 지휘자 다이어R.E.H. Dye 대령은 본국에 소환되었으나, 비공식적으로는 영웅 대접을 받았다. 영국 국민에게는 민주주의와 인도주의를 이야기하면서 인도에서는 독립을 간절히 원하는 인도인들의 비폭력 운동을 무자비한 발포와 폭력으로 제압한 영국인의 이중성은 식민통치의 정당성을 약화시켰다.

이와 유사한 사례로 남아프리카공화국의 인종 차별 정책인 아파르트헤이트Apartheid가 있다. 넬슨 만델라Nelson Mandela를 중심으로 한 아프리카민족회의African National Congress, ANC의 평화 운동을 고문과 살인, 폭력으로 진압하자 세계인들은 등을 돌렸고, 남아프리카공화국 정부는 결국 통치의 정당성을 상실하고 말았다. 시리아의 알 아사드 대통령은 민주주의를 요구하는 자신의 공민公民들에게 발포를 명령했고, 민간 마을에 포격을 퍼부었다. 480만 국민들은 자신에게 총구를 겨누는 지도자를 믿을 수 없어 조국을 등진 채 죽음의 위험을 무릅쓰고 고무 보트에 몸을 싣거나 국경을 넘어 자유를 찾아 나섰다(2016년 1월 현재 유엔고등판무관 UNHCR에 정식 난민으로 등록돼 이웃 중 아직 국경을 떠도는 사람은 600만 명 정도로 추산된다).

지도자가 한쪽 국민, 자신을 지지하는 사람에게만 관심을 갖고 그들을 위한 정책을 펼치고 반대편에 선 국민에게는 무시와 배척의 메시지를 보내면 그 나라와 그 나라 국민은 결국 쪼개질 수밖에 없다. 국민을 나누고 가르는 정치는 결국 분열과 붕괴로 치닫게 마련이다. 지금 벌어지고 있는 미국의 트럼프 신드롬은 미국의 세계 지배 시계가 이제 거의 종착점에 도착했다는 것을 알려주는 신호인지도 모른다. 왜냐하면 미국의 세계 지배에 대한 세계인의 시각이 이미 우려의 수준을 넘어섰기 때문이다. 사람들은 이중적 미국인의 민낯과 속마음을 들여다보고 있다. 세계질서의 변화는 이미 조금씩 시작되고 있다고 봐야 하지 않을까?

독일

"장군들은 모자를 벗어 경의를 표하시오. 이분이 지금 살아 있다면 우리는 오늘 여기에 서 있지 못했을 겁니다."

1806년 10월 27일, 프로이센(통일 전 독일에서 가장 강력했던 왕국) 군대를 궤멸시키고 베를린에 진격한 나폴레옹이 포츠담에 있는 프레드릭 대제의 무덤 앞에서 휘하 장군들에게 한 말이다. 프로이센의 프레드릭 대제는 전쟁에서 한 번도 패하지 않았던 최고의 장군이자 왕이었다. 정복왕 나폴레옹조차 한 세대 전 유럽을 평정한 프레드릭 대제를 인정했다. 나폴레옹은 1807년 프로이센의 고도 쾨니히스베르크까지 점령해 독일인의 자존심을 완전히 짓밟았다. 쾨니히스베르크는 독일이 자랑하는 철학자 임마누엘 칸트Immanuel Kant가 태어나고 자란 곳으로 유명한 도시다.

국가 건설과 정치 발전의 상관관계를 연구한 프랜시스 후쿠야마는 질서 유지와 법치의 구축, 책임 제도의 정비, 반부패 개혁이 가장 중요하다고 지적했다. 18세기부터 19세기에 걸쳐 역사에 등장한 강대국들은 이 세 가지를 모두 성취하고 빠르게 경제 성장을 이룬 후에 군사력을 바탕으로 상대국을 능가하는 지위를 차지할 수 있었다는 지적이다.

팔머와 콜튼은 저서 《1815년 이후의 현대세계사A History of the Modern World Since 1815》에서 미국이 등장하기 전까지 독일만큼 짧은 시기에 강력한 영향력을 끼친 나라는 없다고 단언했다. 1700년대에 7년전쟁으로 프로이센을 강대국의 반열에 올린 프레드릭 대제가 있었다면, 1800년대엔 비스마르크 재상이 있었다. 제2차 세계대전을 일으킨 아돌프 히틀러도 빼놓을 수 없다. 이들이 바로 우리가 독일과 관련, 세계사 속에서 기억하고 있는 정치인들이다. 이들 세 사람은 시대는 달랐지만 독일인의 정복적 기질과 능력 그리고 파괴력을 여실히 보여주었다.

프레드릭 대제는 프로이센을 변방에서 중심국으로 올려놓았고, 비스마르크는 외교와 정복을 통해 나폴레옹에게 당한 굴욕적 패배를 딛고 프랑스의 심장 베르사유궁전에서 독일제국 선포식을 열었다. 1884~1885년 유럽 국가 대표들을 베를린에 모아놓고 아프리카를 나눠 갖는 회의를 주재하기도 했다. 그의 외교력이 없었다면 독일은 아프리카 지배권에 큰 영향력을 미치지 못했을 것이다. 독일은 베를린 회의로 지금의 나미비아와 탄자니아를 손에 넣을 수 있었다. 히틀러는 제1차 세계대전의 참패로 프랑스에 의해 베를린이 다시 점령당했을 때 엄청난 전쟁배상금을 요구했으며, 프랑스군 주둔, 바이마르공화국의 무능과 사회적 혼란 속에서 독일인의 자긍심과 민족성을 내세워 다시 한 번

독일을 일으키려고 했지만 유대인 인종차별주의와 홀로코스트 등 반인류적 행위로 독일을 다시 나락으로 떨어뜨렸다.

독일은 나폴레옹 전쟁과 제1, 2차 세계대전에서 패배한 국가였지만, 오뚝이처럼 다시 일어나 라인 강의 기적을 만들어 내면서 21세기 현재 건실한 기업과 국가 경쟁력을 갖춘 매력적인 나라로 각인되어 있다. 제2차 세계대전 이후 본격적으로 민주주의를 시도했지만, 정권 쟁탈을 위한 여야의 권력 다툼이나 부패, 행정부와 입법부의 첨예한 갈등 따위는 한 번도 보이지 않고 민주주의를 완벽하게 구가하고 있는 세계 유일의 나라이기도 하다. 제2차 세계대전 이후 민주주의를 다시 도입한 이달리아, 프랑스가 선거 제도 개혁, 헌법 개정 등으로 정치가 불안정할 때 독일은 한 번도 정치 위기를 경험하지 않고 가장 효율적으로 투명한 정치 체제를 구축했다. 제2차 세계대전의 결과, 동과 서로 나뉘었던 독일이 1989년 베를린장벽 붕괴로 통일을 이룬 역사는 한국처럼 통일을 꿈꾸는 나라에게 선망과 연구의 대상이 되기도 한다.

아랍의 봄으로 불거진 민주화 운동이 실패하면서 모국을 떠날 수밖에 없게 된 튀니지, 리비아, 이집트, 시리아, 아프가니스탄 난민들. 이들이 죽음을 무릅쓰고 이민자 대열에 합류해 대부분 독일로 향한 까닭은 무엇일까? 이 '21세기판 민족 대이동'을 지켜보다 보면 이들이 왜 하필 그토록 독일을 열망했는지가 의문부호로 남는다. 독일의 끈질긴 생명력 그리고 세계 역사를 뒤흔든 강력한 힘은 과연 어디서 나온 것일까?

메이드 인 저머니Made in Germany, 기업과 국력

독일은 이전에 등장한 강대국인 스페인, 영국, 프랑스에 비해 모든 것이 늦게 시작된 국가다. 군사력 증강, 산업혁명, 경제 발전, 민주주의 제도 구축 등 모든 면에서 후발주자였다. 1600년대 30년전쟁에서는 주변국으로 여겨지던 스웨덴 군대에 의해 뮌헨, 브레멘, 북부 지역 폼멘(현재 독일 북부, 슐레스비히홀슈타인 주의 주도 킬)과 단치히(현재 폴란드의 그단스크)가 짓밟히기도 했다. 대의민주주의는 제2차 세계대전이 끝난 후 동독을 제외한 서독에만 도입되었다. 그 이전까지는 독일제국하에서 이루어진 형식적인 내각 통치, 직선 대통령제를 채택한 바이마르공화국의 대의민주주의 실험이 실패로 끝난 경험 정도만 있었기에 민주주의가 뿌리를 내리기 어려웠다.

산업혁명도 독일이 36개 정도의 독립 공국Duchies, 대공국Grand Duchies, 왕국 형식으로 나뉘어 있었기 때문에 철도 건설은 독일관세동맹Zollberein이 체결된 1834년 이후부터 본격화되어 1840년대에 들어서야 불이 붙기 시작했다. 처음에는 영국에서 전동차와 철도 부설 기술을 들여오다가 1850년대부터 서서히 자체 기술을 개발하면서 산업혁명의 파급 속도가 빨라졌다. 알란 미첼Allan Mitchell의 책 《대열차경주Great Train Race》에 따르면, 1880년에 이미 기관차의 수가 9,400여 대에 이르고, 매년 4만 3,000명의 승객, 3만 톤의 물품을 수송하는 등 프랑스에 버금가는 철도 기술을 보유할 정도로 독일의 발전은 급격히 이뤄졌다. 영국에 비교하면 시작 단계에 불과했지만, 1871년 당시 독일제국의 재상이던 비스마르크는 독일의 낙후된 근대화와 산업화를 빠르게 개선시켰다.

비스마르크는 상대적으로 앞선 철강 제련 기술 발전에 더욱 박차를 가하기 위해 보호무역을 통해 영국과 미국의 값싼 철강에 높은 관세를 책정해 독일 제품을 보호하는 정책을 고수했다. 그 덕분에 전통적인 철강 가문인 크룹Krupp의 프리드리히 크룹Fredrich Krupp AG, 티센Tyssen AG 등의 기업이 은행과의 카르텔을 중심으로 영국, 미국과의 가격경쟁에서 승리해 독일은 세계 최고의 철강 생산국이 될 수 있었다.

영국이나 미국과 달리 독일 정부는 뒤늦게 시작된 산업혁명이 경쟁력을 확보할 수 있도록 은행과 제조 회사의 카르텔을 법적으로 인정해 주었다. 이렇게 경쟁력을 확보한 두 회사가 생산한 철강 제품은 제1, 2차 세계대전 때 독일군의 대포, 전차, 항공기, 선박 등에 사용되었다. 독일 제품의 우수성이 전 세계로 소문나기 시작한 것도 바로 전쟁무기 덕분이었다. 특히 전쟁무기의 기본 재료인 철강 및 기계 제품에 대한 신뢰는 메이드인 저머니Made in Germany의 로고가 견고하고 우수한 제품의 상징으로 인식되게 하는 데 크게 일조했다.

1750년대 발견된 석탄 생산은 독일 서부 국경 지역인 루르 지방을 중심으로 이루어졌다. 1815년 에센에서 철강 제련을 위해 시작된 석탄 생산은 빠르게 확대되었다. 루르 지방이 프로이센으로 편입되면서 1834년 시작된 관세동맹의 무관세 혜택을 받아 석탄 생산량은 1850년 200만 톤, 1880년 2,200만 톤, 1900년 6,000만 톤으로 증가했고, 제1차 세계대전 직전 이미 1억 1,400만 톤을 생산해 세계에서 가장 많은 석탄을 생산하기 시작했다. 제1차 세계대전에서 패배한 이후 1932년 7,300만 톤으로 생산량이 감소했다가 제2차 세계대전 직전인 1940년에는 거의 갑절로 증가한 1억 3,000만 톤을 생산해 냈다. 폴 케네디 예일대 교수가 주장한 20세기까지의 강대국 조건인 산업화 정도와 철강 생산 능력, 도시화와 근대화 정도, 에너지 생산 능력은 무기 생산 능력과 직결되면서 독일이 빠르게 경쟁 국가를 압도할 수 있는 원동력이 되었다.

1913년과 1939년 제1, 2차 세계대전이 발발하기 직전, 위의 모든 지표를 비교해 보면 독일의 전쟁 수행 능력을 알 수 있다. 독일은 제1차 세계대전 이전에는 영국보다 조금 앞서거나 동일하고, 제2차 세계대전 이전에는 영국을 능가해 독보적으로 세계 1~2위의 자리를 차지했다. 가장 앞선 분야는 바로 철강 생산 능력이었다. 1913년 영국이 770만 톤을 생산할 때 독일은 2.5배가 넘는 1,760만 톤의 조강 능력을 갖췄다. 전 세계적으로 오직 미국만 독일을 능가할 정도의 조강 능력을 보유하고 있었을 뿐이다. 제1차 세계대전 후반 미국이 참전하지 않았더라면 독일이 승리할 가능성은 충분했다. 제2차 세계대전 직전의 상황을 보면 독일의 국력을 가늠할 수 있다. 1939년 기준 철강 생산량에 있어 영국이 1,000만 톤에 그칠 때 독일은 2,320만 톤을 생산했다. 이는 미국의 2,880만 톤과 거의 맞먹는 수준으로, 독일이 산업화와 군사화를 통해 국력이 부쩍 성장했음을 알게 해 주는 대목이다.

독일의 산업화와 도시화가 경쟁 국가들보다 빠르게 진행되면서 수출 주력 산업도 농업에서 제조업으로 빠르게 변화했다. 1910년 기준으로 도시 지역 거주 인구는 40퍼센트밖에 되지 않지만, 1871년 독일제국이 선포되었을 때는 67퍼센트가 거주할 정도로 도시화가 급속하게 진행됐다. 1913년 기준으로 독일 국내총생산의 60퍼센트가 제조업에서 창출되었고 수출품의 63퍼센트가 조립 상품으로, 독일은 유럽 시장의 가장 큰 수출국으로 떠올랐다.

독일의 또 다른 저력은 기업의 생명력과 지속력이다. 독일에서는 100년 이상 생존한 기업을 쉽게 찾아볼 수 있다. 바스프BASF는 가로등 생산 및 가스 제조시 나오는 부산물 타르를 만들던 회사에서 염색가공약품, 암모니아, 소다 등을 생산하는 화학 회사로 출발해 지금까지도 에너지, 고급플라스틱 제품 등을 생산하며 전 세계적으로 11만 명, 국내에서 5만 명 이상의 고용을 창출하는 다국적기업이다. 모르핀과 항생제를 만들어 1932년 노벨화학상을 받는 등 전 세계적으로 유명한 의약품을 생산하고 있는 바이엘Bayer은 1863년 설립된 기업으로, 이 회사가 생산한 아스피린은 아직까지 전 세계에서 인기리에 판매되고 있다. 1847년 설립된 지멘스Siemens는 발전기, 풍력발전기, 전동차, 전자 및 가전 등의 친환경 제품을 생산하는 회사로 거듭나고 있다. 전기, 전자, 연료 및 동력 장치를 생산해 온 보쉬Bosch는 1886년 설립되어 130년의 역사를 가진 기업이다.

1883년 생산을 시작한 벤츠Benz는 다임러Daimler와의 기업합병으로 메르세데스-벤츠 자동차 브랜드를 사용하기 시작한 1926년 이후 지금까지 세계 고급자동차의 대명사로 통한다. 또 다른 자동차 생산업체인 BMW도 1916년 설립된 100년 기업에 속한다. 제1차 세계대전 때 독일 전투기 엔진을 생산하던 BMW는 패전으로 전투기 생산이 금지되자 오토바이 생산으로 전환했다가 후일 다시 자동차 제조 회사로 탈바꿈해 성공했다. 1930년대부터 비행기 엔진 제작에 참여해 독일 항공 산업과 제2차 세계대전 때 사용된 전투기 및 폭격기 등의 엔진 제조에 상당히 기여하기도 했다. 1846년 설립된 광학 및 유리 제조 기업인 칼자이스 Carl-Zeiss도 현미경, 카메라 렌즈 등 과학 및 의료 정밀기기 제조로 유명하다.

세계 1위 중견기업, 중소기업들 가운데는 가내 수공업 형태로 이어져 온 전통적 기업이 많다. 1,500여 개의 독일 중소기업은 해당 분야의 세계 시장에서 3위 내의 시장지배력을 가지고 있다. 독일 전체 수출의 68퍼센트가 바로 이들에게서 발생해 독일이 왜 제조업 강국이라고 불리는지 알 수 있게 해 준다. 기업 수로만 보면 99퍼센트가 중소기업으로 구성되어 있는데, 수많은 중소기업들이 해당 분야의 세계 시장을 지배할 정도의 기술력을 가지고 있어 국가 전체로 보면 각 분야의 기술이 세계 최고 수준이라고 할 수 있다. 또한 주로 가내수공업 형태로 대대로 기술을 전수하고 있어 독일의 제조 경쟁력은 독특한 기술 전수 과정에 있다는 것을 쉽게 짐작할 수 있다.

독일 기업들이 오랫동안 생존할 수 있었던 비결 중 하나로 제2차 세계대전 기간 중 생포된 포로들을 강제노동과 노예노동에 동원하고 독재정권에 군수 장비를 제공하면서 안정적인 성장을 이끌었다는 점을 들 수 있다. 2016년 창립 100주년을 맞은 독일 자동차 회사 BMW는 제2차 세계대전 당시 나치독일 정권에 조력하고 전쟁범죄에 가담한 사실을 정식으로 사죄했다. BMW는 "창업자 귄터 크반트Gunther Quandt와 그의 아들 헤르베르트 크반트Herbert Quandt가 1930~1940년대 독일나치당에 협조해 군수물자를 댔으며 5만 명의 포로들을 강제동원해 전투기 엔진을 만들게 했다"며 "과거의 어두운 역사를 인정하고 마음 깊이 사죄드린다"고 발표했다. 전쟁 상황에서 저지른 반인륜적 기업 행위를 용서할 순 없지만 국가 체제 속에서 생산과 판매 활동을 영위해 이윤을 창출하는 기업의 생리를 감안하면 이해할 수 있는 부분이다. 분명 폭스바겐 Volkswagen이 디젤엔진 유해가스 배출 정보를 조작해 독일 제품의 신뢰도를 한순간에 무너뜨린 전례를 고려해 발표한 것일 테지만, 100여 년 전의 범법 행위를 후대 기업가들이 용기 있게 사과한 것 자체가 신선하게 느껴진다.

이와 함께 기술을 중시하는 사회 풍토와 기술 직업에 대한 자부심, 높은 임금을 통한 기술자의 적정한 대우 등도 독일 기업의 끈질긴 생존력에 긍정적으로 기여했다. 독일 제조업이 아직도 강한 면모를 보이는 이유는 바로 기술 중시 사상, 기술고등학교와 기업의 공조를 통한 실습 중심 교육, 기술 전수 체계의 꾸준한 유지, 합리적인 노동윤리와 높은 노동생산성이 잘 어우러졌기 때문이다. 이처럼 밑바탕이 단단히 다져졌기에 독일은 2011년 그리스 재정위기 때도 큰 충격을 받지 않고 건실하게 성장할 수 있었고, 다른 유로존 및 유럽연합 회원국의 경제적 불확실성에도 불구하고 안정적인 경제력을 보이고 있다.

2015년 유럽 난민 사태에서 독일이 가장 인기 있는 국가로 떠오른 데는 제2차 세계대전 때 저지른 나치의 범죄 행위를 진정으로 사죄하고 사죄의 한 방법으로 독일 총리인 앙겔라 메르켈Angela Merkel이 인도적으로 국경을 개방했던 이유도 있었다. 그러나 그 밖에도 난민들에게 독일이 '기회의 나라', '유럽의 미국'이라는 인식이 널리 퍼져 있어 열심히 일하면 성공할 수 있다는 기대와 삶의 희망이 있었던 이유가 컸다. 난민이 당장에는 독일에 큰 위기로 다가올 수도 있지만, 미국이 이민을 통해 세계 국가로 성장해 나간 것처럼 난민들을 독일 사회에 잘 진입시켜 독일이 다문화, 다인종이 협력하는 국가로 변화할 수만 있다면 다시 강대국 대열에 진입하는 데 매우 긍정적으로 작용할 것이 분명하다.

역사를 바꾼 사상의 요람

과거 독일이 세계를 주도한 동력을 이야기할 때 다른 나라에서 찾아보기 힘들 정도의 혁신적 생각과 개혁적 사상의 태동에 깊이 관여했다는 점을 빼놓을 수 없다. 독일은 세계사의 흐름을 바꾼 혁명적 사상가, 종교철학자가 많이 배출된 나라다. 1,500년 이상 이어져온 교황과 가톨릭의 아성에 도전해 마틴 루터는 새로운 종교 체제를 만들어냈다. 1517년 발표된 95개 항목의 운명예정론, 구원과 영생에 대한 해석을 기존 교회와 달리하면서 면죄부 판매에 대한 비판을 시작으로 태동한 루터교, 칼뱅교, 알미니우스주의, 고마리즘 등의 신교도운동인 프로테스탄티즘 Protestantism이 유럽에 빠르게 전파되면서 국가통치자들의 종교적 신념 차이에 따른 국가 개혁과 국가 간의 갈등이 증폭되었다. 예를 들어, 영국 헨리 8세의 재혼을 둘러싼 교황과의 갈등에서 비롯된 영국성공회 설립, 낭트칙령으로 봉합되기는 했지만 후일 루이 14세의 탄압과 추방으로 이어져 대종교분쟁을 치른 프랑스 위그노 사건, 가톨릭 신봉자인 스페인 펠리페 2세가 칼뱅주의 신봉국가인 네덜란드를 침략해 발발한 전쟁, 영국과의 원한 관계, 구교와 신교 국가 간의 갈등으로 터진 30년전쟁 등으로 치달으며 대변혁의 시대가 시작되었다.

종교혁명의 불씨를 제공한 루터 외에도 독일은 근대철학의 발전을 주도한 철학자를 많이 배출한 나라다. 데카르트, 스피노자와 함께 17세기의 주요 철학자로 합리주의의 주창자인 고트프리트 라이프니츠Gottfried Wilhelm von Leibniz, 경험주의를 통해 인과관계를 규명하고자 한 칸트, 정반합의 변증론을 주창한 게오르크 헤겔Georg Wilhelm Friedrich Hegel, 염세주의에 심취한 아르투르 쇼펜하우어Arthur Schopenhauer, 쇼펜하우어의 염세주의를 비판하고 허무주의를 주장한 프리드리히 니체Friedrich Nietzsche 등은 17세기부터 20세기에 이르기까지 독일 철학계를 수놓은 철학자로 근현대철학의 틀을 세우는 데 일조했다.

칼 마르크스Karl Marx와 프리드리히 엥겔스Friedrich Engels는 인류 역사 발전 과정을 변증법에 근거한 역사유물론으로 설명한 〈공산당 선언 Manifest der Kommunistischen Partei〉을 발표해 1848년 유럽 전역에 사회주의 개혁운동과 공산주의 혁명의 당위성을 설파했다. 이들은 19세기 중반 이후 더욱 심화된 산업혁명 과정에서 노동자들이 과다한 노동을 제공하면서 자본가들에게 잉여가치surplus value를 착취당했다며, 자본주의는 성숙을 거쳐 종국에는 실패로 끝날 것이라며 프롤레타리아가 혁명을 통해 주인이 되는 공산주의가 자리 잡게 될 것이라고 주장했다. 세계 최초의 폭력혁명인 1871년 파리 코뮌 투쟁, 1917년 볼셰비키 공산혁명운동

등은 이들의 이론을 직접적 근거로 들었다. 마르크스는 〈공산당 선언〉을 집필하기 전 헤겔 철학을 계승한 제자들의 베를린대학 세미나에 수시로 참여해 헤겔의 변증법적 세계관에 대한 깊은 성찰과 비판의 기회를 가졌다. 과거의 지식과 철학적 이해를 재해석해 새로운 이론과 아이디어를 만들어 내는 과정을 철저하게 거친 것이다. 이와 더불어 이웃 국가 프랑스, 영국, 스위스, 벨기에 등지의 학자들과 교류하면서 비판정치경제학이라는 새로운 지평을 열었다. 생시몽의 유토피아 사회주의, 루소의 일반의지에 따른 평등사회주의 이론, 샤를 푸리에Charles Fourier, 영국 로버트 오웬Robert Owen의 유토피언 사회주의 이론을 깊이 있게 성찰하면서 이론의 비판의식을 넓혔고, 애덤 스미스, 데이비드 리카도, 제임스 밀James Mill 등의 경제이론을 비판적 시각에서 재조명하는 작업도 거쳤다.

복지국가 모델을 제시하다

독일은 철학 및 사상적 발전에만 기여한 게 아니라 세계 최초로 복지제도를 도입해 제2차 세계대전 이후 본격적으로 복지국가의 초기 모델을 제시했다. 1881~1889년 비스마르크에 의해 세계 최초로 도입된 노인연금, 노동재해보험, 의료보험, 실업수당 제도 등을 통해 미국으로의 이민을 계획했던 숙련된 노동자들을 독일로 끌어들일 수 있었다. 또한 산업혁명 과정에서 노동자들의 열악한 노동환경을 개선하는 데도 크게 기여했다. 비록 독일 내에서 빠르게 성장하고 있던 사회주의를 견제하고 노동 운동을 탄압하기 위해서 시작된 제도이지만, 비스마르크의 사회정책 프로그램은 제2차 세계대전 이후 도입되기 시작한 유럽 복지 모델의 선구적 사례로 받아들여진다.

노동자 및 저소득층 가정의 아동들까지도 교육받을 수 있도록 세계 최초로 의무교육을 도입한 국가도 독일이다. 의무교육을 통해 교육받지 못한 노동자 자녀들이 중산층으로 진입할 수 있는 가능성을 열어준 결과, 사회 복지 프로그램과 함께 독일 모델이 전 유럽으로 확산되는 계기가 되었다. 독일은 비스마르크의 의무교육 도입을 통해 세계에서 가장 높은 문자 해독률을 기록하면서 제조 기술, 농업 기술, 군사 기술 등이 빠르게 향상되는 효과도 나타났는데, 이는 짧은 기간 내 세계적 국가로 도약하는 데 큰 힘이 되었다.

독일에서 처음 시작된 사회민주주의 운동은 극좌-극우의 중간 위치에서 분배와 평등을 통해 자유민주주의를 완성하고자 한 유로사민주의, 특히 북유럽 사민주의적 사회개혁을 가능하게 했다. 마르크시즘에 의한 폭력적 프롤레타리아 혁명으로는 궁극적 사회주의를 이룰 수 없다고 보고, 의회주의적 점진주의를 통해 국민의 지지를 받고 복지 제도를 구축해 평등사회를 이루고자 했다는 점에서 초기 독일사민당을 이끈 에두아르트 베른슈타인Eduard Bernstein은 영국의 페이비언 운동과 노동당 창당, 북유럽의 사민주의적 복지국가를 뿌리내리게 한 인물로 받아들여진다.

독일은 세계사의 큰 줄기를 바꾼 종교운동가, 철학가, 사상가 들을 배출한 국가다. 프랑스와 영국이 초기 계몽주의 운동을 통해 민주주의 사상을 잉태하게 한 인큐베이터라면, 독일은 현대 사회의 민주적 사회 갈등 구조, 즉 좌우 정당들과 사민주의 정당의 출현을 가능하게 해 민주주의를 심화시키고 꽃피우게 한 온상이라고 할 수 있다.

독일은 조지프 슘페터Joseph Schumpeter가 지적한 자본주의와 민주주의 발전에 가장 필요한 창조적 파괴creative destruction가 매우 풍부하게 일어난 나라라는 점에서 발전과 개혁, 국가의 중흥을 꿈꾸는 국가지도자들이 꼼꼼히 들여다보고 연구해야 할 대상이다. 요점은 어떻게 하면 창조적 파괴력을 가진 사람들을 많이 교육시키고 배출하느냐, 이를 위한 국가적 자산을 얼마나 갖췄고 관련 정책을 제대로 개발할 수 있느냐다.

4장

주변국에서
강대국으로

네덜란드

네덜란드는 홍수가 나면 국토의 4분의 1이 잠길 정도여서 일찍부터 둑과 제방을 쌓아 주민을 보호하는 일이 중요한 국가의 역할이었던 나라다. 역사적으로 중세 이후 유럽 대륙을 지배해 온 합스부르크 가문의 영향권에 있었고, 스페인의 통치하에서는 가톨릭교의 영향권에 있어서 종교와 언어, 문화적 배경이 다른 다양한 민족들이 모여 공동체를 이뤘다. 지리적으로는 영국, 프랑스, 독일공국과 국경을 맞대고 있어 강대국들에 포위되어 있는 형국이었다.

정치·지리적 조건, 환경적 여건만 본다면 강대국과 맞서다가 멸망할 운명에 처했을 수도 있었을 나라가 어떻게 생존에 성공한 것을 넘어 세계적인 강대국 대열에 들어갈 수 있었고, 현재 자유와 민권의 세계적 선도자, 사회통합과 화합의 통치 모델인 협치민주주의consociational democracy의 상징이 될 수 있었을까?

생존을 위한 투쟁 그리고 번영

독일과 국경을 맞대고 있어 마틴 루터와 장 칼뱅의 종교개혁 운동에 일찍부터 영향을 받은 네덜란드에는 신교도들이 많이 모여 살았다. 로마교황의 지지를 받던 합스부르크 왕가의 혈통을 이어받은 스페인의 펠리페 2세는 열혈 가톨릭 군주로, 아버지 카를로스 5세 때부터 종교 문제로 적대관계에 있던 영국과 가톨릭교회에 정면으로 도전하는 네덜란드를 눈엣가시로 여겼다. 오렌지 공을 중심으로 무력 저항 운동을 전개하던 네덜란드에서 신교도들을 주축으로 한 독립운동이 진행되자 펠리페 2세는 막강한 군대를 보내 폭력으로 무자비하게 진압했다. 1568년에 시작된 전쟁은 1648년까지 80년간 계속되었고, 1581년 7개 도시를 중심으로 네덜란드는 공화국을 선포했다. 미국이 1776년 독립선언을 하고 영국에 대항해 1783년까지 7년간 투쟁한 것과 비교하면 80년간 지속된 네덜란드의 독립투쟁이 얼마나 힘든 것이었을지 짐작이 간다.

1585년 스페인의 대반격으로 함락된 당시 유럽의 최고 상업도시인 앤트워프에는 신교도가 많이 살고 있었다. 스페인은 당시 유럽 최고의 상업 중심지였던 이 도시를 파괴하지 않고 점령하기 위해 가톨릭으로 개종하는 것을 거부하는 사람들에게 2개월 내에 도시를 떠날 수 있는 유예 기간을 부여해 주었다. 그 결과, 앤트워프 거주자 10만 명 중 6만 명이 이주해 도시는 텅 비어버렸다. 이들 중 상당수가 암스테르담에 새롭게 정착했다. 스페인이 지배하던 뷔르게, 겐트 지역에서 살던 신교도들도 암스테르담을 새로운 보금자리로 삼고 이주했다.

이때 함께 짐을 싼 민족에는 프랑스에서 종교적 이유로 쫓겨난 위그노 교도와 스페인, 포르투갈 등지에서 추방당한 유대인 등도 포함되어 있었다. 이들은 대개 수공예 기술자, 귀금속 가공업자, 무역업자, 예술인, 고리대금업자 등으로 이 같은 인적자원을 바탕으로 암스테르담은 유럽의 상업, 기술, 공예, 예술, 금융이 꽃을 피운 국제도시로 새롭게 등장할 수 있었다. 종교로 인해 탄압받지 않았기에 이민자들에게 암스테르담은 자유와 기회의 땅으로 받아들여졌다. 당시 유럽 최고의 화가, 예술가, 철학자 등이 모여들며 암스테르담은 르네상스의 새로운 중심지가 되었다. 이 시기를 주름잡은 렘브란트Rembrandt, 스피노자Spinoza 등은 네덜란드 태생이다. 독일의 데카르트도 20년 동안 암스테르담에 머물며 철학적 사색을 완성했다.

암스테르담은 동서양 문화의 교류가 잦은 국제도시로, 유럽의 동과 서, 남과 북을 잇는 중심부에 위치했다. 1600년대 말 암스테르담의 인구는 런던, 파리, 나폴리에 이어 세계에서 네 번째로 큰 규모로 성장했다. 1500~1700년 1만여 명 규모의 작은 도시에서 20만 명 규모의 세계적 도시로 성장한 비결은 바로 종교의 자유를 찾아온 신교도, 유대인, 위그노 교도 등 풍부한 인재라고 할 수 있다. 그중에는 영국의 종교 탄압을 피해 잠시 이곳에 머물다가 메이플라워호를 타고 신대륙으로 건너가 미국을 개척한 청교도들도 포함되어 있었다.

1600년대 네덜란드의 경제 발전은 당시 모든 유럽 국가를 압도했다. 1588년 영국의 엘리자베스 1세와 연합해 스페인의 무적함대 아르마다를 격퇴한 네덜란드는 대서양의 해로를 확보하면서 세계적 무역국가로 발돋움하는 계기를 마련할 수 있었다. 1602년 설립된 네덜란드 동인도 회사는 영국 동인도회사보다 2년 늦게 첫발을 뗐지만 무역 경쟁에서 월등하게 앞섰다. 상선 보유 대수, 무역 품목과 거래 규모 등에서 영국보다 3~4배 정도 앞서가는 등 네덜란드는 세계 무역을 석권했다.

네덜란드의 성공 요인

인구와 경제 규모에서 영국보다 훨씬 작았던 네덜란드가 영국을 앞지를 수 있었던 성공 요인은 무엇일까?

네덜란드 동인도회사가 영국에 비해 월등한 국제 경쟁력을 확보할 수 있었던 원동력은 무엇보다 영국보다 앞선 선박 건조 기술이었다. 네덜란드는 지형상 육지가 해수면보다 낮아 물을 잘 관리하지 못하면 홍수로 인해 많은 피해를 볼 수밖에 없다. 오랫동안 이 같은 자연적 조건과 싸우면서 네덜란드는 물을 관리하는 기술을 갈고닦았다. 그 결과, 세계 최초로 풍부한 물과 바람을 이용한 풍차의 힘으로 작동되는 대형 제재소를 건설하는 데 성공했다.

대형 풍차를 이용한 뛰어난 목재 가공 기술로 대형 상선과 군함을 건조하는 기간을 대폭 단축시킬 수 있었다. 당시 세계 최대 조선소가 있었던 잔담에서는 600여 개의 풍차가 가동되었는데, 이는 대부분 스웨덴 등지에서 들여온 원목을 가공해 선박용 목재를 생산해 냈다. 네덜란드에는 지금도 전국적으로 1,200개의 풍차가 보존되어 있을 정도로 풍차가 산업 및 농업에 폭넓게 사용되어왔다. 증기기관의 개발로 산업혁명이 시작되기 이전, 네덜란드는 물의 낙차를 이용해 농업혁명을 이루었는데, 이 기술은 산업 생산에 일대 혁신을 가져왔다.

산업 생산 혁신을 통해 조선 산업 또한 빠르게 발전할 수 있었다. 영국이 최대 2,690척의 상선을 보유하고 있을 때 네덜란드가 4,785척의 상선을 바탕으로 영국의 무역량을 5배 이상 능가하면서 세계 무역시장을 장악할 수 있었던 이유는 결국 앞선 선박 건조 기술과 세계 최대의 조선소로 요약할 수 있다. 1699년 러시아의 표트르 대제pyotr I가 외교사절단의 일원으로 암스테르담 외곽에 있는 잔담에 와서 조선술을 배워갈 정도로 네덜란드는 당대 최고의 조선 기술국으로서, 프랑스, 덴마크, 스웨덴 등에 전함과 상선을 수출하기도 했다.

네덜란드 동인도회사가 영국을 누르고 세계무역을 장악할 수 있었던 또 다른 요인으로는 세계 최초로 도입된 증권 거래 제도와 시영은행을 들 수 있다. 투자자금을 확보하기 위해 1609년에 설립된 암스테르담은행Bank of Amsterdam은 암스테르담 시 보증을 통한 최초의 신용은행 성격을 띠고 있었다. 7개 독립도시 무역업자들이 출자한 자금으로 운영된 암스테르담은행은 동인도회사의 활동자금을 보증해 주는 역할을 했다. 이 보증서가 세계 최초의 주식인 셈이다. 무역 수익금이 대주주들에게 배분되었기 때문에 자연스럽게 증권 거래가 이루어지기 시작했다. 투자된 자금으로 배를 주문해 건조하고, 무역을 통해 획득한 수익금을 투자자에게 재배분했기 때문에 네덜란드 동인도회사를 세계 최초의 주식회사로 봐도 무방하다. 주식 거래로 축적된 자금으로 몸집을 불린 암스테르담은행을 통해 국가는 재정적으로 안정되었고, 전쟁을 수행하기 위해 필요한 자금을 안정적으로 확보할 수 있었던 것이 네덜란드의 성공 요인으로 작용했다.

암스테르담은행은 정교한 주식증서 제조 기술을 이용해 지폐 제조 기술도 발전시켰다. 종종 위조증서의 폐해가 발생하자 이를 방지할 목적으로 세계 최고의 지폐를 제작할 정도의 기술력을 확보했던 것이다. 1668년 세계 최초의 국립중앙은행을 설립한 스웨덴이 네덜란드에서 지폐 제조 기술자들을 불러와 스웨덴 지폐를 제작할 정도로 당시 네덜란드의 조폐 기술은 세계 최고 수준이었다.

암스테르담은행의 성공 모델을 모방해 1693년 영국왕립은행Bank of England이 설립되었다. 암스테르담은행은 눈부신 성공을 바탕으로 스웨덴, 영국왕립은행의 전신이 된 셈이다. 채권 발행과 주식 관리, 지폐 발행을 통해 국가의 재정을 안정시키는 국립은행은 당시 전쟁 등으로 엄청난 자금 압박을 받던 유럽 국가들에게 주목받는 새로운 모델이었다. 전쟁자금을 국민 세금으로 마련할 때보다도 훨씬 체계적으로 관리할 수 있었기 때문이다.

암스테르담이 세계 금융의 중심지로 거듭나는 데는 스웨덴과 프랑스에서 종교 문제로 추방된 유대인들이 큰 몫을 했다. 이들은 고리대금업, 창고업, 도매업에 뛰어들었다. 이들은 런던, 암스테르담, 제노아 등지에 창고를 짓고 세계 무역을 통해 들여온 상품 가격을 통제하기 시작했다. 농작물의 경우, 고리대금업자들은 농부에게 대금을 선불하고 싼 가격으로 확보해 두었다가 수확기에 가져다가 비싸게 파는 방식으로 높은 이익을 거뒀다. 이 영향으로 이때부터 창고업이 성행하기 시작했다.

 이렇듯 독점유통시장을 운영하는 네덜란드에 대응해 영국과 프랑스는 네덜란드 상선을 자국 무역에 사용하지 않고, 네덜란드에서 물건을 들여올 때 관세를 책정해 견제하기 시작했다. 1660년, 1663년, 1670년, 1673년에 있었던 보호무역법안은 유럽에 보호무역정책이 빠르게 파급되는 결과를 초래했다. 그만큼 네덜란드가 독점적 우위를 보이는 상업, 무역, 금융시장을 견제하지 않으면 각국의 산업, 생산자, 소비자가 모두 손해를 볼 수밖에 없는 상황이었다. 후일 '보이지 않는 손'이라는 개념으로 자유시장을 주장한 애덤 스미스도 초기 산업 보호를 위해서는 보호무역주의가 필요함을 인정했을 정도다.

네덜란드에 주목해야 하는 이유

 네덜란드는 1600년대 무역, 금융, 재정, 신용 시장 등을 장악하면서 당시 유럽 국가들의 시기의 대상이자 역할모델이 되었다. 네덜란드의 영향은 유럽에만 국한된 게 아니었다. 네덜란드는 자국의 동인도회사가 개척한 아시아 무역로를 통해 서양 문명을 동양에 전파하는 창구 역할도 담당했다. 일본에서 1600년대부터 지식층 사이에서 유행하기 시작한 란가쿠蘭學, 즉 네덜란드 학문도 네덜란드를 통해 들어온 유럽 문명과 사상, 예술품 등에 영향을 받은 것이다. 1627년 조선에 표류했다가 귀화한 박연이나 조선에 억류되었다가 탈출에 성공해 표류기를 책으로 출판해 세상에 알린 헨드릭 하멜Hendrik Hamel 등도 인도네시아 자카르타에 있던 동인도회사 소속 선원으로 일본 나가사키 항구를 향해 가던 중이었다.

네덜란드는 일본과 일찍이 정기 무역 항로를 확보하고 유럽 문명을 전파하는 역할을 했다. 1864년에 시작된 메이지유신 역시 200년 전 유럽의 앞선 문명을 접했던 경험이 바탕이 되어 당시 지식인의 큰 저항 없이 진행될 수 있었던 것이다.

네덜란드에 주목해야 할 또 다른 이유로 그들이 실험한 정치 모델이 있다. 1581년 네덜란드의 7개 도시 연합체는 느슨한 연방제 형태인 컨페더레이션confederation을 구성했다. 스위스에 이어 세계 두 번째로 연방국 형태의 공화정을 도입한 것이다. 준연방제 형태였기 때문에 총통 같은 1인 국가통치자는 선출하지 않았고 7개 지역에서 각각 지역총통제Stadtholder를 실시했다. 7개 도시 연합체의 단일 의회 성격으로 지역대표회의체가 존재했지만, 입법 기능이나 행정부를 견제하는 의회의 성격을 가지고 있지는 않았다. 다만 공동 현안을 함께 협의하고 합의하는 보조적인 역할을 담당할 뿐이었다. 하지만 네덜란드 연방주의는 근대적 민주주의 탄생에 중요한 실마리를 제공해 주었다.

미국 4대 대통령이자 미국 헌법의 아버지라 불리는 제임스 메디슨James Madison이 《페더랄리스트 페이퍼The Federalist Papers》 20편에서 네덜란드식 연방주의를 언급했을 정도로 네덜란드의 정치 모델은 미국 건국에 심대한 영향을 끼쳤다. 미국 연방제와 관련, 메디슨은 네덜란드 제도상에는 없는 직선 대통령에게 행정권을 부여하고 국민이 직접 선출한 연방의회, 사법부인 대법원의 엄격한 3권 분립을 통해 권력의 견제와 균형을 꾀했다.

네덜란드 연방공화제는 근대적 의미의 민주공화정이 아니지만 공동 헌법에 따른 연방국가 모델이었다는 점에서 의의가 크다. 이 제도는 프랑스 나폴레옹에 의해 네덜란드가 정복될 때까지, 즉 1581년부터 1795년까지 214년간 지속되었는데, 서로 다른 도시로 구성된 정치연합체가 하나의 헌법 체계 속에서 단일 국가를 형성하는 근대적 연방주의의 중요한 실마리를 제공해 주었다.

네덜란드는 상업과 무역을 중심으로 한 경제대국으로 떠오르면서 해외 식민지를 개척한 군사 강국으로 성장했다. 네덜란드 동인도회사는 무역선을 보호하기 위해 파견한 해군을 앞세워 북아메리카, 남아프리카, 인도네시아, 라틴아메리카 수리남 등지에 식민지를 개척해 네덜란드가 해양강국으로 떠오르게 하는 데 결정적 역할을 담당했다. 1600년대에서 1700년대까지 무려 200년 동안 군사강국이던 영국, 프랑스의 틈새에서 네덜란드는 이렇게 해외 시장과 원료 공급처를 바탕으로 상업, 무역, 재정, 기술, 예술 강국으로 발돋움할 수 있었다.

하지만 네 차례에 걸쳐 영국과 전쟁을 치르면서 네덜란드 동인도회사의 운명은 서서히 기울기 시작했다. 결정적으로 나폴레옹 군에 의해 본토가 점령당하면서 네덜란드의 대제국 시대는 막을 내렸다. 나폴레옹이 몰락한 이후 벨기에, 룩셈부르크를 포함한 네덜란드왕국을 잠시 건설하기도 했으나, 1830년 벨기에와 룩셈부르크의 독립으로 네덜란드는 작은 유럽 국가로 전락하는 운명에 처하고 말았다.

변화를 감지하지 못한 결과

네덜란드는 세계 최초의 글로벌 금융 국가다. 발틱해 연안에서 잡힌 청어의 유럽 교역, 스웨덴 등지에서 들여온 목재, 철광석, 구리 등의 원자재 교역, 아프리카와 인도의 동쪽 해안 도시, 카리브해의 서인도제도 등지에서 들여온 곡물, 사탕수수, 소금, 후추 등의 판매, 아시아에 세운 바타비아 공국Duchy of Batavia(현 자카르타)을 통한 중국, 일본과의 안정적 교역으로 들여온 비단, 향신료, 도자기, 묵화 등 사치품 판매로 엄청난 부를 축적할 수 있었다. 네덜란드 무역이 세계적으로 앞서갈 수 있었던 배경에는 세계 최고의 화물선, 바닷길을 잘 아는 항해사 및 선원 확보, 그 무역로를 지켜준 막강한 해군의 존재, 무엇보다도 경쟁국보다 우수한 기술을 확보할 수 있도록 조선업 등에 과감히 투자한 은행 자본가, 금융 회사, 투자자 등이 있다. 해외 중계무역으로 벌어들인 외화는 암스테르담은행의 자본금으로 사용되었고, 1600년대 주식, 채권, 신용대출 재원으로 투입되면서 네덜란드는 세계 금융시장의 최강자로 떠오를 수 있었다. 일찌감치 베네치아, 제노아 등지에서 형성된 금융시장 형태가 소규모 국가 간 금융시장이었다면, 암스테르담 금융시장은 당시 모든 강대국의 국채까지 매입하는 글로벌 금융시장이었다. 따라서 네덜란드는 최초의 국제 신용거래를 이끈 국가라 할 수 있다.

1600년대부터 1700년대까지 세계의 금융 중심지로 자리매김하면서 한때 과다한 전쟁자금 지출로 적자 재정을 면치 못하던 영국은 예산의 30퍼센트에 해당하는 비용을 네덜란드에서 제공하는 신용대출로 충당하기도 했다. 폴 케네디는《강대국의 흥망》에서 영국은 국채 발행을 통한 국제 신용대출로 낮게는 25퍼센트, 높게는 40퍼센트까지 네덜란드의 금융자금에 의존했다고 지적했다.

프랑스도 영국과의 패권 다툼을 위해 군대 조직과 무기 등에 막대한 자금을 쏟아부었다. 프랑스 군대는 루이 14세가 당시 막강하던 스페인을 굴복시킨 1658년대부터 나폴레옹이 등장한 1700년대 말까지 140년 동안 세계 최대, 최강의 상태를 유지했다. 최강의 군대를 유지하는 것은 국고를 빨리 고갈시키는 원인이 되었다. 영국과의 영토 경쟁으로 자금이 부족할 때는 농민들의 세금만으로 충당할 수 없었기 때문에 국제금융시장의 큰손인 암스테르담 시장의 자금을 끌어다 쓰기도 했다. 그만큼 1600년대와 1700년대의 강대국들은 네덜란드 자본에 매우 의존적이었다. 1789년 프랑스혁명은 프랑스가 영국을 견제하기 위해 미국의 독립전쟁을 경제적·군사적으로 지원하면서 국고가 고갈되고, 네덜란드 국제시장에서 자금을 조달하는 데 한계가 있어 세금을 과다하게 올리려고 시도하다가 농민의 불만과 원망을 초래한 것이 발단이 되었다.

그런데 한때 잘나가던 네덜란드는 왜 갑자기 세계 강대국의 자리에서 물러나게 되었을까? 한 나라의 쇠퇴는 그 나라의 잘못이라기보다는 상대적으로 힘이 센 국가가 나타날 때 나타나는 현상이다. 네덜란드 금융시장의 자본을 뒷받침하기 위해서는 무역로 확보, 해외 식민지 건설과 유지가 필수적인데, 네 번에 걸친 영국과의 전쟁에서 패배하면서 네덜란드 동인도회사가 가지고 있던 모든 전략적 요충지를 잃어버렸고, 그 여파로 네덜란드은행의 자금은 1790년대에 들어서면서 거의 고갈 상태에 처하고 말았다. 동인도회사를 지켜주던 네덜란드 해군의 전함도 영국의 최신 전함에 의해 철저하게 파괴되었다.

세계 최강이던 네덜란드 해군의 패배는 어디에 원인이 있을까? 영국 해군의 괴력은 어디서 비롯된 것일까?

《국가의 부와 빈곤The Wealth and Poverty of Nations》을 저술한 데이비드 랜즈David S. Landes는 그 근본 원인을 산업혁명과 에너지 혁명을 통한 동력 기술과 강력한 대포 등과 같은 신무기 기술이라고 지적했다. 영국은 증기를 이용한 동력장치의 발명으로 풍차를 이용해 만드는 네덜란드 조선 기술보다 훨씬 효율적으로 세계 최고의 군함을 만들 수 있는 기술이 축적되었고, 석탄을 이용한 제련 기술과 철강 생산능력으로 세계 최고의 위력을 가진 대포와 화력 엔진을 만들 수 있었다. 영국 해군은 빠른 배, 원거리에서도 적함을 정확히 명중시켜 좌초시킬 수 있는 화력, 전투에서 지더라도 금세 다시 군함을 건조할 수 있는 능력 등이 뛰어나 해군의 전력 손실을 빠르게 회복시킬 수 있었다. 영국 해군이 세계 최강의 자리를 차지하면서 영국은 해상무역로를 장악해 네덜란드 무역을 무력화시켰다.

네덜란드의 실패 이유

영국이 미국 독립전쟁에서의 패배를 금세 딛고 일어나 나폴레옹이 패배한 1815년 이후 세계 최강의 군사국가로 등장하게 된 것은 산업혁명과 에너지 혁명을 통해 빠르게 해군과 육군의 전투력을 극대화했기 때문에 가능했다. 반대로 네덜란드는 무역 및 금융 산업에 안주해 산업혁명의 엄청난 파급력을 간파하지 못하고 이를 간과해 세계 지배자의 자리를 내주게 된 것이다. 그렇다면 네덜란드가 산업혁명, 기술혁명, 에너지혁명의 중요성을 간파하지 못하고 적기에 대응하지 못한 이유는 무엇일까? 영국의 빠른 기술 발달을 목격하고 그 위력을 알고 있으면서도 새로운 패러다임으로 전이하는 데 실패한 이유는 무엇일까?

그 원인은 국가 통치 형태에 있다. 네덜란드는 7개 자유도시가 모여 만든 느슨한 형태의 연방공화국으로, 강력한 중앙집권국가 체제를 가지고 있지 않았다. 7개 도시 총독들이 각각의 도시를 통치했고, 중앙은 7개 도시의 대표자들이 모여 공동 현안에 대해 논의하는 협의체 제도만 가지고 있었지 입법 기능과 지방행정부 통제 기능은 가지고 있지 않았다. 암스테르담은행 역시 7개 도시가 공동출자한 합자은행이었기 때문에 책임과 이익 분배에 치중할 뿐, 국가의 경제 발전과 군사력 증강 같은 국가 경영에는 큰 관심이 없었다. 오히려 암스테르담은행은 영국, 프랑스 등의 국채 매입, 신용대출 등을 통해 적국의 군대를 유지하고 전쟁을 수행할 수 있도록 간접적으로 도움을 주었다.

네덜란드를 통치한 7개 도시의 느슨한 연방공화제 형태는 도시의 자치 능력과 경제 활동에는 매우 유용한 제도였는지 모르지만, 강력하고 효율적인 중앙통치력이 결여된 불완전한 통치 제도였다. 영국처럼 귀족 중심의 의회가 국왕과 함께 국력의 팽창을 위해 조직적으로 움직이는 입헌군주제나, 프랑스처럼 국왕이 중심이 되어 강력한 군대를 운영한 절대주의 체제는 국가를 운영하는 데 있어 네덜란드보다 훨씬 더 효율적이었다. 데이비드 랜즈는 네덜란드가 강대국 자리에서 내려오게 된 원인은 국가 통치력의 부재, 더 정확히 이야기하면 국가 통치 제도의 약점에 있다고 지적했다. 네덜란드공화국이 선포된 1581년 당시 7개 도시 대표들이 공동의 관심사에 대해 논의하는 협의체에 국가총통을 선출할 수 있는 권한을 주거나, 적어도 총통직을 순환제로 운영했다면 네덜란드의 국가 운영은 더욱 효율적이었을지도 모른다.

결국 종교적 자유와 경제활동의 자유를 열망하고 강력한 중앙집권 체제를 혐오하는 네덜란드 엘리트 및 국민 들의 성향이, 네덜란드가 강대국에서 멀어지는 속도를 더욱 높였을 것이라 볼 수 있다. 네덜란드의 자치연방제적 통치의 장점, 중앙집권제 결여의 문제점을 개선한 미국의 대통령제는 근대적 국가 통치 형태의 중요한 모델이 되었고, 미국식 민주주의가 성공할 수 있도록 기여한 중요한 밑거름이 되었다는 점에서 17세기 네덜란드의 국가 운영 실패는 역사적 교훈으로 삼을 만하다.

이 나라를 보라

비행기 안에서 네덜란드를 내려다보면 눈이 부실 정도다. 풍부한 물과 호수의 국가라는 말이 실감난다. 네덜란드는 도시와 농촌을 거미줄처럼 연결한 수로를 갖추고 있다. 육지가 해수면보다 낮아 홍수가 나면 전국을 물이 집어삼킬 수도 있는 탓에 아이러니하게도 치수 산업과 전력 산업이 고도로 발전될 수 있었다. 잘 갖추어진 수로로 인해 전국적으로 물이 풍부해 채소 산업과 원예화훼 산업이 발달했는데, 이는 가까운 유럽 시장을 기반으로 세계적 경쟁력을 갖추고 있다. 이렇듯 네덜란드는 홍수나 해일 등 자연재해에 매우 취약한 지형적 환경을 극복하는 것을 넘어서 세계적 경쟁력을 갖춘 새로운 산업시장을 창출해 낸 선진 아이디어 국가다.

하지만 네덜란드는 인구가 1,700만 명에 불과해 내수시장이 작은 편이라 수출해야만 먹고살 수 있는 나라이기도 하다. 국내총생산 규모는 2014년 세계 17위를 차지했고, 1인당 국민소득은 4만 8,000달러로 세계 10위권에 올랐다. 네덜란드에는 세계 3위 정유회사인 셸, 전기전자 회사인 필립스, 보험회사인 ING 등 대기업도 존재한다. 또한 튤립, 해바라기로 대표되는 원예화훼, 씨앗, 농산물 등을 다루는 중소기업 및 소규모 채소 재배 회사까지 존재한다. 이처럼 네덜란드 경제는 다양한 산업 구조를 이루고 있다.

제2차 세계대전 이후 고도의 경제 성장을 경험했지만 1973년과 1979년, 전 세계 경제를 강타한 유류 파동으로 수출에 의존하는 네덜란드 경제는 크게 휘청였다. 그 상처는 컸다. 고유가로 인해 고물가와 고임금이 국가 경쟁력을 갉아먹었고, 경제는 고실업 저성장의 수렁에 빠져들었다. 청년과 여성의 노동시장 진출이 갈수록 어려워져 일자리가 있는 국민과 없는 국민의 양극화가 날로 심각해졌다.

또 다른 문제는 늘어나는 국가 부채였다. 1957년 국가 연금 제도 도입, 1960년대부터 제도화되기 시작한 의료보장, 사회보험 등 국가의 공공지출이 늘어나 국가부채비율이 국내총생산의 75퍼센트를 상회할 정도였다. 고용 안정에 중점을 둔 노동시장 정책과 중앙교섭단체의 결정에 따른 고임금 정책으로 인해 노동시장은 경직되어 고용률이 50퍼센트 수준에 머물렀다. 1970년대에는 1~2퍼센트 내외의 경제성장률을 기록하며 더 이상 고용을 창출할 수 없는 상황에 직면했다. 이에 따라 국가부채는 눈덩이처럼 불어났다. 이런 상황 속에서 노사 간에는 실업 문제 해결, 고임금 축소, 청년과 여성의 노동시장 진출을 위한 위기 타개책을 마련해야 한다는 공감대가 형성되기 시작했다.

네덜란드에는 두 개의 공식 협의체가 작동하고 있다. 하나는 노사협의체Stichting van de Arbeid, SA, 또 다른 하나는 노사정위원회다. 1945년 5월 설립된 SA는 노동시장의 평화, 임금 협상, 노동 환경 문제, 해고나 건강 등 노동과 고용과 관련된 문제를 1년에 두 번씩 자리를 마련해 허심탄회하게 논의하는 기구로 노조와 기업의 공식 협상 창구 역할을 담당하고 있다. SA는 일반산업노동자노조, 기독교 및 가톨릭 노동계, 1차 산업노조, 대기업 중심 산업계, 중소기업협회 등 모든 산업계의 노사단체들이 참가하는 전국 노사협의체로, 신구교 노동자단체 및 전 산업계를 망라하는 조직이기 때문에 시장의 위기 상황에 대해 가장 효율적으로 현안을 논의할 수 있는 장치다.

그러나 SA는 노동시장 당사자인 노조와 기업대표 간의 협의기구에 불과해 정부가 참여하는 노사정위원회의 필요성이 제기되었다. 1930년대 실업 문제와 대공황과 관련, 정부와 노사 간의 소통 부재로 상황이 더욱 악화되었다고 보고 SA의 노사 대표뿐만 아니라 정부가 임명한 경제 전문가, 중앙은행 총재가 참여해 국가 경제 전반에 대해 포괄적으로 다루는 통합협의체가 필요하다는 공감대가 경제계, 노동계, 정부에서 형성되었다. 그 결과, 1950년 정식으로 출범한 사회경제위원회Sociaal-Economische Raad, Social-Economic Council는 노사 대표, 정부 대표, 중앙은행 총재가 참여하는 거국적 노사정위원회 성격을 띠고 있다. 이곳에서는 제2차 세계대전 이후 유럽경제공동체European Economic Community, EEC로 발전한 석탄 및 철강공동체European Coal and Steel Community, ECSC 참여 여부, 실업 문제, 임금 인상 문제, 국가채무, 공공지출, 화폐 및 재정 정책 전반에 대한 논의가 이루어진다. 노사가 정부의 정책 결정에 참여함으로써 시장 안정, 고용 증대, 생산성 향상, 사회 갈등 예방 등의 효과가 발생, 네덜란드 경제가 유럽 국가 중 가장 빠른 속도로 경제 성장을 이루는 데 상당히 중요한 역할을 담당했다.

이 두 가지 공식 채널이 매우 효율적으로 작동되었기 때문에 1970년대 경제위기에 대한 사회적 공감대가 쉽게 형성될 수 있었다. 이번에도 노조와 기업 대표가 먼저 움직이기 시작했다. 1982년 11월 24일 헤이그 외곽의 바세나르에서 노사단체 대표 8명이 한자리에 모였다. 국가 경쟁력을 확보하기 위한 노사 간 합의는 일자리 나누기, 노동 시간 단축, 청년과 여성을 위한 시간제 노동 확대 등의 내용으로 2쪽짜리 기본합의서에 정리됐다. 또한 고용 증진을 위한 노동시장의 구조 개혁을 위해 6개 항에 합의하고, 1983년 1월 1일부터 효율적 시행을 위한 조치를 취하도록 정부와 협의할 3개 항을 결의했다.

노사정위원회인 사회경제위원회는 SA에서 합의한 바세나르 협약

Wassenaar Agreement을 추인하고 정책으로 실행하기 위한 논의를 진행했다. 바세나르 협약의 핵심 사항 중 하나로 중앙교섭단체의 중앙통제 방식 중 해고와 고용과 관련한 부분에서는 회사 차원의 자율권을 더욱 보장해 준다는 내용이 있다. 결과적으로 전일제 노동자의 노동 시간 평균 5퍼센트 단축, 노동시장 유연화, 퇴직연령 인하 등의 방법으로 고용과 산업 경쟁력에 활력을 더해 연평균 2퍼센트에 머물던 경제성장률이 3~4퍼센트로 회복되기 시작했다. 바세나르 협약은 네덜란드의 고질적 경제 문제를 해결한 대표적 사회협약의 사례로, 네덜란드의 기적을 만들어낸 국가 상생 모델로 꼽힌다. 유엔 국제노동기구International Labour Organization, ILO는 이를 유럽의 실업 문제를 해결하기 위한 모델로 적극 활용할 것을 권장했다.

이 같은 상생 모델은 어떻게 만들어진 것일까? 이것이 가능할 수 있었던 비결은 무엇일까? 우선, 국가에 대한 노사의 자발적 책임감을 들 수 있다. 네덜란드 노동계와 기업인들은 제2차 세계대전 기간 동안 국가를 잃고 나치독일의 통치하에 놓였던 원인이 1930년대 경제위기 시 국론이 분열해 국가 재건에 실패한 데 있다고 보았다. 이러한 뼈저린 반성에 기초해 1945년 자발적으로 노사 협의기구 설립이 이루어졌다. 그리고 5년 뒤 정부가 함께 참여하는 노사정위원회가 설립되었다. 이렇듯 경제 주체 세력이 주도권을 쥐고 사회적 합의를 이루어 나갔고, 나중에 정부가 합세해 국가적 합의 체제를 완성했다. 네덜란드 국가 모델의 핵심은 사회적 책임성을 통감한 노조와 기업인들의 역할이 국가 발전에 얼마나 중요한지 보여주는 사례라 할 수 있다. SA와 노사정위원회는

1945년과 1950년에 각각 설립되어 70년 동안 경제 발전과 사회 통합, 사회 갈등 예방, 삶의 질 향상을 이끄는 데 가장 중요한 역할을 담당한 상생정치의 핵심 모델인 셈이다.

또 다른 상생 모델, 협치정치consociationalism도 빼놓을 수 없다.

나폴레옹 전쟁 이후 1848년 입헌군주국으로 헌법을 개정한 네덜란드에서는 의회민주주의가 정식으로 채택되었다. 하지만 네덜란드는 다양한 언어, 문화, 종교가 공존하는 다원적 사회의 태생적 한계를 지니고 있다. 게다가 역사적으로 7개 연합도시 체제로 시작한 국가였기 때문에 각 지역들의 문화적 색채가 강했다. 여기에 언어적으로 북부에선 네덜란드어, 동부에선 독일어, 남부에선 프랑스어가 사용됐고, 종교적으로 가톨릭, 개신교, 칼뱅교 등 문화적 다양성을 갖고 있어 의회정치라는 그릇에 네덜란드라는 나라를 담아내는 게 쉽지 않았다.

그에 따라 지역별 차이와 문화적 차이를 고려하고 정당의 의회 진출을 용이하게 만들기 위해 비례대표제를 선택했다. 최소득표율을 1퍼센트로 낮춰 다양한 사회 그룹이 의회에 진출할 수 있도록 고안했다. 현재 네덜란드는 16개 정당이 의회에 진출했을 정도로 초다당제 국가에 속한다. 비례대표제는 의회에 진출하는 정당이 많을 수밖에 없는 구조다. 여기에 최소득표율도 낮아 네덜란드는 극소 정당들이 난립하는 구조를 갖고 있다. 전통적으로 다당 체제이기 때문에 타협과 협의 없이는 통치가 불가능한 국가다. 1945년 이후 구성된 정부 중 단독 정부는 없고 모두 3개 정당 이상이 참여하는 연립내각이었다.

네덜란드 출신의 미국 정치학자인 아렌트 레이파르트Arend Lijphart는 다양한 사회적 분화 구조를 가지고 있는 네덜란드 모델을 협치주의 모델consociational model이라고 명명했다. 협치주의 모델이 성공하는 데는 정당의 책임성뿐만 아니라 시민의 정치적 책임성도 중요하다. 네덜란드는 1917년 보통선거제가 도입되었을 때 의무투표제를 동시에 도입해 투표 참여를 권리가 아닌 시민적 책무로 규정했다. 정치 참여를 독려해 시민적 책임성을 확보하려는 목적이었다. 1967년 의무투표제가 정식으로 폐지된 이후에도 1960~1995년 평균 83퍼센트의 투표율을 보일 정도로 네덜란드 시민의 민주적 책임성은 매우 높은 편이다.

네덜란드 모델의 핵심

네덜란드가 강대국들의 틈새에서 생존할 수 있었던 원동력은 무엇일까? 전 세계 해양무역로를 장악해 세계 국가로 거듭날 수 있었던 배경은 무엇일까? 그리고 1800년대를 거치며 평범한 군소 국가로 전락했다가 제2차 세계대전 이후 다시 두각을 나타낼 수 있었던 힘의 원천은 어디에 있을까?

우선 종교적 관용, 문화적 다양성, 자유시민의 뿌리를 들 수 있다. 1517년 독일에서 시작된 종교개혁은 운명예정설에 기초한 칼뱅의 등장과 함께 기독교 교리를 놓고 긴장 관계를 형성해 나갔다. 칼뱅주의를 채택한 고마리즘이 득세하면서 이에 대항한 알미니우스주의는 1618년 도르트 종교회의Synod of Dort 이후 금지당하기도 했다. 네덜란드는 기존 가

톨릭, 개신교인 루터주의, 칼뱅주의, 고마리즘, 알미니우스주의 등 교파
간 대립 관계가 존재하지만 지방마다 다양한 종교가 활동하고 있었기
때문에 유럽의 다양한 기독교 신자들을 한데 끌어모으는 종교 시장이기
도 했다. 영국은 영국성공회, 프랑스는 가톨릭, 스웨덴은 루터교를 국교
로 선포해 다른 종교는 발을 들여놓을 수 없는 상황이었지만, 네덜란드
는 칼뱅교의 교리를 받아들이기는 했어도 이를 국교로는 지정하지 않고
다른 종교 활동도 암묵적으로 인정해 주었다. 1600년대와 1700년대 종
교탄압이 진행되던 유럽 각지에서 종교의 자유를 찾아온 사람들로 인해
생겨난 네덜란드 국민의 종교적 다양성은 현재 네덜란드 국민들이 왜
다른 종교에 관용적인지 그리고 왜 그토록 자유와 다양성의 존중을 강
조하는지 알 수 있게 해 준다.

두 번째로 유럽 각지에서 이주해 온 풍부한 인적자원을 들 수 있다.
종교적 탄압을 피해 네덜란드로 이주해 온 사람들이 지니고 온 수공예
기술, 유대인이 가지고 들어온 자본, 발명품, 예술가적 기질 등은 1600
년대 초 네덜란드의 기술력과 경제를 발전시키는 원동력이 되었다. 네
덜란드가 1600년대 강대국으로 성장할 수 있었던 힘의 원천은 무엇보
다도 재능 있는 다양한 분야의 직능기술자들이 넘쳐났다는 데 있었다.
암스테르담은 1600년대 당시 기술자, 문화인, 예술가 등 유럽 최고의
인재들을 끌어들이는 블랙홀이었다. 이들의 창의적 재능은 새로운 국부
를 창출할 기회를 제공했다. 물과 풍차를 이용한 대형 제재소는 목재 가
공 기술의 획기적 발달을 이끌었고, 상선 및 범선, 전함 등에 들어가는
목재를 빠르게 제작해 공급함으로써 1600년대 영국을 압도하는 해양

국가로 떠오르는 원천이 되었다.

앞에서도 언급했지만 러시아의 표트르 대제는 외교 사절 자격으로 네덜란드 잔담 조선소를 방문해 당시 최고의 조선 제조 기술을 전수받아 발틱 함대를 만들어 스웨덴과 덴마크를 제압했고, 이후 독일과 프랑스, 영국과 대적할 힘을 키웠다. 러시아가 유럽의 강국으로 떠오른 단초도 네덜란드의 기술이 제공했다고 볼 수 있다. 네덜란드는 조선 기술뿐만 아니라 조폐 기술도 세계 최고였다. 네덜란드 조폐 기술자들은 유럽 각국의 초청을 받아 활동했다. 그중 일부가 스웨덴에서 1666년 세계 최초로 설립된 국영은행인 의회은행Standers bank의 지폐를 제작하기도 했다. 네덜란드 기술자가 만든 지폐는 매우 정교해 당시 최고 제품으로 인정받았고, 조폐 기술자들은 최고의 장인으로 인정받았다. 네덜란드는 다양한 능력을 가진 인재가 넘쳐난 인적자본 국가라 할 수 있다.

풍부한 인적자원의 또 다른 장점은 문화적 포용성과 언어적 능력의 형태로 나타났다. 1600년대부터 세계를 상대로 무역 활동을 해 온 조상들 덕분에 네덜란드 국민들의 언어능력은 세계 최고 수준이었다. 유럽의 공식여론조사보고서인 유로바로미터Eurobarometer의 2012년 자료에 의하면 네덜란드 국민의 90퍼센트가 영어를 구사하고, 71퍼센트가 독일어, 29퍼센트가 프랑스어, 5퍼센트가 스페인어를 구사할 수 있어 모국어를 포함해 3개 국어 이상을 구사하는 국민이 70퍼센트를 넘는다. 그만큼 세계화를 위한 조건이 잘 갖춰져 있다는 뜻이다. 세계화된 국가의 국민들은 세계적인 이슈에 관심이 많고, 다양한 문화적 가치를 존중하며, 상대방에 대한 배려와 관용이 있어 함께 일하기가 수월하다. 이런 이유 때문인지 세계적인 기업들은 높은 임금에도 불구하고 네덜란드인을 고용하는 데 주저하지 않는다. 국제적 역량과 문화적 이해도, 기본예절 등이 잘 갖추어져 있어 문제가 발생할 확률이 낮기 때문일 것이다.

나치독일에 점령당했던 제2차 세계대전 이후 네덜란드가 다시 두각을 나타낼 수 있었던 또 다른 원동력으로 양보와 협의를 통한 사회적 대타협 정신을 들 수 있다. 무엇보다 노사의 사회적 책임성이 가장 돋보인다. 1930년대 경제대공황 때 한목소리를 내지 못해 대립과 갈등, 파업이 이어지면서 네덜란드 경제는 결국 나락으로 떨어졌다. 경제의 실패로 인해 나치에게 침략당한 아픔은 노동계와 기업인이 각성하고 책임의식을 공유하는 출발점이 되었고, 제2차 세계대전이 끝나갈 무렵 노사 간의 교감을 통해 협의체를 구성하는 데 합의하는 결정적 계기가 되었다. 안정적 노사관계는 제2차 세계대전 이후 지속적 경제 성장의 발판이 되기도 했다. 1970년 세계 유류 파동으로 경제적으로 어려움을 겪는 상황에서 경직된 노동시장과 높은 임금이 경제 성장의 걸림돌로 꼽히자 가지고 있던 기득권을 주저 없이 포기하는 노동계의 결단성도 돋보인다.

노조의 이익보다 미취업 청년 세대 그리고 여성의 사회 참여를 위해 노동 시간을 줄이고 임금 수준을 낮춘 것은 세계 어느 나라에서도 찾아볼 수 없는, 대의를 위한 양보의 으뜸가는 사례다. 노조가 자신의 이익보다 국가의 이익을 우선시했다는 점은 사익을 먼저 따지는 일부 강성 노조들의 귀감으로 꼽을 만하다. 물론 노조와 함께 국가경제를 책임지는 기업인들의 참여와 협조 없이 사회적 대타협은 원천적으로 불가능하다. 네덜란드 기업인들은 전후 경제 복구를 책임지고 기업활동을 하면서 법인세뿐만 아니라 피고용자의 노동 환경 개선, 노동자의 후생복지, 노조의 고용 보장과 임금 인상 요구안을 받아들여 제2차 세계대전 이후 유럽에서 가장 높은 노동자 소득을 가능하게 해 준 숨은 공로자였다. 네덜란드 기업인들의 경제적 기여와 사회적 안정을 위한 헌신은 국가 발전에 기업인의 역할이 얼마나 중요한지 알 수 있게 해 주는 대목이다.

사회구성원들의 문화적 다양성으로 인해 전후 10개 이상의 정당이 의회에 진출한 상황 속에서도 연립정권을 구성해 안정적인 정국을 만들어 낸 정치인은 네덜란드 모델의 특징을 보여준다. 이들은 타협, 협상, 양보, 협의 등 협치민주주의의 전형적인 모습을 보여주며 정치적 안정을 이끌어내 경제 발전의 주도적 역할을 담당했다. 네덜란드는 정치인들의 청렴한 정치 활동과 깨끗한 정치자금, 국가 및 지방공무원들의 반부패 정신 등으로 세계 청렴도 측정에서도 가장 높은 수준을 유지하고 있다.

희생을 감수한 노조, 이에 발을 맞춘 기업인들이 만들어낸 노사협의체 조직 SA, 국가 노동시장 구조의 대수술을 위해 양보와 타협을 이끌어낸 1982년 바세나르 정신, 노사정이 함께 국가적 의제를 논하며 정치, 경제, 노동의 조율된 협의 정신을 구가하고 있는 경제사회위원회SER를 통한 조합주의적 모델, 다양한 문화적 뿌리와 좌우 갈등을 딛고 대화와 협의를 통해 평화적으로 조화의 정치를 이룬 정치적 협치주의 등은 현재 네덜란드를 이끌어가는 가장 큰 원동력이다. 네덜란드는 첨예한 적대적 관계로 갈등과 폭력으로 나아갈 수 있는 다원적 사회가 통합과 화합, 양보와 희생으로 국가의 초석을 놓은 귀중한 사례를 제공한다.

스웨덴

스웨덴은 북유럽의 끝자락에 위치한 나라다. 추위가 길어 겨울이 1년 중 6개월 이상을 차지한다. 이처럼 각박한 자연환경은 스웨덴 국민들을 강하게 만들었다. 자연을 이긴 지혜의 결과인 셈이다. 스웨덴은 유럽 서쪽 해안과 영국 본토를 공격한 노르웨이와 덴마크의 바이킹과 달리 900년대부터 러시아 남서부에 위치한 볼가강을 따라 흑해까지 이어지는 지역으로 침략해 노보고르드 공국의 핵심 지배층이 되었다. 하지만 1600년대까지는 국제적으로는 별로 알려지지 않은 은둔의 국가였다. 1394년부터 1523년까지는 덴마크, 노르웨이와 함께 덴마크 왕의 통치를 받으며 1521년 독립하기 직전 최고 엘리트 100여 명이 몰살당하는 피의 광장 사건이 벌어질 정도로 나약한 국가였다.

스웨덴이 유럽의 정치 지도에 존재를 드러내기 시작한 것은 1611년 스웨덴왕국 6대 국왕으로 즉위한 구스타브 아돌프 2세 때부터다. 100

년도 안 된 신생국 스웨덴은 이 시기 지금의 핀란드, 러시아 상트페테르부르크 지역, 발틱 3국, 폴란드와 독일 북부 지역까지를 자국의 영토로 가진 작은 강국으로 떠올랐다. 구스타브 왕은 독일 남부 바이에른 아우크스부르크, 뮌헨까지 군대를 진격시켜 신성로마제국 황제국이던 스페인과 오스트리아를 차례로 무찌르고 영국, 네덜란드와 함께 신교도동맹의 중심 국가가 되었다. 구스타브 왕은 1632년 뤼첸 전투에서 전사하고 말았지만, 그의 새로운 군사전술과 용맹성은 널리 회자되며 '북방의 사자Lion of the North'라는 별명을 얻을 정도였다.

구스타브 왕이 전사한 후에도 그의 휘하에 있던 장군들이 전쟁을 승리로 마무리 짓고 전승국이 되어 스웨덴은 독일 북부 지역, 발틱 지역, 현 상트페테르부르크 연안 지역 그리고 핀란드를 포함한 광활한 지역을 점령한 북유럽 강국으로 부상했다. 이후 1709년 러시아에 패배할 때까지 스웨덴은 80년 동안 지역 맹주로 군림했다. 당시 인구 125만 명의 작은 유럽 주변국이던 스웨덴이 지역 맹주를 넘어 세계 최강의 신성로마제국 군대를 상대로 전쟁을 벌여 유럽의 강국으로 등장할 수 있었던 배경은 무엇일까?

주변국에서 강국으로 다시 주변국으로

구스타브 왕은 1611년 즉위하면서 스웨덴의 자연 조건에 주목하고 풍부한 산림, 철광석, 동광 등을 개발하는 것이 장기적으로 국가의 재정을 튼튼히 하는 데 필수적이라고 보았다. 하지만 기술과 자본이 부족했다. 그래서 산림, 철광석, 동광석 같은 천연자원을 개발할 외국 자본을 끌어들이는 데 주력했고, 그 결과 네덜란드 동인도회사의 투자를 유치하는 데 성공했다. 천연자원을 그대로 수출하면 수익 단가가 낮다는 것을 간파하고는 국내에서 벌목 후 직접 목재를 만들고, 철광석을 제련할 수 있도록 채굴권뿐만 아니라 국내에서 공장을 지어 직접 용광로 작업까지 해 철강을 수출할 수 있도록 동인도회사에 특권을 부여했다. 결과적으로 스웨덴에는 공업 시설이 일찍이 갖춰질 수 있는 기반이 마련되었고, 대규모 제재소, 목공소, 제련 시설 등이 세워지면서 네덜란드인으로부터 선박 건조 기술을 전수받아 대형 전함도 건조했다.

이전까지도 소규모 선박은 만들 수 있었지만 대형 선박을 만드는 기술은 갖추지 못했던 스웨덴은 네덜란드에서의 수입에 의존하고 있었다. 선박 건조 기술을 확보함으로써 구스타브 왕은 명목상 존재하던 해군을 크고 빠른 전함으로 재무장시켰다. 1611년부터 20년 동안 전투에 들어가는 모든 원자재를 수입 없이 직접 자급자족해 생산할 수 있는 능력을 갖추면서 전함에 들어가는 대포, 대포알, 총포 등 모든 화기 등을 제작했고, 네덜란드의 기술을 이용해 목재를 효율적으로 가공해 전함을 건조하는 등 군사장비의 현대화를 꾀했다.

구스타브 왕은 발틱을 넘어 전 유럽 최고의 전함을 만들 생각으로 바사전함 건조를 명령했다. 유럽 최고의 전함을 목표로 한 바사전함은 안타깝게도 처녀 항해 때 돌풍으로 좌초되어 갯벌에 박혀 있다가 1964년 인양되어 현재 스톡홀름 유르고덴에 전시되어 있다. 비록 좌초했다고는 하나 이것으로 당시 전함의 위용이 어느 정도였지는 확인할 수 있다. 역사는 아이러니하다. 당시 이 배가 가라앉지 않았더라면 오늘날 우리는 그 위용을 확인할 수 없었을 것이다. 지금 바사전함은 스웨덴의 주요 관광자원으로 인기를 얻고 있다. 바사전함의 꿈은 허무하게 무너졌지만 외국 자본을 유치하고 외국 기술을 도입해 국가를 빠르게 변화시킨 구스타브 왕은 뛰어난 혜안으로 주변 약소국에서 지역맹주로 올라설 기반을 놓았다는 점에서 스웨덴을 강대국으로 세운 제2의 건국왕이라 할 수 있다.

구스티브 왕의 능력은 군사전략에서도 발휘되었다. 스페인의 테르시오 전투 대형을 연구한 그는 기동성이 약점이라는 것을 간파하고 창병, 총포병, 기마병을 한 조로 꾸려 좀 더 작은 규모의 전투 대형을 완성한 동시에 선두에 이동하기 쉬우면서 파괴력이 좋은 포병대를 배치해 전투의 효율성을 높이는 데 주력했다. 또한 스코틀랜드, 영국, 독일 지역에서 전투 경험이 있는 용병들을 고용해 고도의 군사훈련과 규율을 강조한 군부대를 조직해 전쟁에 임할 체제를 갖췄다. 구스타브 왕의 군대를 연구한 영국 학자 마이클 로버츠Michael Roberts는 그의 책《구스타브 아돌프와 스웨덴의 중흥Gustavus Adolphus, London, 1958; Gustvus Adolphus and the Rise of Sweden, London》에서 스웨덴 병력 중 용병은 전체의 5분의 4를 점할 정도로 높은 비율을 차지했으며, 규율과 훈련 숙련도에 있어서 세계 최강의 위용을 갖추고 있었다고 설명했다. 1630년대 스웨덴의 군 병력이 15만 명이었을 때 5분의 1 정도인 3만 명만 스웨덴 군인이고 나머지는 용병으로 채워져 있었다.

구스타브 왕의 전투부대는 신속하게 이동한 후 적을 격파하는 기동성으로 전쟁에서 승리해 스웨덴을 북유럽의 작은 국가에서 독일 남부까지 손에 넣는 강대국으로 발전시켰다. 승리의 요인은 새롭게 제작된 작고 가벼운 대포를 전방에 세운 포병부대의 운용이었다. 강력한 초반 포격과 빠르게 이동한 후 섬멸하는 총포병의 사격이 있은 다음 기마병과 보병의 전투가 이어지는 효율적인 전술로 인해 승리를 거둘 수 있었다.

부족한 전쟁자금은 독일 정복 도시에서 받은 공물과, 스웨덴 군대의 위력을 듣고 침략당할까 봐 두려워하는 도시로부터 받은 선지급 배상금으로 충당했고, 일부는 전략적 동맹을 체결한 프랑스에서 공급받았다. 군인들의 월급, 급식, 말의 꼴 등을 현지에서 모두 해결할 수 있었기 때문에 국가 재정에는 큰 부담을 주지 않고 전쟁을 수행한 셈이다. 스웨덴 의회는 1632년 뤼첸전투에서 사망한 구스타브 왕에게 '대왕magnum' 칭호를 부여해 그의 이름을 기리도록 했다.

혜성같이 나타난 북유럽의 강국 스웨덴은 구스타브 왕이 서거한 이후 더욱 강해져 덴마크에 지배당하던 남부 지역 스카니아 지방(스웨덴어로 스코네 지역)을 점령해 영토화하면서 250년 동안 진주하고 있었던 덴마크를 축출하고 현재의 국경을 완성했다. 하지만 1600년대 말까지 북유럽에서의 강대국 지위는 러시아의 남하로 인해 끊임없이 위협받았다. 당시 러시아를 통치하던 표트르 대제는 크림반도 근처에서 오스만투르크를 격퇴한 후 계속해 남하하고 있었는데, 그러다 보면 서부전선에서 스웨덴과 마주칠 수밖에 없는 운명이었다. 그 운명적 만남이 바로 1709년 폴타바전투다. 이 전투를 마지막으로 스웨덴은 다시 유럽의 주변국으로 전락하고 만다. 폴타바전투에서 패배한 스웨덴의 칼 12세^{Karl XII}는 스웨덴으로 귀환해 덴마크령이던 노르웨이를 공격하다가 1718년 전사해 스웨덴의 군사시대는 막을 내리고 양당 중심의 자유주의시대^{Age of Llibert}가 시작된다.

스웨덴을 공부해야 하는 이유

스웨덴이 등장하고 몰락하기까지는 채 80년이 걸리지 않았지만, 스웨덴의 부침은 세계사에 깊은 인상을 남겼다. 스웨덴은 핀란드를 600년 동안 지배했는데, 지금의 상트페테르부르크 지역을 통치하에 두고 합스부르크 가의 군대를 격파하는 등 잠시 군사적 우위를 보인 게 전부다. 네덜란드처럼 무역, 금융, 예술, 기술을 바탕으로 강한 해군을 앞세운 해외 개척 등은 시도하지도 못했다. 북유럽 끝자락에 위치한 지정학적 조건으로 인해 군사력과 경제력을 앞세워 부강 국가를 이루겠다는 스웨덴의 꿈은 러시아 남하 정책에 기세가 눌렸다. 게다가 프로이센 그리고 이후 독일과 국경을 접하고 있어 주변국가로 전락할 수밖에 없는 운명이었다.

물론 이러한 지리적 조건이 단점으로만 작용한 것은 아니다. 강대국의 꿈은 접었지만 스웨덴은 유럽 국가 중 유일하게 외적의 침략을 받아 지배당한 경험도, 전쟁에 패배해 도시가 파괴되고 국민이 수모를 당한 경험도 없다.

나폴레옹조차 프로이센의 고도 쾨니히스베르크를 거쳐 모스크바까지 진격하면서도 스톡홀름에는 입성하지 못했다. 독일제국의 철의 재상 비스마르크Bismarck가 덴마크의 슐레스빅과 홀스타인을 침략해 영토 전쟁을 벌이고, 파리에 진군해 나폴레옹 3세를 굴복시킬 때도 스웨덴은 공격하지 않았다. 히틀러가 노르웨이와 덴마크, 네덜란드, 폴란드와 모스크바를 공격할 때도 스웨덴만큼은 공격의 대상이 아니었다. 국내에서도 서로의 갈등으로 내전까지 치닫고, 국가가 전복당하고, 국민을 테러하는 상황은 없었다.

이렇듯 스웨덴만큼 국민의 안전과 생명을 잘 지켜준 국가는 없을 것이다. 1800년대까지 부패에서 자유로울 수 없었던 국가였지만 스웨덴은 1900년대 들어 세계에서 가장 깨끗한 관료 제도를 갖춘 나라로 거듭 태어났다. 1800년대 중반부터 1900년대 초까지 가난의 늪에서 벗어나기 위해 기회의 나라 미국으로 150만 명이나 이민을 떠났지만, 2015년 북유럽과 시리아 등 중동 난민이 유럽으로 물밀듯 들어올 때 스웨덴은 독일에 이어 두 번째 인기 국가였다.

이 특별한 경험이 스웨덴이 세계에서 가장 빨리 복지국가와 안정적 민주주의 국가로 발전할 수 있도록 초석을 놓아주었는지도 모른다. 그래서 스웨덴이 한 번 더 들여다보고 연구를 해 봐야 할 나라인지도 모른다. 생존전략을 어떻게 짜왔는지, 가난한 국가이자 노사갈등의 국가를 어떻게 부강한 국가, 타협과 협치의 국가로 만들었는지, 국가 엘리트들과 정치인들이 어떻게 제도를 바꿔왔는지 살펴보아야 한다. 또한 사회 구성원들의 상호관계와 시민의식, 노동시장의 발전 등 그 핵심 고리를 밝혀내는 것이 필요하다.

군사 충원 제도의 독특성

구스타브 왕의 30년전쟁을 통해 스웨덴은 유럽의 다크호스로 떠올랐지만, 그 같은 위세가 그리 오래가지는 않았다. 스웨덴 왕국이 강대국으로 지속적으로 팽창하는 데는 두 가지 걸림돌이 있었다. 하나는 재정이다. 스웨덴 왕국은 재정 자원이 턱없이 부족했다. 가진 것은 천연자원인 철광석, 산림, 동광뿐으로, 군대를 유지하기 위한 재정을 충당하기에는 턱없이 모자랐다. 15만 군대 중 용병이 5분의 4를 차지하고 있어서 국가의 재정은 빠르게 고갈되었다. 용병의 비중이 높을 수밖에 없던 이유는 바로 125만 명밖에 되지 않는 인구 규모에 있다. 15~40세 남성 10명 중 1명을 군 병력으로 삼았지만, 전쟁 시에도 농사를 지을 농민이 필요했기 때문에 이보다 많은 수를 강제로 징집할 순 없는 상황이었다. 국가가 군 병력을 늘리고자 했을 때 문제가 많은 강제징집보다는 용병을 이용하는 것이 훨씬 수월했던 건 당연한 결과였다.

스웨덴 왕국의 초창기부터 구스타브 아돌프 2세 치세에 이르기까지 10명당 1명을 군인으로 선발하다 보니 가난한 집안의 남성이 군인으로 징집되는 경우가 많았다. 15~40세 남성이 있는 가정에서는 징집을 거부할 경우, 군대에 가지 않는 대가로 국가에 공물을 공납해야 했다. 여기에는 주요 경작물인 밀, 귀리, 감자 등 농산물이나 계란, 소시지, 절인

청어, 훈제생선, 닭, 돼지, 염소, 양, 소 등이 포함되어 있었다. 이런 현물은 군인들을 위해 지급되었기 때문에 군 징집 제도는 일종의 사회분배 제도처럼 운영되었다. 평화 시에는 자식을 군인으로 내보내면 먹고 사는 것이 해결되었으므로 가난한 집안에서는 별 저항 없이 자식을 군대에 보냈다. 군인들은 지역연대에 배치받아 군사훈련을 받고 평화 시에는 지역치안을 담당했기에 전쟁이 나면 언제든 빨리 출정할 수 있는 장점이 있었다.

기마병은 주로 큰 농장을 소유하고 있는 귀족 혹은 부농들이 말과 장비를 현물로 공납해 충당했는데, 이 경우 국가는 세금을 모두 면제해 주었다. 이 제도로 인해 말 공급이 수월해지면서 기마병을 운영하기 쉬워졌다. 잘 훈련된 말과 기사들을 바탕으로 스웨덴은 전쟁에서 강력한 전투력을 확보할 수 있었다. 말을 한 필 이상 지원하는 부농이나 귀족에게는 국가가 세금 면제 외에도 현물 및 군 지휘관의 지위를 주어 사기를 높였다. 기마병은 평화 시에 집안일을 돌볼 수 있었기에 일반 서민들로 이루어진 보병과 달리 부자들에게는 큰 혜택을 부여해 준 셈이다. 말과 장비의 값이 비싸고 기사는 매우 귀한 직업이어서 국가로선 기마병을 조직하기 위해 어쩔 수 없이 그런 선택을 해야 했다.

그러나 용병 제도가 국가 재정에 점차 엄청난 부담으로 인식되기 시작하면서 용병의 공백을 자국민 병사로 대체하기 시작했다. 그렇지 않을 경우, 군 병력 규모가 너무 작아져 강대국 지위에서 바로 탈락할 수 있는 위기 상황이었다. 1700년대 초까지 스웨덴이 군사강국으로 남아 있을 수 있었던 것은 군 징집 제도의 개선과 조세 제도의 개혁 덕분이었다. 평화 시에는 농사일에 종사하다가 전시에는 출정할 수 있는 상비군이 필요했다. 칼 11세Karl XI는 문제가 많았던 10명당 1명꼴의 강제징병제를 폐지하고 네 가구마다 1명의 육군이나 해군 병사를 재정적으로 지원하는 자원병 중심의 직업군인 제도를 마련했다.

스웨덴의 군사 제도 변천사를 연구한 베르틸 넬슨Bertil Nelsson은 스웨덴 군사 충원 제도의 독특성에 주목했다. 그중 가장 특징적인 것이 바로 군사 충원 제도와 조세 제도를 결합한 로트Rote 제도다. 네 개의 농가가 1개 조가 되어 구성되는 로트 제도는 1명의 자원병에게 네 가구로 구성된 로드 소속 농민들이 공동으로 농지가 딸린 가옥을 제공해 주도록 하는 제도다. 농가뿐만 아니라 닭, 돼지, 양을 제공해 결혼한 군인 가족이 자급자족할 수 있도록 책임졌다. 군인 가족의 가축을 키울 먹이, 봄에 파종할 씨앗 등도 제공할 정도로 꼼꼼하게 경제생활을 챙겨줬다. 로트는 군복을 제작해 줄 의무까지 있어 그 마을의 결혼한 여성들이 모여 만들든 군복을 살 돈을 모아 제공하든 했다. 자원 군인은 평화 시에는 제공된 가옥에 거주하면서 군사훈련을 받지만 전쟁 시에는 출정할 의무를 지녔다. 이들은 훈련을 위해 자주 집을 비워야 했기 때문에 네 가정이 협력해서 남은 군인 가족의 일손을 돕기도 했다. 자원병은 18~35세 남성으로 신장이 최소 172센티미터가 넘는 신체조건을 갖춰야 했다. 이들은 평소에도 지속적으로 군사훈련을 받았기에 스웨덴은 고도로 훈련된 군 병력을 보유할 수 있었다.

전쟁에 나가 전사하면 새 자원병 가족이 그 집을 사용했다. 전사자 가족은 집을 비워야 했는데, 새로 들어온 자원병이 미혼이거나 상처를 해서 홀아비일 경우 함께 가정을 이루고 살아가는 경우도 있었다. 그렇지 않은 경우라고 해서 유가족이 거리로 나앉게 되는 것은 아니었다. 군인 가족을 책임지는 로트 내 가족의 집에서 유가족들이 자립할 수 있을 때까지 돌아가며 임시로 거처를 제공하는 등 배려해 주었다.

네 가정이 1명의 군인을 책임지는 이 제도로 스웨덴은 육군과 해군 병력을 충당했다. 농촌에서는 육군 병력을, 어촌과 도시에서는 해군 병력을 책임지는 방식이었다. 1600년대 초에는 전쟁을 치르더라도 용병을 많이 고용했기 때문에 사람들이 전사자가 많이 나오더라도 스웨덴의 남성 인구가 급속히 줄지 않아 1630~1680년 스웨덴 인구는 꾸준히 증가했다. 이 같은 추세로 인해 시 단위 행정구역별로 1,000~1,200명의 대대battalion를 구성하는 데 문제가 없었다. 이런 방식으로 시 단위 행정구역별 대대가 모여 도 단위로 연대regiment 규모의 군부대를 구성해 전국적으로 5만 명에 가까운 병력을 확보할 수 있었다.

1630년대까지 적용된 기마병 제도는 기사knight 작위가 사라지면서 개혁의 필요성이 제기되었다. 스웨덴에서 말은 평화 시 농업의 중요한 수단이었기 때문에 농가별로 한두 마리 정도 소유하고 있었지만, 이런 말들을 전쟁에 동원할 순 없었다. 농번기에 말이 없으면 농사를 지을 수 없었기 때문이다. 이에 따라 새로운 기마대대를 만들기 위해 한 저택 소유자가 말 한 필과 장비를 제공하게 하는 루스트홀rusthall 단위를 도입했다. 한 루스트홀이 1명의 기마병이 사용할 말과 말의 장비를 제공하는 제도였다.

말을 잘 타는 농부 중 한 사람을 기마병으로 임명하고 육군 병사처럼 땅이 딸린 가옥을 제공했다. 루스트홀에서 말과 장비를 제공하면 나머지 재정적 지원은 로트 소속 농민들이 책임지는 형식이었다. 루스트홀의 역할은 점점 커져 루스트홀에서 제공하는 말의 수는 일곱 마리까지 늘어났다. 기마병 농민은 육군 사병처럼 직업군인으로 등록되었고 가축과 경작 등의 도움을 받을 수 있었다. 기마병은 직업군인이었지만 육군 군사훈련에 동원되지 않을 특권이 주어졌다. 말 타는 훈련은 평상시에도 할 수 있었기 때문이다. 기마병은 전쟁에 투입되면 총포병의 주요 사격 대상이 되기 때문에 사람들이 지원하기를 꺼려서 유인책으로 특권이 제공되기도 했다.

한 마을에서 육군과 해군 장교를 재정 지원할 때도 똑같은 원리가 적용됐다. 큰 경작지가 딸린 저택을 국가로부터 임대받은 장교는 몇 개의 로트가 노역, 생필품 지원 등을 맡아 생활을 꾸려 나갈 수 있게 했다. 파종부터 타작까지 마을의 로트 소속 농부들이 도맡아했기 때문에 자원병은 군부대에서 군사전략 연구 등 군사 훈련에 몰두할 수 있었다. 국가로서도 농민들이 세금 대신 군사비용을 부담했기 때문에 군대를 유지하기 위해 큰 예산을 들이지 않아도 되어서 이 제도는 단점보다 장점이 많았다. 이 제도는 러시아의 표트르 대제에게 패퇴하기 전, 스웨덴이 군사적으로 가장 강성했던 1600년대 말과 1709년 사이 운영된 제도로, 군사 제도와 조세 제도를 연계시켜 강한 군대를 유지한 매우 유용한 제도였다.

스웨덴의 강대국 지위는 1709년 현재의 우크라이나에 속한 폴타바에서 러시아에게 패배하고, 1718년 칼 12세가 전사하면서 완전히 막을 내렸다. 이때 스웨덴의 군사 15만 명, 핀란드에서 동원된 군사 5만 명 등 총 20만 명이 러시아와의 전쟁에서 전사했다. 로트 제도는 이후에도 존속됐지만 1720년부터 평화 체제가 길어지면서 군사훈련이 제대로 이루어지지 않아 스웨덴 군대는 서서히 와해되어갔다. 그 결과, 1758~1763년 치러진 7년전쟁에서 프랑스, 러시아와 함께 영국, 프로이센에 맞서 참전했다가 참패한 뒤 스웨덴 군대는 사실상 비정규군 수준으로 전락하고 말았다.

민주주의 병과 부패의 병

스웨덴은 칼 12세가 전사한 후 의회 중심 정치 체제로 빠르게 전환되었다. 1723년 제정된 새 헌법은 왕의 권한을 제한하는 의회 제도를 뿌리내리게 했다. 새로운 독재군주가 등장할 때까지 50년 동안 자유주의 시대가 도래한 것이다. 1720년 이후 스웨덴이 군사적으로 완전히 무너진 이후에도 로트 중심의 직업군인 제도는 존속되고 있었기 때문에 외관상 스웨덴 군대는 건재한 것처럼 보였다. 프랑스가 러시아의 남하를 막을 대안은 스웨덴이라고 보고 엄청난 군비를 지원했을 정도였다. 영국과 프로이센으로선 직접 전투를 수행하는 데 드는 비용보다 대신 싸워줄 군대를 지원하는 것이 훨씬 부담이 적었다. 이들 국가는 특히 러시아 남하를 저지하는 군사적 역할을 높이 평가해 군사비용을 일부 분담하는 차원에서 스웨덴에 대한 재정적 지원을 아끼지 않았다.

한편 스웨덴에는 친러시아 세력이 존재했다. 칼 12세의 뒤를 이어 여동생 울리카 엘리오노라Ulrika Eleonora의 남편 프레드릭 1세Frederick I가 왕으로 즉위한 뒤 러시아를 상대로 무모한 전쟁을 일으켜 참패당했다. 이때 당시 러시아의 왕인 옐리자베타 1세Elizabeth I는 프레드릭 왕 사후 스웨덴이 러시아가 원하는 왕을 즉위시키지 않으면 500년 동안 스웨덴 영토로 있었던 핀란드를 복속시키겠다고 위협했다. 결국 옐리자베타의 왕위 계승권자인 양아들 표트르가 독일의 홀스타인 고토르프 지역 출신이라는 이유로 같은 혈통인 아돌프 프레드릭Adolf Fredrick을 왕으로 영입을 하는 데 동의했다. 스웨덴과 러시아는 같은 혈통이 통치하는 동맹국가가 된 셈이었다.

하지만 이 동맹 관계도 오래가진 않았다. 유럽 강대국들의 싸움인 7년전쟁 당시 옐리자베타 1세가 서거하자 홀스타인 고토르프 출신 표트르 3세가 즉위했지만 그를 암살한 부인 카타리나 2세Katharina II(역사가들은 그녀를 카타리나 대제라 부른다)가 왕위에 올라 스웨덴과는 다시 앙숙 관계가 되었다. 스웨덴 의회파 중 한 일파인 헤트 정당Hat Party(귀족이나 장군 등이 쓰는 사각모자를 가리킨다. 보수적 정파)은 프랑스와의 관계를 돈독히 하는 정책을 펼쳐, 스웨덴 왕의 친러시아 정책을 지원한 캡 정당Cap Party(잠잘 때 쓰는 면모자를 가리킨다. 자유주의파)과 경쟁 관계를 형성했는데, 이로써 스웨덴은 영국, 프랑스, 프로이센, 러시아의 외교 각축장으로 변했다. 이런 상황에서 스웨덴에는 각국의 군사지원금이 풍부하게 들어와 이를 바탕으로 형성된 정치자금으로 서로를 매수하는 정치부패가 만연했다.

1771년 스톡홀름에 부임한 프랑스 대사인 베르젠 백작Count de Vergenne은 본국에 보낸 정세 보고서에서 스웨덴이 두 가지 전염병을 앓고 있다고 지적했다. 하나는 민주주의병, 다른 하나는 부패의 병이었다. 그는 당시에 스웨덴이 양당 제도를 통한 의회 토론과 민주주의에 대한 관심이 강한 동시에 부패와 권모술수 등이 판치는 정치 부패에 휩싸여 있다고 보았다. 그만큼 당시 두 정당의 경쟁 관계는 정착되어 있었고, 강력한 의회민주주의 체제로 인해 왕의 권력이 상당히 제약되었다. 선거를 통한 정권 획득이 제도적으로 정착되어가는 과정에서 정당들은 풍부한 자금을 이용해 유권자를 동원하기 시작했고, 투표자 매수와 향응, 금품 제공 등의 부정적인 행태가 폭넓게 자행되었다. 스웨덴의 역사 중 이 기간을 자유주의 시대로 명명할 만큼 스웨덴에는 의회민주주의가 일찍부터 뿌리를 내리기 시작했지만, 동시에 공공연한 부패선거가 만연해 있었던 것이다. 절대왕정체제인 루이 15세Louis XV의 군주국가 프랑스에서 온 외교관의 눈에는 스웨덴의 이 같은 두 가지 모습이 엄청난 충격으로 다가왔을 것이다.

스웨덴에는 1437년부터 4신분 의회제가 존재해 왔는데, 첫 번째가 귀족, 두 번째가 교회 성직자, 세 번째가 도시 상인 및 무역업자, 네 번째가 농민으로, 이들은 각각의 의회를 가지고 있었다. 귀족 의원과 성직자 의원은 당연직이었기 때문에 선거가 치러지지 않았지만 도시민과 농민들은 자신들의 대표를 선거로 뽑는 전통이 1500년대 이후 존재했다. 프랑스 대사는 바로 1766년 선거에서 엄청난 돈이 뿌려지는 것을 보고 이를 지적한 것이었다.

스웨덴에서 선거가 치러질 때마다 프랑스, 영국, 러시아 외교사절이 자국에 더 호의적인 정당이 정권을 잡을 수 있도록 자금을 넉넉하게 지원한 결과, 스웨덴 정치는 외국의 자본에 의해 완전히 오염되었다. 이 같은 금권선거는 1772년 왕으로 즉위한 구스타브 3세가 부패한 의회제도에 혐오를 느껴 철퇴를 가한 쿠데타를 통해 일거에 해결되었다. 이후 의회를 해산하고 1793년 왕이 살해될 때까지 단 한 번만 의회를 열어 금권선거는 완전히 사라지게 되었다.

하지만 스웨덴은 1809년 러시아와 마지막으로 벌인 전투에서 패하고 결국 핀란드를 잃고 독립까지도 위협받는 약소국으로 전락하는 운명에 처하고 만다. 스웨덴은 결국 정치부패의 희생양이 된 셈이다. 양당정치는 주권외교를 지키지 못하고 주변 강대국의 정치자금에 좌우되는 부패정치를 낳았고, 결국 초기 민주주의가 뿌리를 내리지 못하게 독재의 실마리를 제공한 셈이 되었다. 구스타브 3세의 아들 구스타브 4세가 전투력을 상실한 군대로 1809년 러시아와 무모한 전쟁을 벌이다 영토의 3분의 1을 잃는 무리수를 두면서 스웨덴은 주변국가로 전락하고 만다.

국가의 흥망성쇠를 가르는 결정적 요소

국가로서 스웨덴의 운명은 1809년 러시아에 패배하면서 새로운 전기가 마련되었다. 러시아의 남하, 나폴레옹의 북상을 보면서 국가의 존폐에 대한 위기감에 사로잡힌 의회파 정치인들은 1809년 새로운 헌법을 제정하고 왕의 입법 권한을 박탈하는 입헌군주제를 도입했다. 이는 1723년 제정된 헌법보다 왕의 권한을 더 제한하는 내용을 담고 있었다. 왕은 더 이상 의회의 예산법안 심의에 관여할 수 없었다. 또한 국가 간 외교관계 수립, 전쟁 선포 시 의회의 승인을 받도록 했다. 하지만 행정 수반인 추밀원 의장 지위는 인정해 주었다. 그리고 구스타브 3세 때인 1789년 설립된 대법원이 사법권을 갖는 3권 분립이 단행되었다.

스웨덴에 찾아온 국가적 위기는 정치적 부패를 청산하는 계기를 마련해 주었다. 이를 위해 러시아의 위협, 프랑스와 덴마크의 협공으로 인한 침략 위기 등을 극복하기 위해 1768년 세계 최초로 도입된 출판 자유법의 내용으로 삽입된 정보접근법(혹은 정보공개법)을 1809년 헌법에 다시 담아냈다. 이후 스웨덴의 정치와 행정은 매우 투명하게 공개되었고 모든 기관의 회의 내용을 회의록에 담아 공개하는 정책을 견지했다.

1848년 프랑스의 2월혁명이 스웨덴까지 영향력을 미쳐 1866년 의회 제도의 개혁을 위해 양원제를 도입하기로 했다. 양원제의 도입으로 1457년부터 존재하던 4신분 의회제는 폐기되었다. 상위 2신분, 즉 귀족과 성직자는 자신의 지위와 권한이 완전히 사라지기 때문에 처음에는 양원제 개혁에 반대하다가 결국 시대적 변화의 요구를 수용하고 말았다.

이 과정은 스웨덴이 의회 중심의 입헌군주국에서 정당 중심의 민주주의 국가로 넘어가는 중요한 변화를 의미했다. 국가 위기 시 독재로 전락한 수많은 예를 보면 스웨덴의 민주주의 전환 시도는 신선한 측면이 있다.

위기 극복의 일환으로 외교적 수단이 동원된 것은 스웨덴만의 또 다른 시도라 할 수 있다. 약소국의 주권을 지키기 위해서는 강대국의 변화에 민감하게 반응해야 한다는 점을 간파한 의회주의자들은 1809년 왕으로 옹립된 칼 13세$^{Karl\ XIII}$가 후계자를 남기자 못하자 나폴레옹 휘하의 베나도트^{Bernadotte} 장군을 왕의 후계자로 입양해 왕위를 잇도록 했다. 베나도트는 나폴레옹을 잘 알고 있었기에 바로 프랑스에 선전포고를 하고 영국, 러시아와 손잡는 전략을 통해 나폴레옹이 전쟁에서 패한 후 프랑스 편에 있던 덴마크로부터 노르웨이를 양도받았다.

스웨덴은 외교를 통해 자국에 최대한 이익이 되는 전략을 구사해 국가의 생존을 도모했다. 러시아에게 패배해 핀란드를 잃었지만 바로 전략적으로 동맹을 택했고, 프랑스 장군을 왕으로 받아들여 프랑스가 패배한 후 덴마크로부터 노르웨이를 양도받은 스웨덴의 위기 극복과 국가 부흥 전략은 세계 외교 전략의 정석으로 꼽힌다. 약소국으로 전락했지만 열강의 틈새에서 또 다른 실리를 취하는 스웨덴 의회 정치인들의 전략은 국가를 경영하는 사람들에게 많은 시사점을 준다.

스웨덴의 역사적 궤적을 추적하다 보면 국가의 흥망성쇠에서 가장 중요한 것은 자국의 장단점을 잘 파악해 내치와 외치의 효과를 극대화하는 것이라는 점을 발견하게 된다. 또한 스웨덴은 국가가 보유한 자원을 잘 활용하고, 단점을 보완하며, 강한 군대를 위한 개혁을 실시하고, 전술을 개발했다. 전투력의 핵심인 재원을 확충해 모자란 병력은 용병제로 확보했고 이로써 전쟁이 일어났을 때 승리를 이끌어낼 수 있었다. 힘이 없을 때는 외교를 통해 힘을 비축하고 위기가 왔을 때는 국가의 정치, 행정을 정비해 국민의 지지와 단결을 이끌어낸 의회정치인의 능력 또한 매우 탁월했다. 1700년 중반 자유주의 시기 때 라이벌 관계였던 헤트와 캡 정당은 1809년 러시아의 위협, 프랑스의 위협 앞에서 국가의 위기 탈출과 생존을 최우선에 두었다. 1809년의 입헌군주제 헌법은 이 정신을 그대로 반영한다. 위기 때 더 빛을 발하는 정치 엘리트들의 국가 정신과 국가 이익을 위한 전략 전개가 매우 뛰어났다고 할 수 있다.

결국 위기 시 국가의 흥망성쇠를 좌우하는 열쇠는 정파를 초월한 최고 엘리트들의 자질과 국가 운영 능력, 부패한 정치와 행정을 투명하게 만드는 과정을 통해 국민적 지지를 확보하는 것이라 요약할 수 있다. 그렇지 않을 경우 결국 국민의 저항, 내전이나 쿠데타, 외침으로 국가는 쇠퇴할 수밖에 없다.

이 같은 스웨덴의 역사적 특징은 현대 정치에도 그대로 재현되었다. 사민당은 노조의 전폭적 지지가 있었기에 1932년 정권을 잡을 수 있었다. 하지만 1935년까지 경제는 노사 갈등과 대립, 총파업과 직장폐쇄 등으로 이어지는 기싸움으로 중증 환자가 되어 있었다. 사민당은 노조와 혈맹관계였지만 노조에게 과감하게 쓴소리를 했다. "기업이 없으면 국가경제가 없고 일자리도 없어진다". 이 설득은 우파 정당이 아닌 사민당이 1935년 노조에게 제시한 내용이다. 그리고 계속 파업한다면 "어쩔 수 없이 법을 만들어 노조의 파업을 금지시키겠다"고까지 밀어붙였다. 물론 기업에도 "노조와 기싸움하지 말고 타협에 임해 달라"고 요청했다. 그렇지 않을 경우 국가가 나서서 직장폐쇄금지법을 만들겠다고 위협을 가했다.

하지만 사민당은 의회의 과반수를 확보하지 못했기 때문에 소수 단독 정부만의 힘으로는 법을 만들어 투쟁적 노사관계를 바로잡을 수 없음을 간파했다. 당시 '국민의 집'을 주창한 페르알빈 한손Per Albin Hansson 총리는 보수당 계열 최초 정당인 농민당(대지주 중심의 농촌당)에 손을 내밀었다. "수입자유화로 가격 경쟁력 때문에 고통받고 있는 농민을 위한 정책을 펼 테니 노사 안정을 위해 정부에 들어와달라"고 요청한 것이다. 이를 받아들인 농민당은 1936년 사민당과 함께 연립정권(이하 사농연정)을 출범시켰다. 농민당 내에서 좌파 사민당과 손잡는 것은 공산주의자와 손잡는 것이라는 반대의 목소리가 컸지만, 액슬 브람스토르프Axel Bramstorp 농민당 당수는 "무엇이 국가에 도움이 되고 농민을 위하는 것인지 판단해야 한다"며 밀어붙였다.

결국 두 정당은 연합해 의회의 과반수를 차지한 후 법 제정을 무기로 노사에 압력을 가한 끝에 드디어 1938년 살트쉐바덴 협약을 이끌어냈다. 협약이 체결되자 노동자들은 처음에 "기업의 전략에 말려들었다", "너무 많이 양보했다"고 불만을 토로했다. 하지만 이 협약은 스웨덴의 노사평화, 경제 성장, 복지를 만드는 기폭제가 되었다. 살트쉐바덴 정신은 지금도 스웨덴 사회 교과서에 실려 있을 정도다. 사농연정은 1951년과 1957년 사이 한 번 더 결성되었다. 당시에도 같은 소리가 들렸다. "세계 경제가 한국전쟁으로 힘든 상황에서는 국가의 이익이 좌우의 이익보다 우선한다".

국가를 운영하는 정치인들은 국가의 대의를 보면서 정치를 해야 한다. 정권을 잡은 사람일수록 이에 더 집중해야 한다. 야당 역시 무엇이 국가를 위하는 일인지 고민해야 한다. 타협할 때 나를 지지하는 사람들에게 잠시 비난을 받을 수도 있지만 국가를 망치면 대대로 역사의 비판을 받아야 한다는 사실을 깨달아야 한다. 국가를 위한 대의의 정치가 무엇인지 곱씹지 않으면 스웨덴의 경험이 주는 영감과 교훈을 결코 깨달을 수 없다.

《스웨덴의 성공 이야기The Swedish Success Story》를 쓴 알름크비스트와 랜스Kurt Almqvist & Kay Glans는 스웨덴 성공의 역사는 새로운 실패를 막고 미래의 문제를 해결할 수 있는 실마리를 제공한다고 지적했다. 스웨덴 현대사의 교훈은 몇 가지로 요약된다.

- 국가의 이익이 정당이 추구해야 할 최대의 목표다(1809년 정파를 초월한 입헌군주헌법 제정, 1991년 국가 재정 위기 시 좌우 공동 위기 극복 프로그램, 2000년 연금 개혁).

- 대안을 가지고 타협하라(1936~1939년, 1951~1957년 등 두 번에 걸친 좌우연정, 1938년 살트쉐바덴 노사 간 협약).

- 폭력과 극단을 배제한 점진주의를 채택하라(1917년 혁명을 주장한 극좌파의 요구를 거절한 사민당의 민주주의 논리).

- 지도자가 먼저 실천하라. 반대편을 포용하고 먼저 다가가라(대화의 정치를 통한 에를란데르 총리의 리더십, 스웨덴 복지의 틀을 완성한 정치인, 1946~1969년 총리 역임).

- 먼저 양보하면 더 큰 것을 얻는다(연대임금제를 통한 노조의 양보로 이룬 노노 간 갈등 해소, 노조의 도덕성 확보와 국민의 지지, 기업 경쟁력 강화를 통한 임금 상승, 기업의 사회적 책임성에 대한 요구).

- 투명한 정치, 특권 배제의 정치를 펴라(1766년 세계 최초의 공공정보 공개

헌법 내용, 1866년 정치 개혁을 통한 귀족, 성직자의 권리를 박탈한 양원제 개혁).

- 모두가 행복한 정치를 펴라(1928년 국민의 집. 1970년대 양성평등, 장애인-

  비장애인 간 평등, 사회 통합 정책).

지금 국민이 행복한 나라 혹은 불행한 나라에서 무엇이 공통적으로 발견되고, 무엇이 결여돼 있는지 보면 스웨덴의 경험이 얼마나 중요한지 짐작되고도 남는다.

러시아

유럽과 아시아의 변방이던 러시아. 1240년부터 1400년대 말까지 몽골의 침략을 받아 속국의 위치에서 조공을 통해 생존해 왔고, 1600년대 초 스웨덴, 폴란드 등과 전쟁을 벌여 국토의 상당 부분을 잃고 생존의 위기에 처했던 나라가 100년 후인 1700년대 초 북유럽을 넘어 중부 유럽과 남부 유럽 그리고 태평양까지 그 영향력을 확장시켰다. 이것이 가능했던 원동력은 어디에 있을까?

러시아는 1613년 귀족의 봉기로 폴란드 출신 황제를 몰아내고 열여섯 살인 미하일 로마노프Mikhail Romanov를 황제로 옹립하며 로마노프 왕조를 열었다. 하지만 1580년 시작된 스웨덴과의 전쟁에서 잉그리아(현 상트페테르부르크 지역)를 잃고, 에스토니아와 라트비아 지역을 스웨덴에 넘겨주어야 했다. 폴란드는 지금의 벨라루스와 우크라이나를 여전히 차지하고 있었고, 크림반도 지역은 오스만투르크가 차지하고 있었다.

코카서스 지방에는 페르시아제국이 버티고 있었다. 1672년 즉위한 표트르 대제는 동쪽으로 시베리아 지역까지 국토를 확장시켰지만 서부와 남부 국경은 여전히 스웨덴과 폴란드-리투아니아, 페르시아에 막혀 있어 이 땅을 장악하지 않고서는 국가의 성장이 불가능하다는 점을 절감하고 있었다.

러시아는 우선 스웨덴을 몰아내고 서쪽 항구를 확보한다는 전략을 세워 외교적으로 폴란드와 덴마크와 손잡는 동시에 전쟁을 선포했다. 이 전쟁에서 스웨덴의 칼 12세는 표트르 대제에게 패배당해 결국 가지고 있던 영토, 잉그리아와 발틱 지역을 이양했다. 표트르 대제는 여기에 그치지 않고 이번에는 오스만투르크를 견제하면서 남쪽으로 페르시아를 공격해 코카서스 지방의 지배권을 확보하는 데 성공했다. 이로써 동쪽 끝 시베리아의 태평양부터 유럽의 서해 발틱해 그리고 북쪽 백해White Sea에서 코카서스의 카스피해까지 이어지는 세계 최대 영토를 가진 국가를 만드는 데 성공했다. 표트르 대제는 제국시대를 연 러시아의 영웅으로 추앙받고 있다. 이후 유럽 국가들은 러시아의 남하를 경계하며 러시아를 견제하는 정책을 펴야 했다. 표트르 대제의 뛰어난 정치적 역량, 비전 그리고 강한 국가를 만든 기술은 후일 일본 메이지유신의 연구 모델이 되기도 했다.

주변국 러시아를 세계 최강의 국가로 탈바꿈시킨 표트르 대제의 전략은 우리에게 어떤 시사점을 줄까? 그의 국가 개조 과정을 자세히 들여다보자.

대외교사절단, 선진국가들을 누비다

표트르 대제는 1672년 10살 때 왕으로 지명되었지만, 어머니의 섭정과 배다른 형제와의 공동 왕위 시절을 제외하면 독립적 통치 기간은 29년밖에 되지 않는다. 이 기간 동안 표트르 대제는 러시아를 주변국가에서 강한 국가로 탈바꿈시켰다. 표트르 대제는 재위 기간 중 중앙 및 지방 행정 제도 개혁, 상트페테르부르크 수도 건설과 이전, 조선 산업 육성과 최고의 해군 육성, 귀족 제도 철폐와 의회 설립, 조세 제도 개혁, 군·정부·사법기구의 지위 체계 혁신, 러시아정교회 개혁, 서구식 절대왕정의 도입 등을 이뤄내며 1721년 러시아제국을 선포하고 황제로 즉위했다.

그는 이 많은 개혁프로그램을 어떻게 하나씩 성공시킬 수 있었을까?

표트르 대제는 1697년 강대국 오스만투르크와의 전투에서 아조브를 점령하는 데 성공했지만 러시아 군사력의 한계를 파악하고 유럽의 도움을 청하기 위해 외교사절을 파견하기로 결정한다. 그리고 자신이 직접 외교사절의 일원으로 유럽에 다녀오기 위해 대외교사절단Grand Ambassador에 합류했다.

외교사절단 명단에는 눈에 띄는 이름이 3명 있다. 프란츠 레포르트Franz Lefort(노보고르드 행정장), 페도르 골로빈Fedor Golovin(시베리아 행정장), 프로코피 브즈니친Prokopy Vznitsyn(국가평의회 위원, 주지사)이 바로 그들이다. 이 3명을 주축으로 한 사절단은 총 20명의 귀족과 30명의 수행원으로 구성되었다. 수행원 중 한 사람이 표트르 미하일로프Peter Mikhailov, 바로 표트르 대제다. 왕의 신분을 숨기고 외교사절단 수행원으로 참가한 것이다. 왕이 직접 외교사절로 참가한 전례가 없는 데다, 왕이 직접 움직인다는 소문이 나면 오스만투르크가 침략할 우려가 있고, 신변 안전 문제도 있어 신분을 감춘 채 참가하기로 결정한 것이다.

외교사절단의 방문 목적은 오스만투르크 군대를 유럽에서 축출하기 위해 영국, 네덜란드, 신성로마제국, 프로이센과 군사적 협력 관계를 이끌어 내는 데 있었다. 동시에 유럽의 기술과 문명을 직접 눈으로 확인하고 러시아 발전을 위한 개혁의 아이디어를 얻기 위한 선진 국가 탐방의 성격도 가지고 있었다.

또 하나의 목적은 인재의 발굴이다. 유럽을 방문하는 동안 우수한 기술자를 직접 만나 인터뷰하려는 목적도 가지고 있었다. 유럽을 방문한 동안 누구를 만나고, 무엇을 보고 왔는지 그의 행적을 살펴보면 그의 목적이 무엇인지 명확해진다.

첫 번째 방문지는 스웨덴의 점령지 리보니아(현재 에스토니아 남부와 라트비아 북부). 이곳의 주지사를 방문해 새로 축조된 성곽을 방문하기를 원했으나 거절당하고 만다. 군사시설 보호가 그 이유였다. 외교사절단을 거절하는 것은 국제관계상 결례에 속한다. 표트르 대제의 노여움은 컸다. 이로 인해 후일 스웨덴과의 전쟁에서 반드시 원수를 갚겠다는 결의를 다졌다고 역사가들은 기록했다.

네덜란드로 가는 길에 프로이센의 수도 쾨니히스베르크에 들러 왕 프레드릭 1세를 예방한다. 그리고 성곽 축조 과정을 관찰해도 좋다는 허락을 받아낸다. 프레드릭 1세는 대포 제작소에 관심을 보이는 외교사절단에게 코펜부르게 대포 제작소 방문도 허락한다. 외교적 호의 관계는 종종 국가의 동맹 관계로 발전하는 경우가 많다. 동맹국으로 발전하지 않더라도 적어도 적국과 군사적 협력 관계를 맺지 않도록 하는 것 역시 중요한 전략 중 하나다. 표트르 대제는 프레드릭 1세와 터키를 공격하기 위한 군사적 동맹 관계를 체결하지는 못했지만, 친선 관계를 유지하면서 적국 스웨덴을 공략할 때 공조하자는 데 합의한다. 1700년 이 만남은 스웨덴을 공격할 때 매우 중요한 역할을 하게 된다.

러시아 외교사절단 일행은 브란덴부르크를 지나 네덜란드의 잔담에 도착했다. 이때가 8월 17일. 3월 초에 출발했으니 5개월 보름 만에 방문의 최대 목적지에 도착한 셈이다. 러시아 왕이 포함된 외교사절단이 네덜란드를 방문한다는 소문은 빠르게 번져 나갔다. 표트르 대제는 키가 2미터 넘은 거구였기 때문에 사람들 눈에 쉽게 띌 수밖에 없기도 했다.

어린 시절 직접 배를 만들며 전쟁놀이를 즐겼던 표트르 대제는 네덜란드에 큰 관심을 갖고 있었다. 네덜란드는 당시 세계 최대의 해양국이었다. 세계에서 가장 큰 상선과 군함이 네덜란드에서 만들어졌다. 네덜란드의 첫 방문지로 택한 잔담에는 세계 최대의 조선소가 자리 잡고 있었다. 이곳은 당연히 표트르 대제의 최대 관심사였을 것이다. 이곳에서 그는 군함 건조 기술을 접할 수 있었다. 군함 설계부터 목재 가공, 기계 설비, 선박 장비 시설, 정비 등에 대한 지식을 쌓기 위해 그가 매일같이 잔담에 있는 모든 조선소와 설비 공장 등을 방문했다고 기록되어 있다. 지금도 잔담에서 표트르 대제가 8일간 묵었던 가옥이 박물관으로 보존되어 있을 정도다.

뒤이어 방문한 암스테르담에는 당시 세계 최대의 무역회사였던 네덜란드 동인도회사가 있었다. 이곳에서 그는 4개월 동안 머무르며 세계 최대의 상선 건조 공법 등을 배웠다. 당시 암스테르담 통치자 니콜라스 비첸Nicholas Witsen이 표트르 대제의 아버지 알렉세이 미하일로비치Alexis Mikhailovich와 만난 경험이 있었고, 러시아 귀족들과도 폭넓은 친분을 갖고 있었기 때문에 외교사절단을 동인도회사에 소개해 장기간 머무를 수 있는 특권을 부여했다. 비첸은 1671년 선박 건조 신기술에 대한 책을 출판할 정도로 선박 전문가였다. 표트르 대제가 유럽에 외교 사절을 파견하게 된 데는 비첸의 보이지 않는 영향력이 크게 작용했다. 비첸은 암스테르담 시장으로 임명되기 전 동인도회사의 총책임자였기 때문에 큰 영향력을 가지고 있기도 했다.

표트르 대제는 4개월 동안 동인도회사 조선소에서 당시 최신 상선 건조에 직접 참여해 모든 공정을 배울 수 있는 기회를 얻었다. 표트르 대제는 배를 만드는 기술뿐 아니라 운항 기술, 기계 시설 등을 모두 배워 귀국 후 러시아 함대의 조직에 활용하고자 했다. 네덜란드를 방문한 동안 조선소에서 일하던 기술자, 항해사, 갑판원 등 700명을 동인도회사 조선소를 통해 고용해 러시아 조선소 건설에 바로 투입할 수 있는 만반의 준비를 갖췄다. 러시아의 강대국 부상을 위해 비첸은 보이지 않게 엄청난 조력을 했던 셈이다.

외교 관계를 구축하기 위한 노력에도 심혈을 기울였다. 그는 암스테르담에 머무는 4개월 동안 어렵게 오렌지 공 윌리엄을 만나 러시아와 네덜란드의 군사 협력 관계를 진전시켜 오스만투르크 세력을 견제하려 했으나 실패하고 말았다. 네덜란드는 경제적으로 상업 및 국제무역에 의

존했기 때문에 지중해를 따라 중동, 아프리카, 인도에 이르는 무역로를 확보해야 했으므로 오스만투르크와의 관계를 악화시킬 이유가 없었다.

표트르 대제는 정치외교적 목표에는 실패했지만 이를 대신 당대 최고 과학자, 기술자, 예술가, 사상가 들을 만나 앞선 문명의 정신과 기술을 배우는 기회로 삼았다. 네덜란드의 최고 해부학자인 프레드릭 루이시Fredrik Ruysch 레이든대학 교수의 강의를 청강하면서 해부 실습에도 직접 참가하는 등 인간의 생체와 병리학에도 많은 관심을 기울였다. 해부학에 심취해 루이시 교수의 해부실습실에 있던 전문서적과 장비를 구입하기도 했다. 1716년에서 1717년 사이 두 번째로 네덜란드에 방문했을 때는 생물질병분류학자인 알버트 세바Albert Seba가 설립한 알버트 세바 의학박물관을 찾아 개인소장품을 모두 구입해 러시아에 새로 지은 과학박물관Chamber of Science에 진열하도록 했다. 이 박물관은 후일 인류인종박물관으로 그 이름을 바꾼 채 현재까지 당시 구입한 물품들을 전시하고 있다.

다음으로 도버해협을 건너 영국을 방문해서는 그리니치에 있는 영국왕실 정박장에서 거행된 영국 해군의 기동훈련을 참관했다. 이곳에서 영국의 최신예함들의 기동훈련을 보면서 표트르 대제는 엄청난 충격에 휩싸였다. 그는 낙후된 러시아 해군을 재건하지 않고서는 강대국으로 부상할 수 없다는 것을 절감했다. 이에 영국을 방문한 동안 함대 조직에 대해 잘 아는 사람을 멘토로 삼고자 했다. 그 결과, 하위치 시장을 역임했으며 표트르 대제가 방문했을 당시 하위치 지역구 출신 하원 의원직을 수행하고 있던 앤서니 딘Anthony Deane을 멘토로 임명했다. 딘은 영국 템스 강 어귀에 위치한 울위치 조선소에서 군함 도면을 직접 설계한 경력이 있는 군함 전문가로, 1670년《해양설계의 원칙Doctrine for Naval Architecture》을 출판해 널리 알려진 인물이다. 표트르 대제는 이 책을 통독할 정도로 깊은 관심을 보였다. 영국에 머무는 동안 그는 딘과 교제하면서 영국 군함 건조의 역사와 기술 등의 정보를 접할 수 있었다. 이와 함께 동전 제작소, 왕립천문대, 왕립협회, 총포 제작 공장 등을 방문해 영국의 앞선 문명과 기술을 습득하는 데 총력을 기울였다. 기록으로 정확히 남아 있지는 않지만 표트르 대제가 당대 최고의 과학자였던 뉴턴을 만났을 것이라고 러시아 역사서는 기록하고 있다.

그다음 방문지는 맨체스터로 정해졌다. 수도 이전을 위한 아이디어를 얻기 위해서였다. 표트르 대제는 모스크바가 내륙에 있어 러시아가 성장하려면 발틱해를 품고 있는 도시로 수도를 옮겨야 한다는 확신을 가지고 있었다. 맨체스터는 당시 영국의 떠오르는 도시로, 직모 산업 등이 부흥하고 있어 역사와 산업이 숨쉬는 좋은 수도 모델로 여겨졌다. 이곳에서 그는 역사적 건물, 운하, 도시계획, 건축 방식 등을 도시공학적 차원에서 상세히 연구해 후일 상트페테르부르크를 건설할 때 벤치마킹 모델로 삼았다.

이후 그는 영국을 떠나 라이프치히, 드레스덴, 프라하, 빈을 방문해 당시 신성로마제국의 황제인 레오폴드 1세Leopold I를 만나 오스만투르크 공격을 지원해 달라고 요청했으나 뜻을 이루는 데 실패했다. 베니스로 향할 무렵 본국에서 궁정수비대의 반란이 있었다는 소식을 들은 표트르 대제는 급히 귀국길에 올랐다. 모스크바로 돌아가기 전에 라바(현재 우크라이나 서부 리비우 지역)에서 폴란드 왕 아우구스트 2세August II를 예방해 스웨덴 영토를 함께 공략하기 위한 군사 협력 관계를 구축했다. 귀국하자마자 표트르 대제는 바로 반란을 제압하고 스웨덴이 점령하고 있던 핀란드 지역에 있는 잉그리아(현재 상트페테르부르크), 에스토니아와 라트비아를 공략하기 위한 준비에 박차를 가했다.

외교사절단의 의미

표트르 대제가 이끈 외교사절단이 서유럽을 방문한 기간은 1697년 3월 9일부터 1698년 8월 25일까지 총 17개월 20일. 한 나라의 통치자가 1년 6개월 동안 왕위를 비우고 해외연수를 나간 경우는 세계 역사에서 그 전례를 찾기 힘들다. 표트르 대제는 스웨덴 점령지였던 리가, 프로이센의 수도 쾨니히스베르크, 브란덴브르크, 네덜란드, 영국, 다시 네덜란드, 빈, 라이프치히, 드레스덴, 바르샤바 등을 차례로 방문했다. 스웨덴 성주가 예방을 받지 않겠다고 한 리가를 제외하고 나머지 지역에서는 융숭한 대접을 받아가며 성공적으로 외교 활동을 펼쳤다.

공식적으로는 외교사절단이었지만 사실은 앞선 서구 문명과 기술을 직접 체험하고 배우는 탐구의 목적과 조선 기술자를 스카우트하기 위한 헤드헌팅의 목적이 더 강했다. 세계 최고의 군사기밀을 얻어내는 기회이기도 했다. 이때 표트르 대제 일행이 네덜란드와 영국의 앞선 문명과 군사시설, 과학기술을 접하지 못했더라면 러시아제국은 아마도 세계사의 전면에 떠오르지 못했거나 아니면 지금보다 훨씬 더 초라한 모습이었을 것이다.

여기서 확인할 수 있는 한 가지 놀라운 점은 표트르 대제의 끝없는 탐구 열정이다. 네덜란드와 영국에서 서구 문명을 배우는 동안 그는 단 한 번도 사냥 같은 외유를 즐기지 않은 채 다양한 정치지도자, 학자와 만나면서 정부 구조 개선, 사회문제 해결, 의식 개혁을 위한 방법을 논의했으며, 앞선 과학기술과 문명을 배우는 데 시간을 할애했다고 러시아 역사가 S. 크뉴아즈코프S. Knyazkov는 1914년 출판된 책《표트르 대제의 시대와 행적》에 기술했다. 어디까지가 사실이고 어디까지가 만들어낸 이야기인지는 몰라도, 적어도 간절하게 국가의 개혁과 번영을 위해 고민하고 노력한 그의 모습을 의심할 수는 없다. 1997년 러시아 사학자 미하일 헬러Mikhail Heller는《러시아제국사History of the Russian Imperialism》에서 "유럽에 대해 내가 무엇을 모르는지 연구해 볼 필요가 있다"고 적은 표트르 대제의 기록을 지적하며 이를 통해 지적 관심을 넘어 러시아가 갖지 못한 것을 가지고 있는 유럽에 대한 동경과 질투 그리고 러시아를 한참 앞서가는 국가로 만들어보고 싶어 하는 그의 열망을 엿볼 수 있다고 설명했다.

그런데 50명 이상의 많은 사절단을 1년 6개월 동안 외유에 동참시킨 이유는 무엇일까? 비용도 만만치 않았을 것이다. 그럼에도 외교사절로 50여 명의 귀족들, 군과 왕실의 젊은 관료들을 데리고 간 이유는 명확하다. 그들에게 강대국의 문화, 과학, 기술, 예술 그리고 정치 체제와 사상을 접하게 함으로써 직접 눈으로 보고 느끼고 반성하면서 새로운 국가를 만드는 개혁 작업에 동참해 달라는 뜻이었을 것이다. 통치자 혼자만의 힘으로는 개혁을 완성할 수 없다. 머리와 가슴으로 함께 고민하고 손과 발이 되어 뛰어주는 사람이 없으면 총체적 개혁은 거센 저항을 받아 실패할 확률이 높아질 수밖에 없다. 반대하는 사람이 나타나면 큰 세상을 보고 돌아온 국가 엘리트들이 직접 방패막이 역할도 해 줄 수 있다. 경험만큼 강한 설득의 무기는 없다. 표트르 대제가 러시아를 개조하는 데 성공할 수 있었던 이유는 국가 개조에 대한 본인의 뜨거운 열정도 있었지만, 무엇보다도 함께 외교사절단의 일원으로 해외를 살펴보고 돌아온 후 그의 개혁 프로그램을 실행하는 데 두뇌와 손과 발이 되어준 행동대원들이 있었기 때문이었다.

표트르 대제의 열정이 일구어낸 승리

외교사절단을 이끌고 귀국한 후에도 표트르 대제의 연구는 계속되었다. 1710년 스웨덴 영토였던 리보니아를 점령한 후 관찰한 결과 주민들이 스웨덴의 통치에 매우 만족하고 있다는 데 그는 매우 놀랐다. 스웨덴이 통치하는 동안 시장질서와 법 체계가 잘 지켜졌기 때문에 주민들은 통치자가 러시아로 바뀌는 것에 큰 우려를 나타냈다. 이에 표트르 대제는 스웨덴의 통치 방식을 이해하기 위해 연구를 거듭한 결과, 강력한 법과 행정 제도의 정착이라는 답을 얻었다. 정부가 정해 놓은 법을 공평하게 시행하고 법을 어기는 사람은 사법적으로 재판을 받게 함으로써 질서를 존중하게 된다고 본 것이다.

그에 따라 표트르 대제는 스웨덴의 통치 방식을 러시아에 이식시키고자 시도했다. 공무원, 군, 사법 제도의 계급 체계를 정비하고 지방 귀족 세력의 통치력을 약화시키는 동시에 중앙통제를 강화해 나갔다. 토지세와 주택세를 폐지하고 주민세를 도입해 개인별 소득에 따라 세금을 징수하도록 했다. 일종의 평등세로 세금 납부자를 세분화해 세수를 확대했다. 1714년부터는 귀족, 고급 및 하급 관료 자녀들의 교육을 의무화하고 과학, 수학, 기하학을 반드시 배우도록 하는 교육 내용을 공표하고 시행했다. 또한 이 모든 것이 잘 시행되고 있는지 국가평가기관이 평가하고 보고서를 작성하도록 했다.

1724년 설립한 상트페테르부르크 왕립과학원St. Petersburg Academy of Sciences은 영국왕립협회를 모델로 삼아 국가의 과학 발전이 국가의 군사 및 기술력 발전에 기여할 수 있도록 국고로 과학자들을 지원하는 일을 담당했다. 러시아 군대를 개혁하기 위해 앞선 군대를 역할모델로 삼고 연구하기도 했다. 유럽의 용병 중 가장 용맹스럽고 전투에서 혁혁한 전공을 세운 말타기병대Knights of Malta 조직을 연구하기 위해 귀족 출신 장군인 보리스 셰르메테프Boris Shermetev를 파견해 훈련 방법, 군사 조직, 대 운영 전술 등을 연구하라는 임무를 주었다. 그가 돌아온 후 표트르 대제는 러시아 군대에 말타기병대의 전술을 도입하고 해군에게도 이를 적용하기 시작했다. 그의 끊임없는 연구와 강한 군대를 만들기 위한 개선 노력을 엿볼 수 있는 부분이다.

또한 러시아 문화가 아직 세련되지 못하고 야만적인 점을 개선하려

노력했다. 18개월 동안 유럽의 문화를 경험하면서 러시아보다 앞선 궁중 문화, 음식 문화, 의복 및 외관 등에도 신경 쓰기 시작했다. 유럽식 의복을 착용할 것과 러시아 귀족들이 오랫동안 귀중하게 생각해 온 긴 턱수염을 제거하라는 명령을 내렸으나 반발이 심하자 높은 턱수염세 beard tax를 도입, 징수하기도 했다. 이를 계기로 러시아 귀족들도 조금씩 유럽과 유사한 모습을 갖춰가기 시작했다. 나아가 유럽과의 차이가 가장 큰 달력을 유럽과 일치시키고자 시도했다. 전통적인 비잔틴 방식 달력에 따라 9월 1일 해가 바뀌던 것을 서구처럼 1월 1일 해가 바뀌는 율리안력으로 바꿔 7208년 대신 1700년을 사용하도록 한 것이다. 이렇듯 그는 몸부터 생각, 음식, 문화, 정치, 군사조직까지 총체적으로 바꿔 국가 전체를 새롭게 만들어보려는 의도를 가지고 있었다.

　수도를 이전하기 위해 그는 1700년 스웨덴과 전쟁을 선포했다. 전쟁 초반 스웨덴은 강한 모습을 보였다. 나르바전투Battle of Narva에서 러시아는 스웨덴 칼 12세에게 일격을 당하고 후퇴할 수밖에 없었다. 하지만 스웨덴 왕은 전략적 패착을 두고 만다. 러시아와 군사동맹을 맺은 남쪽 폴란드를 먼저 치기 위해 군사를 남쪽으로 이동해 전력을 소모하는 사이 표트르 대제는 1703년 잉그리아에 드디어 상트페테르부르크를 건설하기 시작한다. 만약 스웨덴이 러시아와의 전투에 집중했다면 러시아의 싸움은 힘들어졌을 것이라고 역사가들은 지적했다. 남쪽에서 폴란드와 싸워 승리한 후 다시 러시아로 진격한 스웨덴군은 충분히 재조직한 후 전투에 임한 러시아군에게 마지막 일격을 당하고 폴타바전투에서 완전히 궤멸당하고 만다. 최정예 엘리트 군단 7,000명이 전사하고 2,800명이 생포된 이 전투에서 스웨덴 왕 칼 12세는 러시아의 적국 오스만투르크 영토로 도주해 도움을 요청한다. 이 전쟁으로 러시아는 스웨덴으로부터 발틱 지역을 얻었으며 스웨덴의 절대군주시대, 북유럽 강대국의 시대는 완전히 종지부를 찍게 된다.

러시아의 전략은 주효했다. 러시아는 프로이센, 폴란드, 덴마크와 동맹을 체결해 스웨덴의 주력군을 분산시키는 전략을 펼쳐 성공을 거뒀다. 대외교사절단의 첫 방문지였던 스웨덴의 리보니아에서 당한 외교적 굴욕을 멋지게 앙갚음한 셈이다. 그리고 스웨덴이 1583년부터 점령하고 있던 옛 영토를 회복하고 그곳에 러시아제국의 새 수도 상트페테르부르크를 1712년에 완공하며 세계에 대제국의 탄생을 알렸다.

이 전쟁은 전적으로 러시아 외교의 승리라 할 수 있다. 바로 대외교사절단의 방문 효과가 전쟁의 승리로 직결되었기 때문이다. 러시아의 부상은 표트르 대제의 강대국 연구를 통한 국가 개조 비전, 개혁 세력 육성, 외교를 통한 전쟁 수행 등을 결합시킨 작품의 결과라 할 수 있다. 국가를 새롭게 개조하고 싶은 사람은 300년 전 50여 명의 외교사절단을 이끌고 선진문물을 해부하다시피 연구하고 배우려 했던 표트르 대제의 지략을 한번 자세히 들여보아야 하지 않을까?

급속한 쇠퇴와 몰락

표트르 대제가 이룩한 업적 중 하나는 바로 러시아제국 건설이다. 그가 죽은 1725년 이후 권력 승계 문제로 잠시 주춤했으나, 그의 딸 엘리자베타 1세가 즉위하면서 아버지 세대의 영광을 되찾았다. 영국 헨리 8세의 딸 엘리자베스 1세가 아버지의 영광을 되찾은 것에 버금가는 업적을 남긴 것이다. 엘리자베타 1세는 재위 21년 동안 아버지가 못 다 이룬 영토 확장 작업을 통해 스웨덴과의 전쟁에서 승리한 후 핀란드 지역으로 영토를 넓혀갔으며, 오스트리아 계승전쟁을 통해 남하정책을 성공적으로 수행해 영토를 확장시켰다. 엘리자베타 1세는 또한 예술, 오페라, 연극, 건축, 교육, 궁중문화 등의 부흥에도 큰 업적을 남겼다. 아버지가 만들어놓은 새 도시에 예술과 문화를 꽃피운 셈이다. 왕립예술원Royal Academy of Art과 모스크바대학 설립 등은 엘리자베타 1세 재임 기간 동안 이뤄진 대표적 업적으로 꼽힌다.

엘리자베타 1세는 후세가 없자 독일의 홀스타인 고토르프Hollstein-Gottorp 귀족 집안에서 입양한 양자를 후계자로 지명했다. 바로 친언니의 아들이자 자신의 조카인 표트르 3세였다. 며느리인 카타리나도 독일의 같은 집안 사람이었다. 러시아에 독일의 피가 수혈된 것이다.

엘리자베타 1세의 가장 큰 치적은 바로 카타리나를 며느리로 삼은 것이었다. 왜 그럴까?

엘리자베타 1세가 7년전쟁 중 서거하자 표트르 3세가 왕으로 즉위했다. 카타리나는 남편 표트르 3세가 친프로이센 정책으로 러시아 군대를 프로이센에 편입하려는 계획을 가지고 있는 것을 간파하고 쿠데타를 일으켜 남편을 살해하고 자신이 직접 국왕으로 즉위한다.

러시아는 독일 피를 가진 카타리나가 집권한 34년 동안 황금기를 구가한다. 그녀는 정복 군주였다. 동쪽으로 베링해에 이르는 땅을 완전히 러시아 영토로 귀속시켰고, 유럽에서는 우크라이나를 점령했으며, 알래스카로 영토를 넓혀 북아메리카까지 영토를 확장시켰다. 또한 오스만투르크를 완전히 몰아내고, 흑해와 카스피해의 안정적 통치를 이룩했다. 이 모든 것을 옐리자베타 1세의 간접적 치적으로 여길 수밖에 없는 것은 카타리나가 재임 기간 중 영국, 프랑스, 프로이센과 함께 러시아를 4대 강국으로 자리 잡게 하는 데 결정적 역할을 해 냈다는 점 때문이다. 역사가들은 그녀의 치적을 높이 평가해 카타리나 대제라 부른다.

표트르 대제 때 시작된 러시아제국은 1700년대 최고의 황금기를 맞았다. 러시아의 등장은 다른 강대국을 긴장하게 만들었다. 세계인들은 러시아가 스웨덴, 폴란드, 카스피해를 넘어 영국이 지배하는 인도까지 남진할 것으로 보고 경계했다. 러시아의 남하를 막기 위해 호시탐탐 기회를 엿보던 중 1853년 오스만투르크가 점령하고 있는 흑해의 크림반도를 러시아가 공격하자 영국과 프랑스는 파병을 결정해 러시아를 견제했다. 계산된 수순이었다.

러시아는 산업혁명을 통해 영국과 프랑스가 해군력을 증기선 전함으로 교체하는 동안 군의 현대화를 추진하는 데 실패했다. 특히 영국 해군은 7년전쟁 이후 세계 최강의 군사력을 보유하고 있었고, 아프리카와 아시아로 세력을 팽창하는 중이었다. 러시아의 전력이 예전 같지 않다는 것을 간파한 영국은 프랑스와 함께 러시아에 침략당한 오스만투르크를 도와준다는 명목으로 빠르게 참전을 선언해 러시아군을 격파한다. 러시아는 기동력과 화력의 열세를 극복하지 못하고 22만 명의 전사자를 내며 완전 참패해 전쟁에서 항복한다. 운이 없게도 전쟁 중 니콜라이 1세$^{Nicholas\ I}$가 서거해 전쟁을 빨리 끝낼 수밖에 없기도 했다.

1800년대 초까지 그렇게도 강했던 러시아제국이 이처럼 빠르게 쇠퇴한 원인은 어디에 있을까? 바로 산업혁명이다. 폴 케네디 예일대 교수의 자료를 보면 명확해진다. 1750년대에 영국이 세계의 경제대국으로 등장하면서 경쟁국을 빠르게 앞서가는 동안 러시아는 100년간 거의 답보 상태에 머물러 있었다. 1900년 당시 영국의 1인당 산업화지수를 100으로 볼 때 영국은 1750년 10에 머물렀지만 1830년 2.5배(25), 1860년에는 다시 2.5배(64)로 빠르게 성장하는 동안 러시아는 1750년 6, 1800년 6, 1830년 7, 1860년 8로 산업화가 전혀 이루어지지 않았다. 영국이 산업 제조 국가로 발전하는 동안 러시아는 여전히 농업 국가로 남아 있었던 셈이다.

세계 제조업 산출$^{Manufacturing\ output}$ 비율로 비교해 보면 사정은 더욱 명확해진다. 1750년 러시아는 제조업 산출 기준 세계 1위였다. 러시아는 표트르 대제 이후 엘리자베타 1세가 통치하는 기간 동안 군함 건조, 대포 및 총포 생산, 철 제련 능력 등에 있어 5퍼센트로 영국의 1.9퍼센트를 훨씬 능가했다. 그러나 1830년에 와서는 반대로 영국이 9.5퍼센트, 러시아가 5.6퍼센트로 상황이 완전히 역전됐다.

1인당 국민소득은 국력의 수준을 알려주는 또 다른 지표다. 러시아는 전쟁 직전 1850년 기준으로 1인당 국민소득이 영국의 40퍼센트 수준에도 미치지 못했다. 크림전쟁이 발발하기 직전 영국은 축적된 부를 바탕으로 군의 현대화를 이뤘다. 프랑스는 영국보다 산업화가 늦게 진행됐지만 1850년대까지 유럽에서 1인당 국민소득 2위를 차지하고 있었다. 유럽에서 산업화가 가장 빠르게 진행된 두 나라인 영국, 프랑스와 전쟁을 한 러시아가 패배할 수밖에 없었던 이유다.

산업화에 뒤진 결과는 전쟁 중에도 확인되었다. 러시아군의 소총은 사거리가 200야드(약 183미터)에 그쳤지만, 영국과 프랑스의 현대화된 장비는 무려 1,000야드(약 915미터)를 넘어섰다. 2년 동안 진행된 전쟁에서 러시아에 48만 명이나 되는 엄청난 전사자가 발생한 이유는 근접 거리에서 벌어진 육탄전 때문이 아니라 바로 화력의 열세로 인한 소총과 대포의 위력 때문이었다.

군의 전력 약화도 패배의 원인으로 꼽힌다. 비상 전시 체제 때 투입할 훈련된 상비군이 부족했다. 전쟁이 시작된 이후에야 40만 육군을 급히 투입했지만 훈련도 제대로 받지 않은 초년병이라 숙련된 영국군과 프랑스군을 당해 낼 수 없었다.

군사 측면에서 또 한 가지 패인은 바로 병참 보급 문제에 있었다. 영국은 증기선으로 3주 만에 식량, 의복, 군 막사용 텐트 등 전쟁물자가 보급되었지만 러시아는 모스크바에서 육로를 따라 마차로 식량과 장비가 보급되었기 때문에 전쟁물자가 보급되는 데 3개월이나 소요되었다. 모스크바에서 크림반도까지 가는 길은 우기 때는 온통 진흙탕이 되어 움직임이 더뎌질 수밖에 없었다. 당연히 보급이 늦어질 수밖에 없는 상황이었다. 무엇보다도 식량 보급이 제때 이루어지지 않아 병사의 영양 상태와 사기가 급격히 떨어졌다.

이보다 더 심각한 문제는 2년 동안 전쟁을 치르면서 러시아의 국가 재정이 완전 파탄 상태에 이르렀다는 점이었다. 전쟁 중 러시아의 주력 수출품인 식량 수출로가 영국 육군에 의해 차단되자 자금이 고갈되는 곤경에 빠졌다. 루블화 가치는 전쟁 전보다 거의 배나 떨어져 외환시장에서 루블화를 교환하려면 많은 손해를 감수해야 했다. 암스테르담과 베를린에서 차관을 들여오려고 했으나 한계 상황에 이르자 이조차 더 이상 불가능해졌다. 어쩔 수 없이 마지막 수단으로 러시아 정부는 루블화 지폐를 다량 인쇄해 방출했는데, 그 결과 시장에서 인플레이션이 발생해 불만에 찬 농민들이 서서히 봉기에 나섰다.

전쟁이 시작된 지 2년 만에 러시아는 국가 부도 상태 직전까지 치달았다. 항복밖에 다른 퇴로는 없었다. 전쟁물자와 장비, 식량, 봉급 등을 공급하는 데 드는 전쟁 비용은 러시아 정부의 예산을 빠르게 고갈시켰다. 전쟁에서 승리하려면 비축자금이 풍부해야 한다는 사실을 또 한 번 확인시켜준 셈이다.

또 한 가지 러시아의 결정적 패배 요인으로 외교력의 부재를 들 수 있다. 표트르 대제, 엘리자베타 1세, 카타리나 대제가 구사했던 외교적 능력이 크림전쟁에서는 제대로 발휘되지 못했다. 나폴레옹과 대항하면서 결성된 신성동맹Holy alliance은 프로이센, 오스트리아, 러시아가 주축이 되어 유럽의 군사 외교 관계를 형성하고 있었다. 1848년 오스트리아-헝가리 제국에서 시민혁명이 일어나 제국이 거의 붕괴 직전에 빠졌을 때 러시아는 20만 육군을 급파해 오스트리아 제국을 구해 준 전례가 있다. 그래서 러시아는 영국과 프랑스가 러시아를 공격할 때 오스트리아가 당연히 지원해 줄 것으로 생각했다. 하지만 오스트리아는 군대를 보내는 대신 결국 중립을 선언했고 러시아가 빠져나간 일부 땅을 자국의 영토로 귀속시키는 실속외교를 택했다.

전쟁의 실패는 종종 외교의 실패에 기인하는 경우가 많다. 외교의 실패는 정보, 신뢰, 능력의 부족으로 상대방을 제대로 파악하지 못할 때 발생한다. 러시아가 전쟁에서 패배할 것으로 분석한 오스트리아는 전쟁 초기부터 실리를 추구한 정책을 구사했는데, 러시아는 이를 예상하지 못했던 것이다(하지만 역사는 되풀이된다. 1867년 오스트리아가 프로이센에게 침공당했을 때, 어떤 나라에게도 외교적 지원을 받지 못해 오스트리아는 전쟁에서 패배한 후 강대국의 지위에서 완전히 멀어졌다. 이는 외교에서 신뢰가 얼마나 중요한지를 알려준 사건이다).

크림전쟁 이후 러시아의 국력은 급격히 기울었다. 러시아는 결국 1905년 아시아의 떠오르는 제국이던 일본에 패배한다. 이후 국력이 쇠약해지며 1905년 시민혁명, 1917년 2월혁명과 10월혁명으로 러시아제국의 시대는 완전히 막을 내린다. 일본과의 전쟁에서 패배한 후 일어난 1905년 혁명 때 개혁의 마지막 기회가 있었지만 니콜라이 2세_{Nicholas II}는 입헌군주제를 요구하는 시민들의 목소리를 듣지 않고 억압과 착취를 택해 자멸의 길로 들어섰다.

러시아제국의 몰락은 경쟁 국가들이 빠르게 산업혁명에 돌입해 제조업을 바탕으로 경제력을 키우고 군사의 현대화를 이룰 때 산업화를 이루지 못한 것에 주된 원인이 있다. 산업화를 이루지 못한 이유는 경제적으로 농업에의 의존, 기업가의 부재, 산업 정책의 실패 등을 꼽을 수 있으나 가장 큰 원인은 역설적으로 차르 황제 체제의 전제성_{despotism}에서 찾을 수 있다. 강력한 군주의 권력 주변에 있는 귀족지주들이 농노 제도를 유지하면서 농촌 경제에 안주했기 때문에 산업화의 황금 기회를 놓친 것이 화근이 된 것이다.

서구의 산업혁명은 다섯 번의 역사적 사건과 연관되어 있다. 첫 번째가 1688년, 두 번째가 1776년, 세 번째가 1789년, 네 번째가 1861~1865년, 다섯 번째가 1848년이다. 영국은 1688년 명예혁명 이후 절대군주제가 무너지고 양원 중심의 입헌군주제로 제도적 개혁을 이루어냈다. 미국은 1776년 독립을 쟁취해 공화제를 수립했다. 프랑스는 1789년 시민혁명을 통해 절대왕정을 무너뜨리고 공화국으로의 험난한 길을 걸어갔다. 이 세 가지 사건은 바로 절대주의라는 일원주의가 무너지고 다원주의로 이행된 국가에서 가장 먼저 자본주의가 싹트기 시작했다는 사실을 보여준다. 미국에서 벌어진 남북전쟁은 노예 해방과 인간 평등이라는 이상을 실현시킨 민주화 운동과 궤를 같이하는 사건이다. 미국은 남북전쟁 이후 폭발적 산업혁명을 겪으며 경제 성장을 이루어냈다. 1848년은 프랑스의 절대주의가 한 번 더 무너진 해다. 이 해를 기점으로 자유화와 경제 발전이 더 빠른 속도로 진행되었다.

1917년 절대왕정이 무너진 러시아는 너무 오래도록 권위적 정부가 버티면서 역동적 산업혁명을 이루어 내지 못했다. 절대주의 국가에서는 기존 체제를 에워싼 세력이 기득권을 유지하고자 하기 때문에 대체로 새로운 사상과 경쟁을 용인하지 않는다. 자신의 기득권이 도전받기 때문이다. 경제 체제의 변화는 계몽군주가 나타나든지, 아니면 절대군주제가 무너져 자유경쟁 체제로 가든지 둘 중 하나가 전제되지 않으면 절대 이뤄지지 못한다. 전자가 표트르 대제 시절의 러시아제국 그리고 비스마르크가 빌헬름 1세 시절에 이룬 체제 변화의 모습이라면, 후자는 영국, 미국, 프랑스 그리고 1848년 이후 많은 유럽 국가들이 걸어간 길이다. 결국 러시아제국의 몰락은 체제 개혁의 시기를 놓친 결과인 셈이다. 기득권이 무너진 러시아는 사회주의가 이식되어 공산주의 소련의 출현을 예고했고, 자본주의 체제와 다른 계획경제 체제로 세계의 또 다른 한 축을 만들어 냈다.

일본

일본의 등장은 다른 강대국들의 등장보다 역동적이다. 일본처럼 빠른 속도로 세계 역사의 중심에 등장한 국가는 없다. 러시아만 하더라도 표트르 1세가 집권하는 동안 제국의 시작은 알렸지만 완전히 강대국으로 등장하기까지는 카타리나 2세가 집권한 1762~1796년을 기준으로 보면 60~90년이 걸렸다.

하지만 일본은 메이지유신이 시작된 1868년 이후 진행된 근대화를 통해 군사적 힘으로 청일전쟁에서 승리하며 타이완을 점령하고, 뒤이어 러일전쟁을 통해 한반도와 만주를 손에 넣은 시기까지 합치면 40년 만에 동아시아 강대국으로 부상했다. 이후 중국과 동남아시아를 손에 넣기 위한 대동아전쟁을 벌였으며, 1941년 미국의 하와이 태평양함대를 공격하는 등 무력 팽창을 감행해 나갔다. 1945년 두 번의 원폭으로 미국에 항복하기 전까지 세계사에서 일본처럼 빠르게 근대화를 성공시키고 강한 군대를 육성해 강대국의 위치로 올라선 나라는 찾아보기 힘들다.

은둔의 나라로 알려져 있던 일본이 이렇게 빨리 그리고 성공적으로 근대화를 이루고 군사적으로 팽창할 수 있었던 원동력은 어디에서 나온 것일까?

강제 개항과 혼란

1608년 도쿠가와 이에야스德川家康에 의해 시작된 에도 시대는 도쿠가와 막부 시대를 열었고, 이후 1854년 미국의 매튜 페리 제독에 의해 개항될 때까지 일본은 146년 동안 쇄국정책을 펴며 서양과 단절되어 있었다. 지역 다이묘大名들이 영주의 지위를 가진 농업 중심 국가였고, 당연히 지방 분권화 체제여서 중앙관료주의가 제대로 뿌리를 내리지 못하고 있었다. 지역의 다이묘들은 지역 내에서 세금을 걷을 수 있는 조세권을 가지고 무사 조직인 사무라이를 거느리는 등 자체적으로 군사적인 힘도 가지고 있었다. 미국에 의해 강제로 개항된 1854년까지는 적어도 도쿠가와 막부가 지배하는 체제에 도전할 다이묘는 없어 보였다.

1852년 밀러드 필모어Millard Fillmore 미국 대통령은 영국이 아편전쟁으로 중국을 유린하는 것을 보고 미국도 아시아에서 영향력을 확보하기 위해 국무장관 대니얼 웹스터Daniel Webster에게 명령해 페리 제독을 파견하기로 결심한다. 미국이 일본의 문을 두드린 것은 이것이 처음은 아니었다. 1844년 중국과 맺은 친선무역조약의 미국 비준서를 전달하고 돌아오던 제임스 브리틀James Brittle 통상대표가 두 척의 전함을 일본의 에도(현재 도쿄) 해안에 접근시켜 중국과 같은 통상 조건으로 개항할 것을 요구하다가 거절당한 전례가 있었다. 1837년에는 마카오에서 배가 난파해 표류하던 일본인 선원 7명을 태우고 이들을 일본에 송환할 목적으로 접근한 미국 상선 모리슨Morrison호가 위협사격을 받고 퇴각당한 경험도 있었다. 일본은 1825년에 발효된 "외국 국적 선박은 무조건 추방한다"는 칙령에 따라 대응했던 것이다. 미국 측은 자국의 국민도 보호하지 못하는 일본 정부에 정식으로 건의했으나 거절당하고 말았다. 하지만 미국은 브리틀 통상대표의 보고를 받은 뒤 일본 개항의 필요성을 적극 검토했다. 필모어 대통령은 페리 제독에게 고메이孝明 천황에게 친서를 전달할 임무를 주면서 순순히 응하지 않을 경우 무력으로라도 개항시키라고 명령했다.

그렇다고 쇄국 정책을 펴는 동안 일본이 완전히 국경을 닫고 있었던 것은 아니다. 일본은 나가사키항의 류쿠 섬에서 중국 무역선을 받아들였다. 그리고 나가사키항의 인공섬 데지마에서는 네덜란드 상선의 입항을 허용해 정부가 철저하게 감시하고 있었다. 일본은 두 국가와의 무역만으로 충분하다고 생각한 것이다. 일본 지식인들의 학문에 대한 목마름은 이 두 창구에서 제공되는 서적으로 간신히 채워지고 있었다. 일본의 란가쿠는 이때부터 전파되기 시작한 서양학이었다. 1600년대부터 네덜란드에서 들여온 유럽의 문명과 사상, 예술품, 시계, 천체의, 지구의, 세계 지도 등은 일본 지식인층 사이에 널리 보급되어 있었다.

일본은 1635년 칙령으로 큰 배의 건조를 금지했기 때문에 전함이 없는 상태였다. 1808년 영국 포경선이 일본 근해에 출몰해 마실 물, 난파선 구조 등을 요청하면서 항구를 쓰게 해 달라고 요구했으나 거절한 사건이 있었다. 이후 일본 정부는 데지마에 오가는 네덜란드 상선을 통해 야전대포, 단거리형 대포인 박격포, 총포 등을 들여왔고, 란가쿠를 통해 전달된 선박 기술을 바탕으로 목조 범선 소헤이마루昇平丸를 1854년 말에 진수시켰다. 이 배에는 10문의 구형 대포를 자체 제작해 설치했지만 증기선인 서구 함선의 위력에는 비교도 할 수 없는 정도였다.

1844년 당시 네덜란드의 왕 윌리엄 2세는 천황에게 친서를 보내 외국에 의해 강제로 개항되는 상황이 되기 전에 외국과 외교 관계를 수립해 관계를 개선하라고 충고했으나 일본은 이를 끝까지 듣지 않았다. 1605년부터 유럽 국가 중 유일하게 무역을 허락받은 네덜란드는 우호적인 뜻으로 일본이 외국의 식민지가 되지 않기 위해서는 개혁해야 한다는 진심 어린 외교적 설득을 건넨 것인데, 일본 정부는 오히려 전통적 쇄국 정책을 포기할 수 없다고 하면서 국경을 굳게 닫아 걸었다.

한편 페리 제독은 전함 4척을 이끌고 에도를 향해 진격했다. 미국 전함에는 파괴력이 우수한 신무기가 장착되어 있었다. 이전의 대포는 대포알을 목표물에 명중시키는 것에 그쳤지만, 펙상탄Paixsan Shell이라는 신무기는 폭탄의 외피 안에 폭발물을 넣어 적중률이 높은 것은 물론 엄청난 파괴력을 발휘하는 신무기였다. 이 폭탄은 1805년 프랑스가 호레이쇼 넬슨Horatio Nelson 제독에게 패전한 이후 와신상담하며 만들어 낸 전술무기였다. 이미 프랑스 해군에 배치되어 멕시코와의 싸움에서 해안선 포격만으로 항복을 받아낼 정도로 파괴력을 인정받아 강대국 사이에 널리 알려져 있었다. 1853년 러시아가 오스만투르크를 상대로 전쟁할 때도 펙상탄을 사용해 대파시킬 수 있었다. 페리 제독이 지휘하는 4척의 전함 중 미시시피호에 10대, 서스케한나호에 6대 등 총 16대의 펙상포를 장착하고 있었다. 미국은 존 댈그런John A. Dahlgren 제독의 신 모델에 초기 펙상탄을 장착하고 있었기 때문에 당시 세계에서 가장 우수한 화력을 가지고 있었던 셈이다.

페리 제독은 펙상탄의 우수한 성능을 과시하기 위해 해안 포격을 가해 건물을 전폭시키는 위력을 보이면서 항복을 종용했다. 미 해군의 파괴력에 놀란 일본 군부는 결국 1854년 페리 제독의 요구를 무조건 받아들여 12개 항의 미일 평화 우호조약을 맺고, 쇄국 정책을 펼친 지 246년 만에 개항을 허락하고 만다. 12개 항에는 시모다(현재 도쿄 근처의 시조우카 현)와 하코다테(현 홋카이도 섬의 오시마부 현) 등 2개 지역의 개항, 외국인의 지역 내 자유로운 이주 및 이동, 난파 선원의 구금 금지, 무역 활동 허가, 무역을 위한 화폐 교환의 허용 등 일본 정부에 대한 미국의 독점적 지위 보장, 다른 외국과 조약 체결 시 이권 계약 등에 있어 미국에 우선권 제공, 시모다에 영사관 개설 등의 조건 등을 담고 있다. 조약의 내용을 보면 큰 문제가 없어 보인다.

하지만 이 사건 이후 미국은 4년 후 다시 불평등조약인 가나카와 조약神奈川條約을 강요해 일본에 절대적으로 불리한 무역조약을 체결하도록 했다. 이 조약은 관세를 형식적인 수준으로 최소화하고, 외국인을 대상으로 치외법권 조항을 두어 체포, 구금을 할 수 없도록 하는 등 불평등조약의 전형이라고 할 수 있다. 미국과의 조약이 체결된 이후 영국,

러시아, 프랑스 등도 미국과 같은 내용의 조약 체결을 강요해 일본은 서구 열강의 침탈을 막을 수 없었다.

이런 상황에서 수면 아래 있던 도쿠가와 막부의 지배에 반기를 드는 세력들이 조직화하기 시작했다. 미국과의 불평등조약이 체결된 후 14년 동안은 일본의 혼란기로 내란, 암살, 다이묘 간의 갈등이 첨예화되고 존왕양이尊王攘夷, 즉 천황을 다시 권좌에 복귀시키고 서양 세력을 몰아내야 한다는 민족주의가 불이 붙어 일본의 군국주의가 가속화하는 계기가 되었다.

미국 및 서양 열강들과의 불평등조약은 그때까지 은둔 국가였던 일본을 발칵 뒤집어 놓았다. 문제는 미국과 서명할 당시 천황의 동의가 없는 상태에서 조인했다는 점이었다. 미국 이후 영국, 러시아, 프랑스 등과 맺은 불평등조약을 주권 침탈로 인식한 서남 해안 지역, 특히 조슈 번 (현재 야마구치 현), 도사 번(현재 고지 현), 사가 번(현재 사가 현)의 다이묘들과 지역 지식인들 그리고 사무라이들이 도쿠가와 막부의 무능함에 분개하며 천황의 권좌 복귀와 서양 세력을 몰아내기 위한 존양왕이 운동을 무력으로 전개하면서 일본 정국은 혼란에 빠지게 된다. 왕의 허락이 떨어지지 않았는데도 개국 서명을 한 원로 정치인들은 사무라이에게 암살되기도 했다.

미국과 유럽의 강제 개항에 가장 적대감을 드러낸 조슈 번은 1863년 4월 외국인들이 일본에서 한 달 내 철수하지 않으면 강제로 공격하겠다고 선포함으로써 영국, 미국, 프랑스, 네덜란드가 공동으로 이들을 공격한 사건이 발생했다. 존왕양이의 기치를 들고 외국 선박에 사전 경고 없이 발포하는 조슈 번의 함포와 함대를 향해 영국, 미국, 프랑스가 공동으로 함포 사격을 가해 포진지와 일본 함선을 격멸시킨 것이다. 이를 빌미로 일본에 300만 달러의 배상금을 요구하자 경제적 능력이 없던 일본 정부는 효고 항을 바로 개방하고, 관세를 5퍼센트로 일괄 적용키로 합의했다. 결과적으로 국가가 더 큰 부담만 지게 된 것이다.

시모노세키 전쟁下關戰爭은 일본 지식인들에게 일본이 더 이상 외국의 군사적 위협을 힘으로 막을 수 없다는 것을 인식시켜준 계기가 되었다. 외국에 적대감을 가지고 있던 일본 지식인들은 이때부터 외국과의 협조를 통해 외국 문물을 들여와 국력의 열세를 극복하는 수밖에 다른 길이 없다는 점을 확인하고 전략을 바꿨다. 조슈 번의 지도자들은 영국 대사인 헨리 스미스 파크Harry Smith Parkes와 물밑협상을 시작했다. 당시 통역사였던 메이슨 사토Ernest Mason Satow가 이토 히로부미伊藤博文를 통해 조슈 번의 지도자를 암암리에 소개해 준 것이었다. 이후 조슈 번과 영국의 밀월관계는 일본 전체의 운명을 바꾸는 영일동맹으로 이어지면서 일본 해군 군함 건조를 지원하는 등 영국은 일본의 군사대국화를 가장 크게 지원해 준 은인 국가가 되었다.

개혁 초기 도쿠가와 막부와 가까이 있었던 나가사키 근처의 사쓰마 번(현재 가고시마 현)은 조슈 번의 도발을 주도한 세력을 제거하기 위해 1차 토벌에 나서는 등 두 다이묘는 적대관계에 있었다. 두 다이묘의 협조 없이는 사태가 더욱 악화될 것을 우려한 도사 번의 전략가 사카모토 료마坂本龍馬는 극적으로 사초동맹을 성사시킨다. 이를 통해 료마는 앙숙 관계인 두 다이묘를 화합하게 해 막부 시대를 종결시키고 메이지明治 천황을 다시 권좌에 앉힌 첫 단추를 꿴 셈이다. 사카모토 료마는 천황 복귀, 근대화, 군사대국화를 이끈 일본의 최고 영웅으로 각광받고 있는 인물이다.

사초동맹 이후 천황 세력이 막강한 힘을 바탕으로 에도로 진격해 오자 도쿠가와 막부는 군사적 항전보다 평화적 권력 이양을 약속하고 에도를 떠나 막부 정권은 종말을 고하게 된다. 1868년, 메이지 천황은 300년 가까이 이어진 에도 시대를 끝내고 일본의 새로운 최고권력자가 된다. 이 내전을 보신전쟁(혹은 무진전쟁戊辰戰爭)이라고 일본 역사가들은 기록하는데, 이는 일본의 새 시대를 연 역사적으로 중대한 사건으로 꼽힌다.

변화를 이끈 요인들

메이지 시대의 도래는 사쓰마와 조슈 지역의 도움이 없었다면 불가능했을 것이다. 사쓰마와 조슈 지역은 일본 최단 남서 해안에 위치하고 있어 나가사키를 통해 들어오던 서양 문물, 즉 란가쿠에 가장 많이 노출되어 있던 지역이기도 하다. 따라서 두 지역에는 란가쿠를 통해 접한 서양 문물의 높은 과학기술력을 빨리 흡수해 일본이 변화해야 한다는 의식을 가진 신지식인이 많았다. 일찍부터 부국강병론의 애국 사상에 고취된 학생들은 영국 공사 방화, 막부 동조 세력 암살 등의 테러 조직에 가담하기도 했다.

그중 조슈 번 다이묘의 재정적 지원을 받은 다섯 명이 1863년 불법으로 영국 유학길에 올랐다. 정부의 허락을 받지 않은 상태에서는 해외 국가와의 교류나 여행이 허용되지 않았기 때문에 이들은 밀항선을 타야만 했다. 이들은 상하이까지는 외국 무역선으로 이동했고, 상하이부터 런던까지는 아편을 실어 나르는 영국 무역선에 숨어 이동했다. 그 결과, 영국에 밀입국하는 데 성공했다. 다섯 명의 유학생 중 한 명이 바로 당시 22세였던 이토 히로부미伊藤博文였다.

이들 다섯 명은 런던에 도착해 영국협회 회원이자 화학 교수인 알렉산더 윌리엄슨Alexander William Williamson의 집에서 하숙하게 된다. 윌리엄슨은 영국화학협회장을 겸직하고 있던 당대 최고의 과학자였다. 이들이 윌리엄슨을 만난 것은 천운이었다. 이토는 윌리엄슨 교수의 집에 머물면서 영국식 예절, 영어 및 다양한 서양의 법과 제도를 배우면서 서양 문물의 우수성을 체험했다. 대영박물관, 성곽, 런던브리지, 해군시설, 공장들을 견학하면서 압도적인 국력의 차이를 목격한 이토는 일본 개국론으로 사상을 전환하게 된다. 영국에 오기 전까지만 해도 그는 서구를 파괴의 대상으로 여겼을 뿐이었다. 이들 5인방은 유학을 마치고 귀국해 이토와 함께 메이지유신을 이끈 근대화 주역으로 초대 총리, 외무장관, 초대 철도청장, 일본화폐제조청장, 산업부 장관 등을 역임했다. 런던대학은 이후 많은 일본 유학생들을 지속적으로 받아들였다. 2년 후인 1865년 사쓰마 번에서도 17명의 유학생이 런던대학에 도착해 같은 길을 걸었다.

막부 말기에는 국민들이 외국과 접촉하는 것은 금지했지만 정부 차원에서는 몇 차례 외교사절단을 파견했다. 1860년 미국사절단을 시작으로 1862년 1차 유럽외교사절단, 1863년 2차 유럽외교사절단이 파견됐다. 외교사절단 일행 72명의 미국 방문은 1858년 체결된 미일수호통상조약을 조인하는 데 목적이 있었지만 미국의 선진문물을 확인하기 위한 것이 더 큰 이유였다.

두 번째 외교방문단은 40명으로 구성되었고 1862년에 파견되었다. 프랑스, 영국, 네덜란드, 프로이센, 러시아, 포르투갈을 1년 동안 방문했는데, 그 목적은 유럽과 맺은 불평등조약으로 국내의 여론이 좋지 않아 개항의 연기를 요청하기 위해서였다. 유럽 국가들이 일본의 국내 사정을 고려해 1868년 1월부터 오사카, 효고, 에도, 니카타 등 4개 항구를 개항하도록 양보를 받아냈다는 점에서 큰 소득이라 할 수 있다. 또한 1862년 런던에서 연 세계박람회를 관람하고 전기 텔레그라프, 해저케이블, 방적기계, 해양엔진 등의 과학기술장비 기술을 눈으로 확인하고 돌아가 1867년부터 정식으로 세계박람회에 참가하는 계기를 마련하기도 했다.

뒤를 이은 제2차 유럽외교사절단 파견은 프랑스에 개방한 요코하마 항의 폐쇄를 논의하고, 1863년 시모노세키에서 있었던 포격 사건에 대한 사과를 받아내기 위한 목적이었다. 하지만 이들은 두 가지 모두 실패하고 빈손으로 귀국하고 만다. 1860년부터 1863년까지 세 번에 걸쳐 파견된 외교사절단은 막부 정권 말기에 천황 옹립파와의 투쟁, 불평등조약의 여파로 인한 민심의 이반 등으로 커다란 주목을 받지 못하고 내란이 일어나 곧바로 잊히고 말았다.

그럼에도 불구하고 3차에 걸친 막부 시절의 외교사절단 파견이 완전히 실패했다고는 볼 수 없다. 이를 수행한 사람들 중 귀국해 일본에 크게 공헌한 지식인들이 많기 때문이다.

그중 한 사람이 미국사절단과 1차 유럽사절단에 포함된 후쿠자와 유키치福澤諭吉다. 그는 미국과 유럽을 방문하던 중《영인사전》을 편찬해 주목을 받은 인물로《서양사정》,《영국의회》,《문명론지개략》,《서양인의 삶》등 여러 저서를 저술해 일본의 사상 운동, 국가 경영, 개화 운동에 크게 기여했다. 그는 란가쿠학원(서양학 대학)을 개설해 게이오대학으로 발전시키기도 했다. 또한〈시사신보時事新報〉라는 신문을 창간해 언론의 발전에도 기여했다. 회계학, 사회보험 등도 그가 일본에 소개한 학문 분야다. 일본이 아시아 발전의 주도적 역할을 해야 한다는 대동아경영권大東亞經營權과 탈아론脫亞論의 사상적 기초도 닦았다.

그의 명성은 조선까지 알려져 유길준, 박영효, 서재필, 김옥균 등 젊은 개혁인사들이 그를 찾아가 교육을 받기도 했다. 이는 조선의 개혁 운동에도 영향을 끼쳤다. 갑신정변이 실패한 후 조선이 개혁인사들을 처단하는 것을 보고 "조선 인민을 위해 조선 왕국의 멸망을 기원한다"는 정부 규탄서를 발표하기도 했다. 그의 논리는 "인민의 생명도, 재산도 지켜주지 못하고, 독립국가의 자존심도 지켜주지 않는 나라는 망해 버리는 것이 인민을 구제하는 길이다"라는 설명에 잘 표현돼 있다.

후쿠자와는 일본뿐만 아니라 조선, 중국, 베트남에까지 잘 알려졌던 학자로 아시아의 개혁 운동에 많은 영향을 끼쳤다. 그만큼 막부 시절의 외교사절단은 일본의 교육, 학문, 언론에 이르기까지 다양한 분야를 발전시킨 기폭제로 작용했고 일본이 군국주의로 나아가는 기초를 닦아 놓았다.

결정적인 변화의 동인은 1871년에 파견된 또 다른 외교사절단에서 찾아볼 수 있다. 1868년 메이지 천황이 집권한 이후에도 정치는 여전히 어수선했다. 정한론을 둘러싸고 극한 대립까지 가며 집권 세력 간의 갈등이 노출됐다. 정한론은 조선에 여러 번 수교를 요구해도 대원군이 권력을 잡고 있는 정부에서 쇄국 정책으로 일관하자 아예 자신들이 당했던 것처럼 무력으로 조선의 문호를 열자는 강경파의 이론으로, 아직 조선과의 수교가 시기상조라는 실용파와 갈등을 빚었다. 때마침 부산에서 활동하던 일본 상인들이 추방당하자 일본 내 갈등은 최고조에 다다르게 되었다. 결국 실용파가 승리하자 강경파가 항의의 의사를 표현하며 하야한 뒤 정부를 비판하는 세력으로 변하면서 정국은 더욱 불안해졌다. 강경파는 내란을 일으켜 정부군에 의해 진압당하지만 그 후유증은 오래 지속되었다.

실용파의 중심 인물로는 이토를 꼽을 수 있다. 실용파는 경제적으로나 군사적으로 완벽하게 준비되지 않았으니 일본이 서구와 경쟁할 수 있게 된 다음에 조선을 정복하자는 실사구시파였지 결코 평화주의자가 아니었다. 이 점은 후일 청일전쟁과 러일전쟁을 통해 여실히 드러난다. 정한론은 아직 수면 위로 떠오르지 않았을 뿐, 일본을 언제든 혼란에 빠뜨릴 수 있는 시한폭탄과도 같았다.

외교사절단이 거둔 수확

선교사이자 일본 정부의 고문으로 활동했던 네덜란드인 귀도 베르벡 Guido Verbeck은 당시 외무부 장관이던 이와쿠라 도모미岩倉具視를 만난 자리에서 일본의 개혁을 위해 독일식 모델을 연구할 것과 보다 완벽한 행정 개혁을 위해 세계 강대국을 직접 보면서 많은 영감을 얻어보라는 제안을 한다. 그는 러시아가 표트르 대제의 외교사절단 파견으로 국가를 부흥시켰던 예를 들어 설명했다.

1871년 메이지 개국 공신들은 봉건적인 지역 영주제를 폐지하지 않으면 언제든지 쿠데타가 발생할 수도 있기 때문에 지역 영주들의 권력을 견제하기 위해 정부에서 도지사를 임명하는 제도를 실행하고자 했다. 가장 시급한 것은 다이묘, 즉 번주들의 권력을 제한하는 것이었는데, 이를 위해 전국을 몇 개 지역으로 나누고 번 대신 현을 도입해 지역 영주의 권력을 제한하고자 했다. 지역 영주들은 내키지 않았지만 개혁 혁명 세력의 눈 밖에 날 것을 두려워해 행정 개혁에 동참할 것을 서약했으나 아직까지 불안한 상태였다. 미국과 유럽의 행정 제도를 연구할 겸 당시 최고실권자였던 이와쿠라는 베르벡의 제안을 받아들여 바로 특명 전권대사 자격으로 자신을 단장으로 한 외교사절단을 미국과 유럽에 파견하는 데 착수한다.

외교사절단을 준비하면서 그는 세 가지 목적을 정했다. 첫째는 새로 들어선 메이지 정부의 승인, 둘째는 1872년 7월 1일로 만기되는 불평등조약의 내용을 평등조약으로 재개정할 것, 셋째는 서구 문물의 확인과 연구였다. 하지만 참가자들의 면면을 보면 방문 목적이 무엇인지 정확하게 드러난다. 외교사절은 48명이고, 여기에 53명의 학생과 연구자들이 함께했다. 48명의 외교사절단에는 오쿠보 도시미치大久保利通(사쓰마 번 출신 사무라이로 메이지유신 3걸의 한 사람, 개국공신, 당시 내무부 장관), 기도 다카요시木戶孝允(조슈 번 출신 사무라이로 메이지유신 3걸, 개국공신, 봉건 행정 제도를 현대적 체제로 개혁한 인물), 이토 히로부미(조슈 번 출신, 개국공신, 당시 외교부 고문, 1870년에 미국으로 건너가 화폐 제도와 조세 제도를 연구하고 돌아와 1971년 일본의 신조세 제도 도입), 이외에 사학자 구메 구니다케久米邦武(사절단으로 다녀온 후 총 5권으로 된 사절단 유람기《특명전권대사미구회람실기特命全權大使米歐回覽實記》 저술), 관료 및 학자 등이 포함되었다. 유신 3걸 중 한 사람인 사이고 다카모리西鄕隆盛(사쓰마 번 출신으로 정한론의 강경파)는 사절단이 없는 기간 동안 일본의 최고실권자로 쿠데타 같은 만약의 사태에 대비해 국내에 머물면서 정국을 관리했다.

53명의 비공식 참가자에는 5명의 여성과 7세 아이까지 포함되었는데, 이들은 외교사절단을 수행하지 않고 미국, 유럽 각국 정부의 도움을 받아 원하는 곳에서 유학할 수 있었다. 이 중 가네코 겐타로金子堅太郎는 미국에 체류하면서 시어도어 루스벨트 대통령과 친분을 만들어 나중에 러일전쟁을 중재할 때 중요한 역할을 담당하기도 했다. 쓰다 우메코津田梅子는 당시 7세의 나이로 일본을 떠나 유학을 한 후 일본에 돌아와 쓰다대학을 설립했다. 마키노 노부아키牧野伸顯(사쓰마 번 출신, 피츠버그 유학)는 돌아와 도쿄대학 설립에 참여하고, 일본의 행정 개혁에 중요한 역할을 담당했다. 나카에 조민中江兆民(미국과 영국 방문 후 프랑스에서 법학 전공, 사회사상가) 등은 일본의 법과 사상에 상당한 영향을 끼쳤다. 외교사절단은 일본의 메이지유신 시대 이후 일본을 이끌어갈 인재를 함께 데려가 교육시키는 등 일본의 오늘을 있게 하는 데 중요한 초석을 놓은 셈이다.

1871년 12월 23일 요코하마 항구를 떠난 미국 아메리카 호는 1872년 1월 15일 샌프란시스코에 도착했다. 외교사절단은 열차 편으로 시카고를 거쳐 2월 29일 워싱턴에 도착했다. 미국의 발전한 기술을 보고 놀란 이와쿠라 단장은 출발할 때는 일본식 상투를 고집했으나 시카고에 도착한 뒤 머리를 자르면서 일본식 생각과 아집에서 벗어나 새로운 국가로의 부흥과 개혁을 다짐했다. 외교사절단은 미국에서 총 8개월 동안 지내며 미국 대통령부터 국무장관, 각계각층 지도자들과의 연회에 참석하고, 각 지방 유력인사들을 예방하며 미국과 친선 관계를 다졌다. 50명의 정부 인사들과 상대국 지도자들 사이의 친교는 양국 관계가 발전하는 데 상상할 수 없을 만큼 큰 영향을 주었다. 비록 미국과의 불평등조약을 개정하지는 못했지만, 미국 지도층과 폭넓은 친선 관계를 쌓고 많은 친일 인사들을 확보했으며, 일본의 엘리트들이 언젠가 미국 같은 선진 국가를 따라잡고 경쟁할 수 있어야 한다고 각성하게 만들었다는 점에서 사절단 방문은 일본 군국주의가 성장하는 데 엄청난 동기를 부여해 준 셈이다.

일본 외교사절단은 미국에 이어 1872년 8월 17일 리버풀 항구를 통해 영국에 도착한 이후 맨체스터를 거쳐 런던에 도착해 공식일정을 시작했다. 1863년 세계 최초로 건설된 런던지하철 탑승 체험을 시작으로 군사학교, 대영박물관, 왕립앨버트홀 등을 방문해 영국의 정치, 사회, 군사, 예술, 문화 수준을 직접 체험한 이들 일행은 영국의 국력에 모두 경악했다. 포츠머스에 있는 왕립조선소를 방문해 영국의 전함 건조 과정을 직접 견학하며 이때 대동한 도쿄 주재 영국대사 파크스에게 일본의 조선 산업 육성을 위해 영국 선박 기술자들을 파견하는 데 외교적으로 뒷받침해 주겠다는 약속까지 받아냈다. 파크스 대사는 조슈 번과 사스마 번 출신 인사들과 오래전부터 상당한 친분을 유지하고 있었고, 메이지정권이 탄생하는 데 뒤에서 보이지 않게 지원하는 등 일본에 우호적이었다. 뿐만 아니라 그는 영국과 친교를 형성하는 데 중요한 가교 역할을 해 주었다. 기술 및 과학, 학문을 발전시키고 행정을 개혁하고 군사력을 증강시켜야 하는 등 엄청난 국가적 과제를 안고 있던 일본으로서는 천군만마를 얻은 셈이었다.

사절단은 스코틀랜드 글래스고 클라이드 강변을 따라 형성된 당시 세계 최대 조선소를 방문해 상선, 구축함 등을 건조하는 모습을 견학했다. 선박 엔진 제조 공정 등도 관심의 대상이었다. 제철 공장, 교량, 철광석 광산, 뉴캐슬 어펀 타인의 윌리엄 암스트롱 공장을 방문해 영국 최대의 소총, 자동연발소총 등 무기 제조 과정을 살피며 일본의 무기 제조 공장에 대한 기본 골격을 구상할 수 있었다. 암스트롱사는 기관차, 자동차, 항공기 엔진까지 제조했기 때문에 이곳에서의 경험은 일본의 중화학 공업, 무기 산업, 철도 산업을 발전시키고, 항공기 제작 및 자동차 생산 기술을 갈고닦는 데 고스란히 활용됐다. 더비셔에 위치한 차스워스성을 방문해 영국의 건축, 예술, 교량 등의 건축에서도 많은 정보를 얻었다.

또한 빅토리아 여왕을 예방하고, 왕세자를 방문했으며, 런던과 각 지방에 방문할 때마다 연회와 공식만찬 형식으로 영국의 정재계, 학계, 문화계 인사들과 폭넓은 친분 관계를 형성할 수 있었다. 각국 유력인사들과의 친교는 국력 신장에 엄청난 영향을 미친다. 정부뿐 아니라 사회 각 분야에서 영향력을 발휘하는 지도자들을 만나면서 형성된 거미줄처럼 연결되어 있는 개인 친분 관계는 국가가 필요할 때 언제, 어떻게 영향을 미칠지 모르는 소중한 국가의 자원이 된다. 일본 외교사절단은 그러한 자원을 톡톡히 쌓았다. 이후 일본은 영국과의 관계를 지속적으로 발전시켜 영일동맹으로까지 친교 관계를 확대했고, 세계 열강의 외교 무대에 진출하는 데 교두보를 확보할 수 있었다. 일본 외교사절단이 당시 세계 최강대국 영국에서 4개월을 보내면서 영일 간의 관계 발전에 어떤 영향을 끼쳤는지 눈여겨볼 필요가 여기에 있다.

영국을 방문한 이후 사절단은 9개월 동안 10개국을 방문했다. 프랑스, 벨기에, 네덜란드, 러시아, 독일, 덴마크, 스웨덴, 오스트리아, 이탈리아, 스위스 등 앞선 유럽 국가들이 여기 포함되었다. 세계 강대국의 지위에 있었거나 현재 강대국인 국가를 총망라했다는 점에서 일본의 정치인, 관료, 학자 및 지식인 들이 어떤 자극을 받았을지 상상할 수 없을 정도다. 영국 귀족 자녀들 사이에서 시작된 그랜드 투어를 통해 영국이 세계 지배에 대한 꿈을 키웠듯, 일본 엘리트들이 유럽 그랜드 투어를 통해 어떤 구상을 했을지는 충분히 짐작할 수 있다. 지금 막 근대화를 시작해야 할 나라의 엘리트로서 갖는 책임의 무게는 그들이 돌아가서 무엇을 해야 할지 그리고 어떻게 해야 부국강병을 이룰 수 있을지 각오를 다지는 충분한 기회를 제공했을 것이다.

외교사절단은 돌아오는 길에 이집트, 아덴, 싱가포르, 사이공, 홍콩, 상하이를 거쳤다. 유럽에서 보았던 국가들의 완전히 반대에 있는 국가들이다. 돌아가는 경로를 결정하는 데도 영국과 프랑스의 역할이 컸다. 모두 두 나라가 지배하고 있는 국가들이었다. 두 나라의 식민지화가 진행되고 있거나 아직 이뤄지지 않았지만 자국의 주권을 잃거나 통제되고 있는 지역들이었다. 이집트는 프랑스가 주도적으로 수에즈운하를 개통하고 지배권을 가지고 있었고, 아덴은 영국이 1839년 이후 식민지로 만들었다. 싱가포르는 1819년 이후 영국령으로 통치되고 있었으며, 사이공은 1862년부터 프랑스가 식민지로 편입시켜 통치하고 있었다. 상하이는 미국 및 유럽 열강의 거주지와 무역사무소가 들어서 중국 침탈의 교두보로 이용되던 곳이다.

일본 최고통치자들은 유럽의 힘과 무력에 또 한 번 놀랐을 것이다. 방문했던 국가들에서 확인한 국력이 현실에 그대로 반영된 것이 바로 식민지배의 모습이다. 이들은 자칫 잘못하다가는 일본이 아프리카, 아시아 국가들처럼 사자의 먹잇감이 될지도 모른다는 생각에 치를 떨었을 것이다. 영국과 프랑스가 자신들이 지배하고 있는 국가들을 보여주면서 일본에 자신들의 힘을 과시하려던 것이었는지는 모르겠지만, 적어도 일본 엘리트들이 새로운 각오를 다지는 기회가 되었다는 점에서 이들의 귀국 여정은 아이러니했다. 이로 인한 발전의 결과, 사무라이 군국주의가 다시 깨어나 독일과 손잡고 자신들의 적이 될 거라는 사실을 몰랐으니 말이다.

군대와 철도를 발전시키다

1997년 12월 6일 런던정경대 대학 강당에서 일본 관계 세미나가 열렸다. 평범한 학술세미나가 아니었다. 125년 전 이와쿠라 사절단의 영국 빅토리아 여왕 예방을 기념한 세미나였다. 양국 정재계 인사 및 학자, 학생 들이 참가해 이와쿠라 사절단의 역사석 의미를 짚어보고 이들이 양국 관계의 발전, 일본의 발전에 어떤 영향을 주었는지 토론하는 자리였다. 1871년부터 1873년까지 1년 10개월에 걸쳐 미국과 영국을 시찰한 사절단 방문은 일본을 근본적으로 바꾼 역사적 사건이지만 이는 사실 역사에 관심이 있는 사람들에게도 잘 알려지지 않은 사실이었다. 이 세미나는 이와쿠라 사절단 일행의 눈에 영국이 어떻게 비쳤는지, 영국 방문을 통해 어떤 영감을 받았는지, 경제 발전에 어떻게 기여했는지 확인하는 자리였다.

사절단은 일본으로 돌아가자마자 엄청난 개혁을 진행했다. 철도 및 도로, 대학, 조선소, 철강 공장, 자동차 공장 등을 건설했으며, 항공기와 함정, 대포 등 무기를 생산했다. 행정 제도 개혁에도 착수했으며, 의무교육과 여성교육을 제도화했으며, 입헌군주제를 도입하고 헌법을 제정했다. 그야말로 현기증이 날 정도로 수많은 변화를 꾀했다. 이때 영국은 기술과 자본을 지원해줌으로써 일본의 근대화에 중요한 버팀목이 되어주었다. 바로 1년 9개월 동안 각국을 방문하면서, 특히 4개월 동안 영국을 방문하면서 국가 경제 발전 계획의 청사진이 점점 완성되어가고 있었던 것이다.

사절단은 영국에서 밝은 면만 보고 온 게 아니었다. 성장과 발전의 그늘도 목격했다. 사절단 일행이던 사학자 구메 구니다케久米邦武는 총 5권의 사절단 유람기에서 범죄, 매춘, 빈곤은 영국이 당면한 문제라고 지적했다. 2만 명에 달하는 지주계급이 부를 장악하고 있고 도시 노동자들은 저임금과 장시간의 노동, 건강 문제에 노출되어 있는 등 영국은 부의 편중 또한 심각하다고 진단했다. 당시 영국에서만 30만 명이 더 나은 삶의 조건을 위해 미국으로 이민을 떠난 사실은 국가의 역할이 무엇인지를 보여준다고 지적했다. 이어 국가의 역할은 무엇보다도 강한 국가, 부강한 국가를 이룩하는 동시에 가난을 줄이는 데 있다고 주장했다.

이와쿠라 사절단의 가장 큰 수확은 군사 능력의 확장이었다. 이들은 뉴캐슬 어펀 타인에 있는 암스트롱사를 방문했을 때 설립자 암스트롱의 설명을 직접 듣고 어떻게 무기를 생산하는지 전 공정을 견학할 수 있었다. 동시에 생산한 무기를 현지에서 직접 구입할 기회도 주어졌다. 영국이 크림전쟁에 투입해 엄청난 위력을 선보인 암스트롱제 자동소총은 1분에 250탄두가 발사되는 신무기로, 일본 사절단 앞에서 시연을 하자마자 바로 구입 계약이 이뤄졌다. 이 무기들은 바로 러시아전쟁 때 배치되어 러시아의 전투력을 약화시키는 대량 살상무기로 쓰였다. 이뿐 아니다. 암스트롱사에서 일본 기술자와 과학자 들을 교육시킨다는 내용이 계약서에 포함되어 있었다. 이와 함께 암스트롱사의 기술자를 일본에서 생산되는 해군 함대 건조에 참여시킨다는 내용도 있었다.

러일전쟁에 투입된 전함, 구축함, 순양함 등 총 35척의 함선 중 9척이 암스트롱사에서 건조되었고, 13척이 영국의 조선 회사에서 건조되어 납품되었다. 22척은 영국에서 건조됐다. 일본에서 진수된 5척도 영국 기술자가 직접 참여해 건조됐다. 나머지 6척은 미국, 프랑스, 이탈리아에서 건조해 납품했다. 일본은 1880년대 요코하마 근처 요코스카 조선소에서 직접 전함을 건조하기 시작했다. 암스트롱사에서 교육받은 일본 기술자들이 귀국해 투입된 것이다. 전함 건조에 들어가는 부품, 대포, 재료 들은 영국에서 대부분 수입하거나 영국이 전수한 기술로 만든 제품이었다. 러일전쟁은 러시아와 일본의 싸움이었지만, 무기를 보면 영국이 일본 대신 싸워준 것이나 다름없다. 일본 해군이 전투에서 사용한 무기는 1872년 이와쿠라 사절단의 실질적 결과물이기에 더욱 놀랍다고 할 수 있다.

이와쿠라 사절단이 영국에 있는 동안 또 한 가지 눈여겨본 것이 바로 철도였다. 영국에 있는 4개월 동안 도시와 도시 간의 여행은 철도로 이뤄졌다. 이 과정에서 사절단은 자연스럽게 철도의 유용성을 유심히 관찰했을 것이다. 방문지를 보면 그들의 고민과 앞으로 무엇을 할 것인지가 확연하게 드러난다.

- 10월 3일: 런던 쿠르 증기열차 수리소 방문
- 10월 4일: 런던 빅토리아 철도기지, 채링 코로스 방문
- 10월 10일: 메서 뒵 증기열차 엔진 공장 방문
- 10월 12일: 맨체스터 숍 스튜어드 증기열차 엔진 및 객차 제조공장 방문

이와쿠라 사절단이 일본에 돌아오자마자 가장 다급하게 시작한 것

은 바로 철도 부설이었다. 원천 기술과 재료는 영국에서 들여오기로 했다. 1871년부터 1911년까지 40년 동안 영국에서만 1,000기의 증기열차 엔진을 수입했고, 철도도 영국에서 대부분 수입해 들여왔다. 1886년 7,300톤에 그친 철도는 1년 후인 1887년 2만 1,000톤으로 늘었고, 다음 해인 1888년에는 5배가 늘어난 10만 5,313톤이 수입되었다. 일본에 얼마나 빨리 열차가 개설되었는지 알 수 있게 해 주는 대목이다.

영국으로부터 기술과 재료를 들여올 수밖에 없었던 이유는 이랬다. 이와쿠라 사절단이 미국을 방문했을 때는 1865년 남북전쟁이 끝난 지 6년밖에 지나지 않아 미국은 전쟁의 피해를 복구하는 데 여념이 없었고, 프랑스는 1871년에 끝난 보불전쟁(프로이센과 프랑스의 전쟁)에서 프로이센이 승리해 전쟁배상금 문제로 체면이 구겨져 있었던 데다, 독일은 군사대국이기는 했지만 영국만큼 산업혁명이 진행되지 않아 기술을 전수할 만한 수준이 되지 못했다. 따라서 영국은 일본의 근대화에 가장 도움이 될 나라로 여겨졌을 것이다.

영국은 일본으로 기술자를 보내 철도 근대화를 적극 지원해 주었다. 1881년 최초로 고베에 세워진 철도차량 제조 회사에 영국인 기술자 8명이 영국 정부의 지원을 받아 파견되었다. 일본의 철도 부설은 조슈 5인방이라 불리는 1863년 최초 일본인 유학자들 중 하나인 이노우에 마사루井上勝가 최초 철도청장이 되어 진행했다.

메이지 천황의 열차는 영국에서 제작되어 운영됐다. 피터 잉글리시 Peter J. English의 《산업 발전과 고고학: 열차교통Industrial Development and Related Archaeology of Japan, Rail Transportation》에는 천황 전용 열차의 특징이 다음과 같

이 소개돼 있다.

영국산 호두나무 장식, 버밍엄에서 제작된 객차, 랭커스터에서 생산된
면 쿠션, 노팅엄 특산물 레이스, 리스에서 생산된 용수철 제품, 배로 셔
필드 회사에서 생산된 철로, 맨체스터 공장에서 출고된 증기엔진.

당시 영국의 열차 제작 기술을 보여주는 대목이다.

1890년대부터 일본은 미국과 독일의 영향을 받기 시작했다. 미국의
US 스틸, 독일의 튀센Thyssen, 크룹, 브라운스바이크Braunsweig 등의 철도 회
사들이 영국을 제치고 일본의 철도 부설에 뛰어들었다. 새로운 기술인
전기전동차도 미국과 독일에서 들여오기 시작했다. 세계에서 최초로 전
기전동차를 만든 나라는 영국이지만, 상업화에 가장 빨리 성공한 나라
는 미국과 독일이었다. 1895년 교토에서 처음으로 전기전동차가 끄는
여객용 열차가 운영된 것을 시작으로 일본은 미국과 독일에서 전기전동
차와 전기 생산 기술을 들여오기 시작했다.

이토 히로부미가 이끈 근대화

사절단의 가장 큰 수확 중 하나는 바로 미래 인재의 육성이었다. 사절
단이 귀국한 후 수도 없이 많은 인재가 배출되었지만 가장 주목해야 할
인물은 바로 이토 히로부미다. 이토는 1863년 영국에 밀항해 처음 런던

에 발을 들여놓은 지 8년 만에 다시 영국 땅을 밟았다. 이때 이미 8년 전에 친교를 쌓았던 사람들과 더 깊고 넓은 교제 관계를 형성해 나갈 수 있었을 것이다. 영국의 최고권력자, 학계, 과학계, 문화계, 재계 인사 등 그가 교제한 인물들의 면면은 상상을 초월한다. 1870년 미국에서 1년 동안 미국의 화폐 제도와 조세 제도를 연구하며 여러 인사들과 친분 관계를 쌓았던 그는 1년 만에 또다시 외교사절단 일원이 되어 그들을 만나게 되면서 더욱 깊고 넓은 관계를 만들 수 있었을 것이다.

이토는 1872년 리버풀대학 공대 교수인 란킨에게 단도직입적으로 물었다.

"일본이 대포를 생산하는 공장을 건설하기 위해 무엇을 해야 한다고 생각하십니까?"

한참 생각하던 란킨 교수는 다음과 같이 답했다.

"공장을 짓기 위해서는 인재가 필요합니다. 우수한 학생들이 공부할 수 있는 좋은 공과대학을 지으십시오."

이토는 총리로 있는 동안 교육 제도의 개혁을 주도했다. 여성도 교육을 받아야 국가가 변할 수 있다고 보고 여성에게도 교육의 기회를 제공했다. 일본 유학생은 영국과 미국을 중심으로 기하급수적으로 늘어났다. 1872년 이와쿠라 사절단이 방문할 당시 100여 명에 그쳤던 일본 유학생 수는 미국과 영국에서만 수백 명으로 증가했다. 이들은 앞선 과학, 기술, 사상을 흡수해 일본 근대화의 최선봉 역할을 담당했다.

이토 자신도 학문 연구, 특히 유럽 헌법을 연구하기 위해 유럽을 다시 찾았다. 1882년 3월 일본을 입헌군주국으로 만들기 위해 헌법을 만들 때 영국 모델로 갈 것이지, 아니면 독일 모델로 갈 것이지를 놓고 고민하다가 국왕이 의회까지 통제하는 독일 모델을 지지했다. 영국 모델은 의회가 국민의 선거에 의해 구성되고 정부는 의회에서 다수를 차지하는 정당으로 구성되기 때문에 왕의 권한이 많이 제한되는 게 특징이다. 영국은 국가의 수반은 국왕이지만, 내치와 외치는 의회와 정부에 일임하는 입헌군주국이다. 이토는 정부가 의회에 좌지우지되지 않는 강력한 국왕제를 선호했기 때문에 영국 모델은 모방의 대상이 아니었다. 독일 모델은 국왕이 총리를 지명하고, 의회는 정부 구성과 법 제정에 관여하지 못하는 정부 감시 기능만 가지고 있었다. 독일 모델은 강력한 군주 중심의 의회 제도였다.

외무장관인 정치 라이벌 오쿠마 시게노부大限重信가 영국 모델을 지지하면서 세력을 넓혀 나가자 이토는 잠시 정치에서 손을 놓고 혼자 독일로 건너가 독일 헌법을 연구하기로 마음먹는다. 이토는 외교사절단으로 방문한 후 10년 만인 1882년 다시 독일을 방문해 1년 6개월 동안 체류하면서 독일의 통치자 비스마르크를 비롯해 헌법 학자들, 정당 정치인들, 학자들, 재계 인사들과 교제하면서 독일의 정재계, 학계 및 문화계 인사들까지 다양한 인사들과 교분을 넓힐 수 있었다.

국내로 돌아온 이토를 정치적으로 신임한 메이지 천황의 선택으로 1885년 영국의 내각제를 모방해 일본은 내각 정부를 구성했고 초대 총리직을 이토가 수행하게 됐다. 하지만 일본 헌법은 독일식 헌법을 모방했다. 이토는 1901년 건강상의 이유로 잠시 쉬는 동안 다시 미국, 영국, 독일, 러시아를 방문했다. 독일에 있는 동안 당시 총리였던 가쓰라 다로桂太郎의 간청으로 러시아를 방문해 러시아 외무장관 블라디미르 람스도르프Vladimir Lamsdorft를 만나 만주와 한반도 통치권에 대한 협상을 벌였다. 만주를 러시아의 지배 아래 놓는 대신 한반도의 실질적 지배권을 달라고 했으나 러시아는 그때까지 일본보다 군사적으로 우위에 있다는 확신을 갖고 있어서 이토의 제안을 거부했다. 이토는 상트페테르부르크에서 돌아온 후 영국에서 외무장관 헨리 페티 피츠모리스Henry Petty-Fitzmaurice와 영일동맹을 성사시키고 귀국한다. 이후 4년 만에 러일전쟁이 발발해 일본이 승리를 거두었다. 영국은 러시아의 무전신호 해독법을 일본에 제공해 일본군이 승리하는 데 결정적인 역할을 했다. 일본 외교의 승리이자 이토의 승리였던 셈이다.

이토는 1905년 대한제국과 을사조약을 맺고 초대 총감이 되어 조선을 식민지화한 장본인이다. 우리는 여기서 그가 실용파의 위치에 섰던 이유를 알 수 있다. 일본을 부강하게 만든 다음 아시아로 가야 한다는 그의 실사구시 정책은 바로 중일전쟁을 승리로 이끈 총리 시절 구상됐을 것이다. 러시아와의 협상에서 실패한 후 그의 구상대로 전쟁을 치러 승리를 거두고 만주와 한반도까지 손에 넣은 것이다.

한 나라의 근대화 과정은 수많은 사람이 동참해 국가적 대역량을 모아야 하는 작업이다. 수많은 인재가 적재적소에 투입되어야 한다. 이토는 일본의 근대화를 이끈 수많은 인재 중 한 사람에 불과할 뿐이다. 그럼에도 불구하고 그는 시대를 앞서간 지도자였다는 점에서 차별화된다. 독일의 비스마르크와 영국 빅토리아 시대 최대 영토를 가진 대영제국을 이끈 글래드스턴 총리를 합친 것만큼 큰 역할을 한 이토라는 인물을 통해 일본은 아시아를 넘어 아시아의 강국으로 거듭나는 기반을 다질 수 있었다. 그가 침략당한 우리나라나 중국에게는 원수이지만 일본 국민에게는 일본을 세계 최강으로 이끈 대영웅으로 존경받는 이유다. 그는 일본 국민이 뽑은 역대 일본 영웅 중 6위에 올라 있기도 하다.

일본이 강대국으로 성장할 수 있었던 동력

폴 케네디 교수는 일본이 강대국으로 등장하게 된 배경을 두 가지로 설명한다. 하나는 지정학적 요소이고, 다른 하나는 일본만이 가진 문화다.

우선 지정학적 요소를 보자. 일본이 중일전쟁을 벌일 때 열강들은 이 전쟁에 개입하고 싶어도 군사 이동과 보급 등이 늦어져 할 수 없는 위치였다. 따라서 일본은 열강에 의해 완전히 힘이 빠진 중국 군대를 상대로 쉽게 전쟁을 치를 수 있었다. 일본은 1894년 청일전쟁을 벌일 때 이미 군사적으로 잘 훈련된 육군과 빠르게 성장한 해군이 있었지만 청나라는 두 번의 아편전쟁, 프랑스와의 전쟁, 태평천국의 난, 의화단의 난 등으로 군사적으로 많이 약화되어 있었다.

러시아와의 전쟁에서는 극동아시아에 위치해 있었기 때문에 러시아의 주력 부대가 있는 상트페테르부르크에서 발틱 함대의 지원 부대가 도착하기까지 7개월이나 소요되었다. 1904년 10월 15일에 출발한 발틱 함대가 아프리카 서해안, 마다가스카르, 인도네시아, 남지나해를 통해 일본해협에 도착한 것은 1905년 5월 27일이었다. 일부 함대는 크림반도에서 출발해 수에즈 운하를 통해 움직였는데, 도착했을 때 이미 전투 의지를 잃을 정도로 기력이 많이 소모되어 있었다. 게다가 식량, 무기, 텐트 등의 보급이 늦어져 승리할 수 없었다. 일본은 본토에서 요동반도까지 5일, 사할린까지 2일이면 바로 군 병력을 지원하고 병참을 보급할 수 있었다. 정보전에서도 져 일본의 순시함에 먼 길을 원정 나온 발틱함대가 발각되면서 승기는 일본 쪽으로 기울었다.

두 번째는 일본의 문화인데, 이는 지정학적 요소와도 연관되어 있다. 일본은 중국과 떨어진 섬나라로서 중국과는 완전히 다른 무사들의 국가였다. 봉건 체제하에서 무사 계급인 사무라이를 거느린 영주들이 자체 군대를 가지고 서로 전쟁을 하면서 성장한 문화를 가지고 있었다. 상관에 대한 맹종과 충절, 배신에 대한 응보, 불굴의 정신과 명예 그리고 용기라는 사무라이 문화 덕분에 일본은 세계 최고의 국가 정신을 가진 일본군을 만들어낼 수 있었다. 러일전쟁 당시 일본군 수만 명이 뤼순과 심양 전투에서 러시아군의 지뢰밭, 자동소총 사격, 철조망 때문에 목숨을 잃고 살이 찢기며 전진하다가 사망한 전투 방식은 상대방을 움츠러들게 하기에 충분했다. 장교가 먼저 희생하는 모습에서 사병들은 혼연일체가 되어 러시아 진지를 탈환했다. 사기가 높은 군대는 아무리 좋은 무기가 있어도 꺾을 수 없는 최고의 국가 자산이다.

또한 일본은 전사한 군인의 명예를 지켜주었다. 일본을 위해 싸우다 죽은 군인의 위패가 있는 야스쿠니 신사靖國神社는 일본 우익 정치인들이 신격화하고 있는 곳이다. 바로 이 같은 국가 정신이 일본을 강대국으로 만든 자산이라 할 수 있다.

또 한 가지를 든다면 일본의 외교력을 꼽을 수 있다. 일본은 총 네 번에 걸쳐 미국과 유럽에 외교사절단을 파견해 일본 엘리트들이 세계 권력자들과 확고한 유대관계를 맺을 수 있도록 했다. 이렇듯 일본은 세계 각국에서 자국을 물심양면으로 지원할 친일파를 많이 확보했다. 일본의 해군 함대는 영국의 참여하에 건조됐고, 함선에서 쏘아댄 포는 독일의 크룹 제품이다. 일본이 전쟁자금을 조달할 만큼 경제가 뒷받침되지 못했을 때 미국과 영국의 은행들은 각국 유력 정치인들의 압력으로 일본에 산업 발전을 위한 차관을 제공했다. 거미줄처럼 연결된 개인 외교의 승리인 셈이다.

케네디 교수의 자료에 따르면 산업화지수, 1인당 국민소득, 에너지 소비량, 철강 생산력, 도시화지수에 있어서 일본은 러일전쟁이 발발할 당시 아직 러시아보다 1.5~2배의 열세에 있었다. 러시아를 상대로 일본은 이길 수 없는 전쟁을 벌인 셈이다. 하지만 결과적으로 일본은 러시아의 항복을 받아내 세계를 경악시켰다. 일본은 이후 아무도 무시할 수 없는 지역 강대국으로 발돋움했다. 일본의 외교력이 러시아와 전투할 수 있는 군 현대화의 기술과 장비, 자금을 마련할 기초를 깔았다는 것을 볼 때 결국 외교적 역량이야말로 국력이 상대적으로 약할 때 기댈 수 있는 국가적 자산이라는 것을 알 수 있다.

후쿠야마 교수는 일본의 가장 특징으로 극우주의를 들었다. 그에 따르면 일본의 극우주의는 천황주의와 사무라이 정신을 함께 품고 있다. 두 번의 원자폭탄 투하로 완전히 나락에 떨어졌던 일본이 제2차 세계대전 이후 또 한 번 성공할 수 있었던 배경에는 천황을 신격화한 애국주의와 사무라이 정신이 있었다. 극우주의와 군국주의가 만나 일본의 애국주의를 잉태한 것이다. 일본이 열강의 대열에 들어서는 과정에는 몇 가지 운이 뒷받침되었다. 중국과의 전쟁은 서구 열강의 침탈과 전쟁 그리고 내란 등에 의해 중국 군대가 쇠약한 상태에서 치러졌고, 러시아와의 전쟁은 지원군이 제때 도착하지 못해 승리할 수 있었다. 제2차 세계대전 이후에는 한국동란이 발발해 일본의 산업은 밤과 낮도 없이 가동되어 전후경제를 완전히 정상에 올려놓았다. 그래서인지 일본 기업인의 상당수는 애국주의자로 분류된다.

1960년대 춘투로 유명한 일본의 노동 운동은 경제 성장과 산업 발전을 저해하는 위험 요소로 받아들여져 자민당 우파 정부는 과감하게 좌파 운동의 뿌리를 뽑는 데 앞장섰다. 적군파 등의 폭력적 좌파 운동도 과감히 무력으로 제압해 일본에서 추방했다. 이것이 가능했던 것은 강하게 뿌리내린 일본의 극우주의 때문이었다. 일본 성공의 중심에는 천황이 있다. 안정적 정권을 만들어낸 자민당은 관료, 지식인, 충성스러운 국민 들을 끌어들여 최고의 드림팀을 만들어냈다. 자민당은 천황이라는 상징을 앞세워 애국주의라는 이름으로 군국주의와 극우주의를 모두 품고 있는 집단이다.

일본은 1980년 이후 잃어버린 20년의 어둡고 긴 터널을 지나고 있는 중이다. 일본의 아베 신조安倍晉三 정권이 중국, 한국과의 외교 관계를 희생하면서 다시 일어서려고 하는 중심에는 1868년 메이지 혁명을 통해 산업화와 군사대국화를 동시에 성공시킨 향수가 자리 잡고 있다. 일본은 지금 평화헌법을 개정해 이토 히로부미가 만들었던 천황 중심의 헌법 정신을 부활시키고자 하고 있다. 천황을 신처럼 여기는 국민들을 일본 민족주의 부활의 핵심으로 삼고자 하는 것이다. 아베가 야스쿠니 신사를 참배하는 강수를 둔 이유도 바로 일본 민주주의 부활을 위해서다. 아베는 메이지 정권 수립의 최고 공신인 조슈 지역 출신이다. 일본의 군국주의가 부활하는 순간, 중국과 일본의 무한경쟁으로 중간에 낀 한반도가 다시 그들의 전쟁터가 되지 말란 법이 없다. 한국의 정치인들, 재계, 학계, 시민 사회가 깨어나지 않으면 한국의 존재가 다시 사라질지 모르는 위기에 처해 있는 것이다.

3부

어떤 국가를
만들어 갈
것인가

5장

문제는 정부다,
답은 신뢰다

정부에 대한 신뢰
그리고 국가

로버트 퍼트남Robert Putnam 하버드대학 교수가 이탈리아의 남부와 북부 지방을 연구한 결과에 따르면, 북부 지방은 산업화가 잘 진행되어 경제 발전이 순조롭게 이루어지고 도시화가 상대적으로 많이 진행되었으며 소득이 높고 빈부격차가 비교적 적지만, 남부 지방은 1차산업에 종사하는 비율이 높아 소득이 낮으며 빈부격차가 심하다. 북부 지방은 정치 참여도가 높아 유권자들이 적극적으로 투표에 참여하지만, 남부 지방은 정치에 대한 관심, 투표 참여도가 상대적으로 낮다. 북부 지방 주민들은 상호 간의 신뢰가 높고 정부에 대한 믿음도 높은 반면, 남부 지방 주민들은 상호 간의 신뢰와 정부에 대한 믿음도 낮다. 남부 시칠리아섬과 나폴리 등지에는 마피아와 카모라Camora 같은 폭력조직이 뿌리를 내리고 있지만, 북부 지방에서는 마피아 조직의 활동이 활발하지 않다. 같은 나라인데도 왜 이렇게 큰 차이가 나는 것일까?

이탈리아, 불신의 결말

퍼트남은 사회적 자본으로 이탈리아 남부와 북부의 차이를 설명했다. 사회적 자본은 1차적 사회구성원, 즉 가족, 친지, 혈연을 벗어난 개인의 사회활동 정도를 나타낸다. 퇴근 후 혹은 주말을 이용해 독서, 합창, 꽃꽂이, 볼링, 배드민턴 같은 취미 활동을 하거나, 교회나 성당, 절 등에서 종교 활동을 하거나, 장애인이나 불우이웃 돕기 같은 자원봉사 활동에 참여하는 비율이 높을수록 사회적 자본은 높게 나타난다. 북부 지방 주민들은 남부 지방 주민들에 비해 교회 활동, 취미 활동, 개인봉사 활동 등에 적극적이다. 퍼트남은 사회적 자본이 잘 발달돼 있을수록 국민 상호 간의 신뢰도가 높아 사회의 결속력이 강하고 갈등의 수준도 낮다고 주장했다. 북부 지방과 남부 지방의 차이가 이를 입증한다는 것이다.

그렇다면 당연히 "이탈리아의 북부와 남부 간의 차이는 왜 발생하는 것일까?"라는 질문이 나오게 마련이다. 퍼트남은 이탈리아 역사 발전 과정에서 북부 지방은 제노아공국, 사보이공국, 플로렌스공국, 베니스공화국 그리고 교황 점령 지역 등 오랜 기간 독립국가 혹은 독립공국으로 생존해 왔지만 사르데냐, 나폴리, 시칠리 등 남부 지방은 역사적으로 오랫동안 스페인의 지배를 받아왔고, 이후 오스트리아, 프랑스 등의 지배를 받는 등 끊임없는 영토 분쟁의 대상이었다는 점을 지적했다. 남부 지방 주민들은 통치권자가 수시로 바뀌었기 때문에 권력자들을 믿지 않는 경향이 높다. 권력자는 세금과 군대 동원 등의 의무에만 관심이 있었기에 이들에 대한 혐오감이 크고 통치자에 대한 애정과 충성심이 약하니 국가 정체성과 사회적 결속력에는 관심도 없었다. 또한 통치자가 수시로 바뀌다 보니 자신과 가족의 안전, 재산 보호, 생명 보전은 알아서 해야 하는 문제였다. 그 결과, 자신을 지켜줄 강력한 힘이 필요해 마피아 같은 폭력조직에게 일정 비용을 지불하더라도 그들을 방패막이로 삼으려 했다. 이런 사회일수록 밀고하거나 신고하면 보복당할까 봐 두려워 서로 정치적 의견과 생각을 나누지 못하고 이웃까지 믿지 못하는 사회로 정착되기 쉽다.

문제는 이런 역사적 전통이 1871년 사르데냐공국과 가리발디Giuseppe Garibaldi 장군이 주축이 되어 이탈리아의 통일이 이루어지고 난 뒤에도 그대로 유지되고 있다는 것이다. 마피아와 카모라가 이탈리아 남부 시칠리 섬과 나폴리를 중심으로 활동하는 배경에는 국가를 믿지 못하는 심리가 강하게 작용하고 있다는 것이다.

그리스, 분열과 불신의 늪

이오니아해를 사이에 두고 이탈리아 남부와 국경을 맞대고 있는 그리스도 유사한 모습을 보여준다. 찬란한 도시국가 문화를 가지고 있는 그리스는 중동과 연결돼 있다는 지정학적 이유 때문에 끊임없이 이슬람 국가들의 침략을 받았다. 1453년 비잔틴 제국이 멸망하면서 그리스는 오스만투르크의 지배를 받게 된다. 오스만투르크의 지배는 367년이나 계속되다가 1821년 반란이 일어나 그리스가 독립을 선언하면서 독립전쟁이 시작됐다. 이 과정에서 회교 세력을 유럽에서 축출하기 위해 참전한 영국, 프랑스, 러시아 연합군이 전쟁에 깊숙이 개입하며 문제가 불거졌다. 1821년 처음 독립을 선언했을 때 러시아의 절대군주제가 도입되어 바바리아Bavaria 왕자인 오토Otto가 초대 왕으로 옹립되었지만 오스만투르크를 완전히 몰아내고 독립을 얻은 뒤 러시아가 공화국을 주장하면서 외무부 장관을 초대 대통령 격인 총통으로 보내 즉위시킨 후 오토를 왕으로 옹립한 영국과 프랑스 세력과 맞서면서 내란은 심각해졌다. 1831년 리시아 출신 총통이 암살되자 결국 그리스는 오토를 왕으로 복위시키며 왕국으로 자리를 굳혔다.

1853년 그리스는 러시아가 오스만투르크와 벌인 크림전쟁에 참전하지만 러시아와의 사전 협조 관계를 소홀히 했고, 친러시아 정책을 펼치는 오토에게 반기를 든 영국과 프랑스가 그리스 해안 지역을 점령하면서 결국 크림전쟁에서 그리스의 남부와 북부에 있는 기독교 지역을 영토로 편입하려는 의도와 달리 전쟁 협상 테이블에도 초청받지 못했다. 실리를 챙기지 못한 오토 왕은 결국 강제 퇴위당하고 덴마크 왕가에서 모셔온 게오르그 1세George I가 왕위에 올라 입헌군주제를 갖추면서 그리스 왕국은 국가 통치의 안정성을 확보할 수 있었다.

이 기간 동안 게오르그 1세의 두 여동생을 각각 영국과 러시아 왕실과 결혼시킨 그리스는 영국, 러시아의 지원을 받아가며 안정적 성장을 이루어 나갈 수 있었다. 영국의 왕 에드워드 7세와 러시아의 왕 알렉산드르 3세Alexander III가 게오르그 1세의 처남으로, 그리스는 이 두 나라로부터 친그리스 정책을 이끌어낼 수 있었다. 게오르그 1세는 50년의 통치 기간 동안 경제를 성장시킨 것은 물론, 정복 전쟁을 성공시켜 현재와 유사한 국경선까지 영토를 확장시키며 국민의 폭넓은 지지를 받을 수 있었다.

문제는 게오르그 1세가 서거한 후 즉위한 그의 아들 콘스탄티노스 1세Constantine I 때 불거지기 시작했다. 콘스탄티노스는 오스만투르크와의 영토 전쟁에서 승리해 테살로니아를 영토화하는 등 능력 있는 군주로 인정받았으나, 제1차 세계대전 참전 문제를 놓고 총리인 엘레프테리오스 베니젤로스Eleftherios Venizelos와 불화를 빚었다. 그러다 총리가 해임당하자 그리스는 왕정파와 공화파로 분열되는 사회적 혼란 상태에 빠지고 만다. 결국 그리스는 베니젤로스가 조직해 이끄는 북부 지역과 왕이 통치하는 남부 지역으로 갈리게 된다. 제1차 세계대전이 끝난 뒤 기독교인들이 많이 살고 있는 스미르나(터키 지명 이즈미르)를 승전국인 영국과 프랑스의 개입으로 그리스에 할양하려는 움직임이 보이자 북부의 베니젤로스는 바로 참전을 선언해 터키와의 전쟁은 전면전으로 확전되었다. 왕이 지휘하는 남부군도 참전해 잠시 두 세력은 공동의 적 터키를 상대로 전투하면서 휴전 상태를 보였다.

하지만 민족주의를 고취시킨 1919년 캐말 장군이 이끄는 터키가 그리스가 점령했던 스미르나를 1921년 재탈환하면서 그리스인과 아르메니아인을 학살하는 사건이 벌어진다. 정확한 통계는 없지만 제1차 세계대전 기간부터 1921년까지 100만~150만 명의 그리스인과 아르메니아인이 학살된 것으로 추산된다. 이에 대해서는 1919년 그리스가 도시를 점령할 때 터키인이 거주하는 마을을 무차별적으로 방화하고 주민을 사살한 것에 보복한 데 불과하다는 터키의 주장이 엇갈려 아직까지 양측 사상자 통계는 산출되지 않고 있다.

결국 두 국가는 로잔드회의에서 협약을 맺고 그리스인 100만 명, 터키인 40만 명을 맞교환하며 종전에 들어갔다. 엄청난 수의 전사자와 대학살을 초래한 전쟁으로, 콘스탄티노스 1세는 국론을 분열시킨 불명예를 안고 강제퇴위의 압력 아래 스스로 물러나는 결정을 내린다. 이후 아들 게오르그 2세George II가 즉위하지만 몇 번의 쿠데타와 역쿠데타가 반복되면서 국가가 극도의 혼란과 분열에 빠져 또 한 번 왕이 강제퇴위로 물러나고 대통령 중심제인 공화국으로 재탄생했다.

하지만 국가는 완전히 무정부 상태에 빠진 뒤였다. 1924~1935년 총 23개의 정부가 옹립되었는데, 이중 13번 쿠데타로 정권이 바뀌면서 정국은 극도로 불안정했고, 경제는 1930년대 세계적 공황의 여파로 대량 실업 문제를 겪으며 나락으로 떨어져 결국 공화국의 종말을 고하고 1935년 다시 권력을 잡은 왕정파에 의해 입헌군주국이 복원됐다. 1년에 한 번 이상 발생하는 쿠데타로 인해 정권이 채 6개월을 넘기지 못하면서 절차와 법 제도에 의한 통치는 실종되고, 정권을 잡은 세력을 중심으로 이합집산이 반복되면서 국민의 재산, 안전과 생존에 대한 희구는 가족 중심적이며 친족 중심적인 폐쇄적 사회 구조가 정착되는 원인을 제공했다.

제2차 세계대전 발발과 함께 이탈리아 무솔리니 군이 진격해 시작된 전쟁에서 그리스는 초반에 반격의 기회를 잡기도 했으나 독일의 협공으로 무너져 국토의 70퍼센트는 이탈리아, 나머지는 독일에 빼앗기는 아픔을 맛보았다. 1944년 독일이 물러난 뒤, 그리스는 공화정파와 사회주의 세력 간에 내전이 발발해 5년 동안 다시 혼란 상태에 빠지고 만다. 1949년 영국과 미국의 지원으로 공화정파가 결국 승리를 거두고 비록 부정선거였지만 국민투표에 의해 입헌군주제가 가까스로 존속됐으나, 사회주의 세력과의 분열은 결국 1967년 군사혁명을 초래해 민주 정부가 들어서는 1974년까지 입헌군주제하에서 군부가 통치를 주도했다. 다행히 내전이 끝난 1949년부터 1970년대 초까지 그리스는 전후 복구 프로그램인 마셜 플랜의 재정적 지원, 환율 인하, 유적 관광 특수, 미국과 영국의 투자로 전무후무한 경제 성장을 이루며 그리스의 경제 기적이라는 말이 나올 정도로 유럽의 떠오르는 별로 불리기도 했다.

　1981년 정권을 잡은 그리스사회당Panhellenic Socialist Movement, PASOK(이하 사민당)은 안드레아스 파판드레우Andreas Papandreou의 통치하에 경제위기가 닥친 2008년까지 그리스를 20년간 지배하면서 지속적 성장을 이루어 나가는 듯했다. 이 기간 동안 유럽연합, 북대서양조약기구에 가입하며 서유럽 경제와 안보 체제에 완전히 편입되기도 했다. 하지만 2008년 리먼 브러더스Lehman Brothers의 부실로 시작된 미국의 재정 위기가 유럽으로 번지면서 경제 구조가 취약한 그리스는 바로 직격탄을 맞았다. 이후 국가 파산 직전까지 몰리는 등 재정 위기가 지속되면서 그리스는 몇 번에 걸쳐 정부가 바뀌었지만 아직도 불안정한 상태로 정치에 대한 국민의 불신과 혐오가 극에 달해 있다.

　그리스는 독립 과정부터 외국의 입김이 개입해 형성된 왕권 세력과 공화정 세력이 대립하기 시작했다. 입헌군주제가 성립된 이후 제1차 세계대전을 겪으며 왕권 세력과 공화정 세력이 맞섰으며, 제2차 세계대전 기간에는 이탈리아의 침략으로 친파시스트와 독립군 세력이 서로 대립 각을 세웠다. 제2차 세계대전 이후에는 친사회주의와 친정부군의 대립이 벌어졌으며, 군부 쿠데타 이후에는 친군부와 친민주가 맞섰다. 이처럼 통치 세력이 변화할 때마다 갈등과 분열, 통치자들의 무능에 대한 반감과 혐오가 지배하는 극도의 아노미anomie 상태가 계속되었다. 아노미는 국가 통치 체제가 사회구성원들에게 도덕과 윤리에 대한 규칙과 기준을 세시하지 못할 때 발생하는 사회적 무력감과 자포자기 상태로 정의되는 사회학적 개념이다. 1981년 이후 등장한 사회당의 지배 기간 동안 그리스는 성장과 복지 면에서 남유럽 속의 북유럽이라고 불릴 정도로 모두가 살고 싶어 하는 나라로 꼽혔다. 그러나 생산 및 경제 능력을 초과하는 복지 과부하와 세계 재정 위기로 인해 경제가 일시에 무너지면서, 그리스 사회는 혼란과 분열이 더욱 가중되었다.

그리스는 세계에서 가장 동질성이 강한 단일민족으로 구성되어 있다. 터키와의 전쟁 이후 종교와 사상이 다른 주민들을 맞교환했기 때문에 단일 문화권으로 자리를 잡을 수 있었다. 종교와 인종이 같은 국가라는 점에서 발전의 여건은 좋다. 하지만 실제로 그리스 국민들은 가족, 혈족, 지역, 계급, 사상으로 조각조각 나뉘어 있다. 그리고 정부와 제도에 대한 불신은 극에 달해 있다. 왜 이 같은 상황이 빚어진 것일까?

그리스 국민의 분열과 정부에 대한 불신은 국민의 삶과 안전, 생명에 별 관심이 없는 정치가 초래한 결과다. 그리스 국민들이 전쟁에 동원되어 피를 흘리고 생명을 바치는데도 정치인들은 국가의 패러다임과 틀을 바꾸려고 노력하는 대신 권력과 정파의 이익, 정권 획득에만 관심을 쏟으며 수시로 이합집산하고, 책임도 못 질 약속과 공약空約만 남발했다. 그리스 위기의 원인은 다름 아닌 국가 발전의 청사진을 갖지 못한 정치인의 무능이라고 할 수 있다. 정치적 불신을 넘어선 국민의 정치적 냉소와 무관심은 그리스를 좀먹는 가장 심각한 문제라 할 수 있다.

부패 구조의 위험성

프랜시스 후쿠야마는 그의 저서 《트러스트Trust》에서 정부에 대한 국민의 신뢰도가 낮은 국가들과 신뢰도가 높은 국가들의 특징을 찾고자 했다. 정부에 대한 신뢰도가 높은 나라일수록 정치가 안정적이고 외국의 지배를 받지 않았을 가능성이 크다. 또한 지배를 받은 역사적 경험이 있더라도 국권을 되찾았을 때 제도적 절차를 중시하는 정치가 다시 뿌리를 내려 국민이 분열되지 않는 경향을 보인다. 제도적 절차에 따라 정부가 구성될 경우, 책임 정당이 존재하게 되고 국민의 복지와 국가의 미래에 대한 정책에 따라 정당 지지층이 형성된다. 또한 선거 결과에 승복하고 패배를 인정하는 분위기가 자리를 잡는다. 이런 환경에서 정치는 안정되게 마련이다.

정부가 안정적일 경우 지속적인 경제 성장과 삶의 질 향상, 국민의 신변 안전과 생명 보호, 질병과 음식 등에 대한 안전, 공공재(국민의 세금이 주요 재원이 되어 만든 공항, 항만, 철도, 고속도로, 지하철, 안전대피시설,

공공도서관, 공공보건소, 우체국, 공원, 공공운동시설, 상하수 시설, 전기 시설, 공공화장실 등)의 확충이 이어져 정부기관과 공무원에 대한 국민의 신뢰가 더욱 높아진다. 공무원, 교사, 세무직원, 군, 경찰, 소방대원, 판사 및 검사 같은 공공기관 근무자에 대한 신뢰가 높은 것이 정치가 안정되고 정당이 제대로 기능하는 국가의 공통점이다. 정부 정책에 대한 선호도 또한 높게 나타난다. 예산 정책, 성장 정책, 물가 정책, 분배 정책 등 생활 정책 영역에 대한 국민의 점수도 후한 편이다.

　외국의 침탈이 오랫동안 진행되었거나 빈번하게 외국의 침략을 받아온 국가일수록 지배 엘리트들은 부패에 깊숙이 개입된 경향을 보인다. 이들은 통치권자의 가까운 협조 세력으로 정치 권력을 독점하기 때문에 조세권을 쥐고 있는 귀족 관료들의 경우 좀 더 많은 이익을 취하려는 유혹을 강하게 느낀다. 또한 가족 중심의 가치 체계가 사회 전통으로 자리잡으면서 친족, 친지와의 유대관계를 통해 기득권을 유지하려는 경향이 강하다. 이들은 흔히 친족을 요직에 앉히는 방법으로 권력 카르텔을 형성한다. 이 같은 정치 형태를 네포티즘nepotism이라고 부른다. 또 다른 형태로 학연, 지연 등을 이용한 붕당주의cronyism가 뿌리내리고, 정치 세력끼리 권력을 두고 흥정하는 찬탈정치kleptocracy가 횡행한다. 모두 국민에게는 관심이 없고 권력에만 몰두하는 기득권자들의 전형적인 행태다.

　피지배 세력은 이들의 부패를 비난하면서도 안정적인 후원 세력의 보호망 아래서 활동하며 가족의 안전, 재정적 수입, 생명 보호 등을 담보로 얻게 된다. 이렇게 후원주의patronage가 빠르게 뿌리내리게 된다. 추종자들이 보호망의 틀 속에서 자신의 충성과 노역을 바치면서 경제활동을 하는 사회 구조를 고객주의clientalism라 칭하기도 한다.

후쿠야마는 민주화되기 전 영국의 귀족정하에서 극소수의 지주 중심 체제에서 봉사하는 농민과 노역자들을 보호하는 후원주의가 있었다면, 미국에는 정치적 의향에 따라 쉽게 바뀌는 고객주의가 있다고 구분했다. 보스주의 혹우 사무라이 정신으로 표현되는 일본의 충성 구조는 보스가 추종자를 책임지는 후원주의 성격이 훨씬 강하고, 남미와 아프리카에는 개인의 필요에 따라 재정을 지원하고, 일자리를 제공하는 등 호의적인 실력자에게 접근해 충성이 결여된 복종만을 제공하는 고객주의가 넓게 퍼져 있다고 보는 것과 유사하다. 두 가지 모두 부패 관계가 쉽게 뿌리내리는 사회 구조라는 점에서는 차이가 없다.

민주화되기 이전의 국가에서는 귀족 신분 및 봉토의 상속, 조세의 면제, 고위공직자 혹은 군 지휘자 자격 등이 지배층에게만 엄격하게 주어진다. 때문에 사회 구성원 간의 관계가 위계적이고 주종적이다. 반면 민주화된 국가는 이런 주종 관계가 사라지고 부패 구조가 청산되면서 경쟁에 따른 공정한 충원 제도가 도입되는 공통적인 역사를 갖고 있다. 이와 함께 통치권자의 권력에 근거한 자의적 결정이 아닌 법 제도에 따라 공정한 법치와 중도적 사법권의 확립이 이루어지는 것이 특징이다.

그렇다면 영국과 미국은 어떻게 부패 구조와 특권 제도를 청산할 수 있었을까? 이탈리아와 그리스는 왜 부패 구조를 청산하지 못했을까? 한국에서는 왜 부패와 특권을 청산하는 것이 그렇게 어려운 것일까?

이 같은 질문들은 현대 사회에서 발생하는 빈곤, 빈부 격차, 사회 양극화, 저성장, 사회 갈등, 자살, 관피아, 안전 불감증, 한국의 흙수저-금수저 논란과 직접적으로 연관된 핵심적 문제들이고, 이를 해결하기 위해 제시되는 대안들은 곧 정부의 신뢰를 높일 수 있는 중대한 단서를 제공한다는 점에서 우리에게 시사하는 바가 크다. 또한 부패와 특권 제도의 해체 작업을 산업화와 동시에 평화적으로 성취한 국가일수록 일찌감치 민주화와 경제 부흥을 이뤄 삶의 질을 향상시키고 국민의 안전을 확보하는 동시에 세계적 선도국가로 등장하기 때문에 이러한 국가들의 공통점을 잘 관찰해 볼 필요가 있다.

부패와 특권을
청산한 국가들

영국의 귀족 제도는 역사적으로 다섯 단위로 발전했다. 공작Dutchy, 후작Marques, 백작Earl, 자작Viscount, 남작Baron 작위가 그것이다. 이는 왕족 출신인 공작부터 가장 낮은 귀족 작위인 남작까지를 전쟁에서의 승리, 민란 진압, 사회적 귀감이 될 수 있는 업적 등 다양한 이유로 국왕이 수여하는, 제도로 정착된 신분 제도다.

이들은 전통적으로 영국의 최상위 사회계급으로 상속의 권리가 있고, 국가의 주요 공직을 차지했다. 귀족 가문의 자녀들은 어릴 때부터 가정교사를 두어 라틴어, 그리스어를 기본으로 익혔고, 다른 강대국의 언어, 철학, 세계사, 천문학, 수학 등의 학문을 배웠다. 귀족 자녀들이 그랜드 투어를 통해 이탈리아, 프랑스 등지를 돌며 직접 새로운 문물을 체험하면서 배우는 수업 방식도 기본 과목 중 하나였다. 이 과정을 마치고 온 귀족 자녀들에게는 케임브리지와 옥스퍼드에 입학해 최고의 학문을 수학할 기회가 부여됐다. 군인 가문에서는 자녀에게 어릴 때부터 필수적으로 승마를 가르쳤고 청년으로 성장한 자녀는 아버지가 소개한 군 장성의 개인 비서 등을 하면서 무예와 전술 등을 연마하게 했다.

전통적으로 영국의 중앙 고위공무원 자리는 이렇게 훈련된 귀족의 자녀들에게만 개방됐다. 이들은 언어와 지적능력이 뛰어나 현직 고위 관료의 보좌관으로 시작해 중앙정치를 체험하면서 계속 진급해 정부 고위직까지 올라가는 단계를 밟았다.

처음 시작하는 직책은 귀족 작위의 등급에 따라 결정되었다. 귀족들은 자신의 자녀를 정부 요직에 앉히기 위해 다양한 로비 활동을 전개했고, 친가와 외가 가족의 취직에까지 관여하는 경우가 많았다. 선거 때 당선을 위해 기여한 선거참모, 유권자의 인사에도 관여하는 것이 관례였다. 중앙 말단 공무원이나 지방공무원도 귀족의 청탁으로 채워지는 경우가 대부분이었다.

사정이 이렇다 보니 귀족들은 자녀뿐만 아니라 청탁받은 사람들을 공무원으로 취직시켜주는 것이 중요한 일상 업무 중 하나였다. 영국의 유명 정치인이자 사상가인 에드먼드 버크Edmund Burke는 귀족들이 알선해 임명한 공무원을 낙하산 임명자 혹은 후견인 임명자placeman, patronage appointee라고 불렀다. 청탁을 받아 임명할 경우, 업무 수행 능력을 알 수 없어 놀고먹는 한직에 배치하는 경우도 허다했다.

권력과 돈은 항상 귀족에 의해 분배되고 재생산됐다. 당연히 돈이 있어야 정치에 입문할 수 있었고, 좋은 가문 출신일수록 권력에 접근하는 것이 더욱 수월했다.

영국, 낙하산 인사에서 능력 본위제로

영국에서 공무원 채용 제도에 대한 개혁이 요구되기 시작한 시기는 1840년대부터다. 인도 동인도회사 공무원 인사위원회 위원 출신인 찰스 트레빌리언Sir Charles Trevelyan은 공무원의 무능과 부패를 직접 체험하고 근본적으로 채용 방식을 시정하지 않으면 국가 관료 조직이 효율성이 떨어지고 부패할 수밖에 없다고 봤다. 동인도회사 현지 공무원은 귀족, 신흥부자 계급, 육군 장성, 해군 제독, 인도인사위원회 위원들의 자녀로 채워지는 게 문제라는 지적이었다. 동인도회사에서 근무하는 관료들은 국가에서 선발한 공무원들이었다. 트레빌리언은 인사의 폐쇄성으로 인해 능력 있는 사람이 채용되지 못하고 귀족 자녀들이 낙하산 인사로 들어오면서 업무를 효율적으로 처리할 수 없게 되었다고 비판했다. 또한 이들이 동인도회사에서 무역 업무를 보면서 이권에 개입해 엄청난 부패를 저지른다고 봤다.

트레빌리언은 재무부로 옮겨 근무하면서 친구인 스태퍼드 노스코트Sir Statford Northcote와 함께 1854년 20쪽짜리 〈노스코트-트레빌리언 보고서〉를 작성해 제출했다. 노스코트의 친구이자 옥스퍼드대학 발리올 칼리지 Balliol College 교수인 벤저민 조엣Benjamin Jowett의 도움으로 그 내용은 더욱 보강되었다. 대학제도개선운동Movement to reform the university system 의 장직을 수행하고 있던 조엣은 공무원 제도 개선과 대학 개혁이 시대의 중요한 과제라고 보았다. 노스코트는 당시 재무부 장관이던 윌리엄 글래드스턴의 개인 비서였기 때문에 그에게 보고서를 제출했고, 글래드스턴은 각료 회의에서 관료 제도 개혁의 필요성을 처음으로 정식 제기했다. 글래드스턴은 나중에 네 번이나 총리직을 수행한 당대 최고의 정치인으로, 관료 제도 개혁의 중심에 선 인물이었다.

이들 세 사람이 작성한 보고서의 주요 골자 중 하나로 귀족의 추천과 귀족 자녀의 충원을 금지시키고 옥스퍼드대학과 케임브리지대학 졸업생들에게만 주어진 공무원 자격을 전면 개방해야 한다는 내용이 있다. 보고서는 전공도 인문, 철학부터 문학, 문화 등 자유학문 분야까지 넓혀야 한다고 지적했다. 이 모델은 당시 시행되고 있던 프랑스와 프로이센 모델을 모방한 것이었다. 프랑스에선 1804년 나폴레옹 법Napoleonic Code이 제정되어 귀족에게만 한정되었던 국가공무원 채용에 능력 본위제가 적용되었고, 프로이센에선 1806년 나폴레옹에 의해 베를린이 함락된 이후 국가 개조 차원에서 귀족의 관직 독점을 금지하는 제도가 시행되고 있었다.

이 보고서는 정부의 몇몇 부처에서 정식으로 거론되며 언론을 통해 알려지기 시작하면서 뜨거운 논쟁거리가 되었다. 영국에서도 프랑스와 프로이센보다 50년이나 늦게 시작되긴 했지만 후견인 임명제도 대신 능력 본위제가 본격적으로 논의되기 시작했다는 점에서 의의가 있다.

이 안은 당시 하원 의원이던 존 스튜어트 밀과 대표적 사회개혁가인 에드윈 체드윅Edwin Chadwick, 기업가 모임인 행정개혁협의회Administrative Reform Association의 주장을 담은 사회 개혁 운동과 함께 큰 반향을 이루었다. 밀과 체드윅의 주장은 귀족 자녀들에게만 개방된 공무원 충원 제도가 사회 발전의 가장 큰 걸림돌이므로 이는 능력 위주의 충원 제도로 개선되어야 하며, 이를 위해 공정한 공채 시험 제도가 도입되어야 한다는 내용을 담고 있다. 이 개혁 그룹은 공리주의 사상을 설파한 제임스 밀과 제러미 벤담이 제시한 행정부의 효율성과 합리성 확보가 국가의 지상 목표가 되어야 한다는 당위론에 많은 영향을 받았다. 국가는 극소수밖에 안 되는 귀족들을 만족시키기 위해 노력하기보다 능력 있고 재능 있는 관료를 더 많이 충원해 공정하고 효율적인 행정을 통해 더 많은 국민이 행복해지도록 힘써야 한다고 보았다. 밀과 채드윅은 귀족 집안 자녀들이 배운 라틴어나 그리스어보다 기술, 경제, 과학, 기술, 공학 등 실용 학문이 공무 수행에 더 필요한 지식이기 때문에 이를 공무원 충원 기준으로 삼아야 한다고 주장했다. 이들은 옥스브리지로 대변되는 귀족과 상류층 자녀들에게만 개방되는 공무원 제도를 혁파하기 위해 런던정경대 같은 경쟁 대학 졸업생들에게도 기회가 주어져야 한다는 논리를 함께 전개했다.

이 두 가지 개혁의 움직임은 지식인을 중심으로 사회적 반향을 불러일으켰지만, 공무원 충원 제도의 개혁을 달갑지 않게 생각하는 귀족 및 상류 정치인들이 정부와 의회를 장악하고 있어서 한동안 정치적 공론화까지는 이루어지지 않았다. 다시 정치적으로 논의되기 시작한 것은 글래드스턴이 총리로 임명되면서였다. 자유당 출신의 글래드스턴은 공무원 채용 제도의 폐쇄성이 국가 행정의 질을 떨어뜨린다고 보고 공무원 제도의 문제점을 정부 차원에서 부각시키기 시작했다. 당시 상무부 장관으로 임명된 노스코트의 지속적 노력도 크게 기여했다. 그는 공무원 제도의 폐쇄성과 함께 부패의 온상인 충원 제도를 손보지 않으면 관료의 행정 능력이 계속 떨어져 국가의 기능이 경쟁국에 비해 쇠퇴할 수밖에 없다는 논리를 전개했다.

1804년 나폴레옹 법이 제정되어 시민의 주민등록, 사유재산 보호, 재산 취득에 관한 권리 및 사법적 절차와 재판을 통한 시민의 권리 보호 등이 이루어지면서 국민의 행복을 우선하는 정치가 이미 시행되고 있었는데, 그 구체적 실천 방법으로 귀족에게만 제한된 공무원 충원 방식을 능력 위주의 공무원 채용 제도로 바꾸어 행정 관료의 자리를 일반 국민에게도 개방한 점은 당시로선 혁명적인 것으로 받아들여졌다. 이와 유사한 방식으로 프로이센에서 채택된 1807년 10월 칙령Octber Edict은 귀족의 법적 특권을 폐지하고, 공무원 채용은 경쟁의 원리와 완전개방의 원리에 따라 시행토록 했다. 이에 따라 공무원 자리는 귀족 가문에 세습되던 것에서 벗어나 공정한 시험을 거쳐 얻어내는 것으로 바뀌었다. 1817년에는 고등 교육자들에게 하위 공무원 시험에 응시할 수 있는 자격이 부여되었고, 고위 공직자 시험에는 대학교에서 법을 공부한 사람들만 응시할 수 있게 되었다.

이 제도의 시행으로 프로이센 행정부는 법에 대한 이해가 높은 유능한 관료들로 채워질 수 있었고, 그에 따라 법의 해석과 적용을 엄격하게 관리하는 사회 엘리트 집단으로 성장할 수 있었다. 또한 두 국가에 마침내 법치의 기본 틀이 갖추어져 국민의 권리가 보장되고 질서가 확립되었으며 사회가 안정되었다.

프랑스와 프로이센의 앞선 관료 제도에 자극받은 영국에서는 뒤처진 관료 제도를 개혁하지 않으면 국가 간의 경쟁에서 밀릴 수밖에 없다는 논리가 우세해지며 소수 귀족 의원들의 반대에도 불구하고 1879년 공무원 충원 제도 개혁 법안이 통과될 수 있었다. 1854년 〈노스코트-트레빌리언 보고서〉가 나온 지 16년 만에 이룬 결실이다. 하지만 본래의 취지와 달리 1단계 공무원 입사 자격 시험에 인문교양 분야를 포함시키고, 2단계 하급 관리 시험에는 영어 교육(국어)과 근대 과목(과학, 기술, 공학, 경제 등)을 추가시켰다. 영국은 옥스브리지 출신뿐만 아니라 모든 대학 졸업생이 공무원으로 진출할 수 있는 길을 열게 되었고 공무원은 전문가 집단으로 변신하게 되었다. 이로써 관료는 귀족의 시녀에서 벗어나 독립적, 자율적 집단으로 거듭나기 시작했다. 이와 함께 공직자 임명을 둘러싸고 빈번히 발생하던 귀족의 부패 문제도 조금씩 개선되기 시작했다.

영국에서 공무원 제도 개혁과 함께 이뤄진 또 다른 전대미문의 사건은 대학 개혁이었다. 최대 명문인 옥스퍼드대학과 케임브리지대학은 재직 교수의 재량으로 학생을 입학시키고 졸업시킬 수 있었다. 당연히 귀족과 상류층 자녀들이 특권을 이용해 입학하는 것이 관습처럼 여겨질 정도였다. 박사학위 졸업생의 경우도 교수의 평가에 따라 결정되었기 때문에 형식적 절차만 거쳐 학위를 수여받는 경우가 다반사였다. 교수가 강의를 임의적으로 종강하는 경우도 속출했다.

이 같은 문제를 가장 심각하게 생각한 사람이 바로 앞에서도 언급된 옥스퍼드대학 발리올 칼리지 교수인 조엣이었다. 그에 의해 이 문제는 공론화되기 시작했고, 1854년 옥스퍼드대학법Oxford Act of 1854, 케임브리지대학법Cambridge Act of 1856, 이어 대학입시법University Tests Act of 1871

등의 법안이 통과되는 데 결정적 역할을 했다. 물론 친구인 노스코트의 도움이 있었기에 가능했던 일이었다. 이때부터 대학 입학은 입학시험 제로 바뀌었고, 입학시험에서 종교 시험은 누락되었다. 1836년 런던대학이 설립되며 경쟁이 심화되면서 귀족 자녀만 대학에 입학하던 과거와 달리 새로운 사회계급 출신 학생들이 배출되어 영국의 부패 고리는 더욱 약화되는 효과를 볼 수 있었다.

1853년 시작된 크림전쟁은 영국과 프랑스의 승리로 끝났지만 영국 군사 세도의 문제점이 불거진 사건이었다. 전쟁이 끝난 1855년 제출된 〈특별 군사 진상 조사 보고서Select Commimittee of Inquiry〉는 지휘관의 지도력, 병참, 전술 등 제대로 이루어진 것이 없었으며 그야말로 최악의 상태에서 전쟁을 치렀다고 지적했다. 이 보고서는 가장 근본적 문제로 장교들이 귀족 출신인 점을 지적했다. 장교 충원 제도의 문제점을 제기한 것이다. 귀족 출신의 군 지휘자들은 기술 발달에 따라 새로운 전술을 개발해야 했으나 그러지 못했고, 무기 사용 기술을 익히고 병참훈련을 해야 했으나 그 역시 제대로 해 내지 못하는 등 군 지휘자로서의 소양과 능력이 현저히 떨어졌다. 그로 인해 전투에서 엄청난 인명 및 장비 피해가 있었다고 보고서는 지적했다. 그때까지 군 장교 자격은 전적으로 귀족의 자녀들에게만 제한적으로 주어졌는데, 이후 이 같은 폐쇄된 귀족 문화가 군의 발전을 막는다는 의견이 제기되어 군 인사 제도의 개혁이 추진되었다.

변화가 필요했던 이유

 폐쇄적인 영국 사회에서 1800년대 중반 들어 변화에 대한 요구가 동시다발적으로 제기된 이유는 무엇일까? 영국 사회의 변화는 산업혁명을 통해 촉진되었다고 보는 견해가 강하다. 산업혁명 이전에는 지주계급이 귀족의 작위를 이용해 후견인 제도를 유지하는 사회 구조였으나 도시에서 산업혁명이 이루어지고 새로운 직업이 생겨나면서 수입원이 다양해지자 농촌을 기반으로 한 농업 경제의 영향력이 급속도로 감소했다. 동시에 도시 상인과 무역업자 그리고 기술자와 교수 등 신흥 중산층과 함께 노동자 계급이 생겨나면서 사회의 변화를 요구하는 목소리가 더욱 커졌다. 애덤 스미스는 사회적 변화의 저변에는 바로 노동의 분화 Division of Labor에 따른 사회 구조의 변화가 있다고 봤다. 산업혁명의 결과 지주들의 영향력은 급속도로 감소하고, 중산층과 노동자의 목소리는 더욱 커지게 되었다는 것이다.

 이 같은 변화는 1800년대에 세 번에 걸쳐 이루어진 선거 개혁을 통해 일정한 재산권자에게만 부여되던 유권자 자격에 주택 소유자뿐 아니라 세입자들과 노동자들까지 포함되면서 더욱 확대되었다. 선거 개혁은 선거 부패와 귀족의 절대적 영향력이 있는 부패 선거구Rotten Borough와 포켓 선거Pocket Borough의 개혁을 요구하는 진보적 정당이 있었기에 가능했다. 1850년대까지 휘그당이 있었다면 이후에는 자유당Liberal Party이 그 역할을 담당했다. 선거 시 지역정치인들은 거수 방법이나 색깔 투표용지를 이용, 유권자를 감시하며 그들에게 무언의 압력을 가했다. 이런 문

제점을 해결하기 위해 1872년 제정된 투표법Ballot act으로 비밀투표제도
가 도입되었다. 1883년에는 부패 불법행위 방지법Corrupt and illegal practices
act이 통과되어 귀족들의 선거 자금을 대폭 축소하고 음식, 향응, 여행
및 금전 제공, 취업 알선 등의 약속 등을 금지함으로써 부정선거와 금권
선거의 관행이 급속도로 줄어들었다. 이는 귀족의 정치 및 경제적 영향
력이 동시에 축소되기 시작한 배경이다.

이 같은 연쇄적 변화를 통해 귀족 정치aristocracy는 점차 대중 정치mass
politics로 전환되기 시작했고, 귀족의 특권이 하나씩 폐지되면서 고질적
부패를 척결할 수 있는 전기를 마련할 수 있었다. 공무원의 부정 행위
를 범죄로 규정해 처벌할 수 있는 법인 공공기관 부패 행위 규제법Public
bodies corrupt act of 1889을 제정해 공무원이 공무와 관련해 뇌물을 수수하
는 것을 원천적으로 방지하려는 노력을 기울였다. 이후 영국은 정치, 행
정, 선거, 의회, 대학 등 귀족과 연관된 특권을 제한하거나 폐지함으로
써 공정성, 합리성, 투명성, 공정한 능력 평가 등을 정착시켰다.

미국, 엽관제도의 시작

영국의 부패 척결과 특권 폐지 사례는 미국의 정치에 많은 시사점을
주었다. 조지 워싱턴 초대 대통령부터 1824년 6대 대통령인 존 퀸시 애
덤스까지 정부를 구성할 때는 개인의 네트워크와 선거운동에 기여한 참
모들 그리고 재정 지원을 아끼지 않은 부유층을 자리에 앉히는 것이 관

습이었다. 후쿠야마는 그의 저서 《정치 질서와 정치 쇠퇴》에서 미국의 초대 대통령부터 6대 대통령 시기까지는 후원자주의가 미국 정치를 좌우했다고 지적했다. 하지만 7대 대통령인 앤드루 잭슨 시절부터는 패러다임이 변화했다고 덧붙였다.

그에 따르면 잭슨 이전까지는 하버드대학과 예일대학 출신의 동부 상류층이 정치를 장악했지만 그가 집권한 이후부터는 다른 대학 및 서민 출신 정치인들이 많이 배출되었다는 것이다. 2대 대통령인 존 퀸시 애덤스 시절에는 70퍼센트, 3대 대통령 토머스 제퍼슨 시절에는 60퍼센트가 동부 상류층, 부유층, 전문직 출신이었다. 서민 출신으로 영국 독립전쟁 이후 영웅적 인물로 떠올라 정계에 입문한 잭슨은 정치 기득권의 부패로 많은 제약을 받고 있었다. 1824년 치러진 선거에서 잭슨은 선거인단과 유권자 투표에서 모두 승리했지만 하원이 대통령을 결정하는 헌법에 따라 2위를 차지한 애덤스가 3위를 차지한 하원 의장과 결탁하는 바람에 낙마하고 말았다. 투표상 1위를 차지한 잭슨은 당연히 부정선거를 이유로 결과에 불복해 투쟁할 수도 있었지만 결과를 그대로 인정하고 와신상담하며 재기를 노린 끝에 4년 후 선거에서 대통령으로 당선될 수 있었다. 1824년 선거에서 패배한 것은 동부 상류층 정치인들이 서민이자 군인 출신인 자신을 견제한 데서 비롯되었다고 본 그는, 미국 사회의 충원 제도를 손보아야겠다고 결심하게 된다.

잭슨은 군인 출신답게 "승리한 사람이 전리품을 챙긴다"는 논리로 고위직 공무원을 대통령이 새롭게 임명하는 엽관제도를 처음 도입했다. 이때부터 미국에선 공직에 진출하기 위해 대통령을 적극적으로 지원하는 선거 문화와 정치 문화가 시작되었다. 후쿠야마는 잭슨 대통령 이전까지는 충성 조직과 개인 네트워크가 가장 중요한 성공 요소였기 때문에 후원자주의에 의한 정치가 이루어졌다면 그 이후부터는 공직에 관심 있는 사람들이 개인의 이익을 목표로 선거에 뛰어들었기 때문에 충성보다는 개인적 이권의 성취를 위한 윈윈전략win-win strategy에 따른 고객주의 정치가 이루어지고 있다라고 설명했다.

소속 정당인 민주공화당Democratic Republican Party이 기득권의 이익만 챙기고 상류층의 권력 카르텔 역할을 한다고 생각한 잭슨 대통령은 당적을 버리고 새롭게 민주당Democratic Party을 창당했다. 미국의 정당 체제가 초기 연방정당Federalist Party과 민주공화당 양당 체제에서 새로운 정당 체제로 변화한 것이다. 정치 틀의 근본적인 변화가 일어난 것이다.

잭슨 대통령 이후 엽관제도는 빠르게 정착되어 1800년 3,000명 정도밖에 되지 않던 연방정부 공무원의 수가 2만 명까지 늘어났다. 공무원들의 근무 방식도 보직 고정제에서 보직 순환제로 바꾸고 업무를 명료하고 투명하게 만들어 누구든 글만 읽으면 업무를 수행할 수 있도록 한다는 원칙을 고수했다. 공무원들을 전문가 그룹으로 구성할 경우 최고 대학 졸업자만 선호하는 엘리트주의가 팽배해지고 기득권층의 권력 장악과 유지를 위해 정치인과 관료의 네트워크가 형성되어 부패가 끊임없이 재생산될 것이므로 이 고리를 끊는 것이 무엇보다 중요했다. 엘리트 정치를 타파하고 서민 정치가 미국에 뿌리내리게 해야 했다. 엽관제도는 잭슨 대통령 이후 빠르게 정착되어 12대 재커리 테일러Zachary Taylor 대통령 시절에는 공무원의 30퍼센트가 대통령 취임 후 1년 안에 교체되었다.

미국의 근본적인 변화를 초래한 사건은 바로 남북전쟁이다. 전쟁 이전까지 연방정부의 역할은 각 주에서 보낸 세금으로 작은 정부를 이끄는 것이 전부였다. 평화 시 안보는 각 주의 지역군이 유지했고, 국가 상비군은 극도로 제한되어 정부 예산에서 국방비가 차지하는 비중은 낮은 편이었다. 교통, 하수도, 우편이나 전보 같은 업무는 당연히 주 단위로 관리되는 등 연방정부의 역할은 제한적이었다.

그런데 남북전쟁 이후 연방국가의 의미가 바뀌기 시작했다. 전쟁 전에는 34개 주를 합한 연방United States이 복수로 사용됐다. 하지만 남북전쟁이 끝난 1865년부터는 미국연방이 단수로 사용되게 된 것이다. 다시 말해, 전쟁 전의 영어 표현인 "유나이티드 스테이트 아United States are"는 사라지고 "유나이티드 스테이트 이즈United States is"를 자연스럽게 사용하게 된 것이다. 남북전쟁 이후 비로소 하나의 국가가 탄생한 셈이다. 국민들도 자연스럽게 미국연방을 하나의 국가 개념으로 보기 시작했다.

하나의 국가라는 심리적 변화가 있었을 뿐만 아니라 물리적으로도 전국이 하나로 통합되기 시작했다. 1865년부터 각 주를 연결하는 철도선이 거미줄처럼 건설되었고, 철도 건설을 위해 사용되는 토지와 산림을 관리하기 위한 산림청이 연방기구로 신설된 것도 남북전쟁 이후다.

잭슨 대통령이 고안해 낸 엽관제도는 미국의 새로운 정당 제도와 서민 문화를 만들었다. 그러나 정치 발전에 긍정적 효과만 있었던 것은 아니다. 엽관제도에 의해 임명된 공무원은 봉급의 일정 부분을 정당에 헌납하는 게 보편적이었다. 일종의 보이지 않는 노예 계약이었던 셈이다.

이런 계약은 곧 공직을 충성으로 사는 매관매직이나 다름없는 것이라고 볼 수도 있다.

엽관제로 인해 공직자 임명 과정은 너무나 과열되었고 연공서열로 인해 불협화음이 일어났으며 정당은 타락했다. 끔찍한 역효과였다. 선거에 이긴 진영의 참모들은 보직을 받기 위해 물밑경쟁을 벌였고, 이 과정에서 상응한 대접을 받지 못했다고 생각하는 참모들의 불만은 눈덩이처럼 커지기 시작했다. 줄을 대기 위해 금품과 이권 등을 주고받기도 했다. 이런 문제는 결국 대통령 암살이라는 비극적 결말로 이어졌다. 1881년 당선된 제임스 가필드가 선거운동 기간에 도움을 받고도 보상하지 않는다고 생각한 한 정신병자가 원한을 품고 대통령을 암살한 사건이 발생한 것이다. 이 비극적 사건으로 엽관제도의 폐해를 근본적으로 개선하고자 하는 운동이 전국적으로 일기 시작했다.

엽관제도의 변화

1871년 율리시스 그랜트 대통령 시절 공무원인사자문위원회Advisory Board for the Cvil Service를 설치하려고 했지만 의회가 예산을 확보하는 데 실패해 이는 실행되지 못했다. 그러다가 1881년 가필드가 암살되자마자 전국공무원제도개혁협의회National civil service reform league가 창립되고, 전국적으로 엽관제도 폐지 운동이 확산되기 시작했다. 1882년 중간선거에서 공무원 제도 개혁에 반대한 공화당 의원들이 대거 낙선하면서

1882년 12월 상원 그리고 1883년 1월 하원을 통과한 팬들턴 공무원 개혁법Pendelton civil service reform act을 통해 미국의 현대적 관료 제도가 정착될 수 있는 계기가 마련되었다. 이 법안을 입안한 민주당 소속 조지 펜들턴George A. Pendelton 상원 의원의 이름을 딴 공무원 개혁법안은 영국의 〈노스코트-트레빌리언 보고서〉를 토대로 미국의 상황에 맞는 내용으로 만들어졌다. 이 법안에 따라 미국공무원위원회United States civil service Commission가 설치되었고, 공무원 임용고시 제도가 채택되었다. 미국 공무원 채용 제도는 학력에 제한을 두지 않았다는 점에서 영국과 다르다. 영국은 1870년 개혁 법안에 대학 졸업자만 응시할 수 있다고 명시되었지만 미국은 학력과 관계없이 공무원 시험에 통과한 사람은 누구나 연방공무원에 임용될 수 있었다.

하지만 이 제도를 정착시키는 것은 그리 쉽지 않았다. 팬들턴 개혁법이 시행되기 시작한 1883년에는 11퍼센트의 공무원만 시험을 통해 교체되었고, 1900년에도 46퍼센트만 채용 시험을 통해 충원되었다. 그러다가 1915년 우드로 윌슨 대통령 시기에 이르러서야 비로소 80퍼센트의 공무원이 엽관제도가 아닌 채용 시험을 통해 공무원으로 임명되었다. 영국의 경우, 1870년 공무원 개혁법이 통과된 이후 모든 정부 부처가 일시에 공무원 임용을 위한 국가공무원 시험을 시행했지만, 미국의 경우는 20년이 지나도록 채용 시험을 통한 임용률이 80퍼센트를 넘지 못했다. 그 이유는 무엇일까?

바로 두 국가의 제도적 차이로 설명할 수 있다. 영국은 의원내각제이기 때문에 정부의 구성과 해산이 의회의 신임과 불신임에 달려 있어 정부의 교체가 빈번한 반면, 미국은 대통령 중심제이기 때문에 4년의 임기 동안 안정적으로 행정부를 통제할 수 있고 대통령의 재선과 삼선이 제도적으로 가능해서 행정부의 효율적 통제를 위해 대통령의 정치철학을 잘 아는 사람들을 정부 각 부처와 산하기관에 내려보내려고 한다. 이같은 이유로 대통령 선거가 끝나고 새 정부가 들어설 때마다 새로운 보직이 만들어지는 경우가 빈번하게 발생했다. 새로 설치된 미국공무원위원회의 대통령 눈치 보기도 정치 중립적인 공무원 제도가 정착하는 데 걸림돌이 되었다.

이와 함께 각 주지방 정부에서도 주지방 공무원의 정치 중립화는 난항을 겪고 있었다. 예를 들어, 시카고의 경우 윌리엄 로리머^{William Lorimer} 하원(이후 상원) 의원이 노골적으로 선거참모, 선거운동원, 지지자 들에게 직장을 알선해 주는 방법 등으로 지속적으로 선거에서 승리하는 등 주 차원에서는 1910년대까지 엽관제도가 폭넓게 적용되었다. 로리머는 자신의 지역구인 일리노이 주 요소요소에 자신의 심복들을 취직시켰기 때문에 선거 때마다 암암리에 주법원 판사, 주정부 행정공무원들의 도움을 받을 수 있었다. 즉, 관권을 통한 불법선거의 혜택을 보았던 셈이다.

로리머 사건의 핵심은 하원이나 상원 의원이 주정부에 해당 공무원의 해고와 관련, 영향력을 행사할 수 있었기 때문에 불법적 선거운동을 도와달라고 했을 때 실제적으로 거부할 수 없는 의존 관계를 형성했다는 것이었다. 이에 착안, 1913년에는 행정 업무와 연관된 월권, 사적 이익 취득, 행정 과실 같은 구체적 결격 사유가 없는 한 공무원 해고를 금지시켰고, 노조에 가입할 권리를 부여하는 한편, 부정 행위를 저지른 정부기관 및 의원 등을 신고하는 내부고발자^{whistleblower} 처벌을 금지하는 내용의 법안이 만들어졌다. 1913년 제정된 이 법안을 로이드 라 폴렛법 Lloyd-La Follette Act이라 부른다.

이 법이 제정된 이후 미국의 엽관제도는 시행된 지 85년 만인 우드로 윌슨이 취임한 1913년 새로운 전기를 맞아 능력 위주의 공무원 임용 제도와 내부고발자 보호 등을 골자로 하는 중립직 관료 제도로 정착될 수 있었다. 미국의 관료 제도가 팬들턴 개혁법이 제정된 이후 막스 베버가 정의한 실용적이며 중립적이고 합리적이며 효율적인 관료 제도로 개혁되기까지 40년이나 걸린 원인은 국가 통치 구조의 차이에 기인한다. 단 방제이자 의원내각제인 영국과 달리 연방제이자 대통령 중심제인 미국의 경우 개혁에 더욱 시간이 걸리고 그 과정이 복잡했기 때문이다.

미국의 성공 사례가 특별한 이유

영국은 의회의 과반수만 확보하면 정부가 법안을 통과시켜 전국에 동시에 적용할 수 있었지만 미국은 대통령이 개혁을 추진하더라도 야당이 상하원을 장악하고 있다면 법안을 통과시키기 위해 야당과의 협상에 많은 공을 들여야 한다. 연방법이 어렵게 상하원에서 통과되더라도 주정부 차원에서 동시에 적용하기는 쉽지 않다. 주마다 지역권력자들의 개혁 의지가 천차만별이기 때문이다. 미국의 행정 개혁이 성공했다는 것은 이처럼 난제를 해결하면서 점차적으로 성취되었다는 점에서 의의가 있다. 대통령 중심제나 연방제를 채택한 국가들에 관료 제도의 개혁에 성공한 미국의 사례가 갖는 의미는 그만큼 특별하다.

한 가지 간과할 수 없는 점은 미국의 헌법주의에 강한 애착을 가지고 있는 정치 엘리트들의 정치 의식이다. 미국 정치인들의 헌법 존중 정신이 없었더라면 공정한 관료제가 정착되는 것은 불가능했을 것이다. 헌법 정신을 되찾기 위한 제도 개혁은 국민의 지지와 정당성을 확보하기 쉽다. 존 퀸시 애덤스 민주공화당 후보와 앤드루 잭슨 민주당 후보의 대통령 선거, 러더퍼드 헤이스 공화당 후보와 새뮤얼 틸던 민주당 후보의 대통령 선거에서 유권자 투표에서 이기고도 하원의 결정으로 선거 결과가 번복되어 선거에서 각각 패배한 잭슨과 틸던 후보의 사례는 미국 정치사에 헌법 수호 정신을 깊이 뿌리내리게 한 역사적 사건으로 기록되어 있다. 2000년 이기고도 패배를 선언한 앨 고어 후보의 결단도 헌법주의에 대한 강한 믿음을 바탕으로 한다. 이러한 헌법 정신의 뿌리는 국가적 문제점을 개선하기 위한 제도 개혁이 국민의 동의와 지지를 얻어낼 수 있도록 한다는 점에서 소수의 이익보다 국가적 이익을 우선하는 국민 정신을 싹트게 한다. 정치인의 대의적 행위가 국민의 정서에까지 영향을 주어 국가의 정체성을 만드는 데 중요한 역할을 하는 것이다.

미국의 민주주의 발전사는 헌법 정신의 존중과 제도의 연속성이 국가의 체제 개혁 이전에 먼저 깊이 뿌리내려 있어야 한다는 것을 단적으로 보여준다. 헌법 정신의 토대 위에서 새로운 개혁이 정당성과 추진력을 확보하게 만든 미국의 역사는 시사하는 바가 크다. 미국의 특권 철폐와 공무원 제도 개혁은 정치 부패의 고리를 제거하는 중요한 디딤돌 역할을 해 냈다. 이를 바탕으로 천부인권적 평등, 즉 평등하게 태어났고 법 앞에 모두가 평등하다는 미국의 헌법 정신은 더욱 강화되었다. 개혁을 통해 임용된 중립적 관료들이 엄격한 법의 잣대에 따라 공정한 행정과 공무 수행을 한 결과, 절차와 질서, 게임의 규칙과 결과에 대한 깨끗한 승복을 중시하는 법치국가의 기초가 놓였다. 법치주의는 미국 시장 경제의 자유경쟁과 투명성을 촉진시켜 1920년대 이후 미국이 비약적으로 발전할 수 있는 토대를 제공해 주었다.

세1차 세계대전과 제2차 세계대전을 거치며 미국이 세계의 패권 국가로 등장할 수 있었던 배경에는 무엇보다도 헌법주의, 법치주의, 투명한 관료주의 그리고 자유시장경제를 합친 미국식 민주주의라는 정체성을 바탕으로 다양한 이민자로 구성된 미국 국민을 하나로 뭉치게 한 구심점이 있어서 가능했다고 해도 과언이 아니다. 특권 배제, 능력 위주의 공직자 채용, 관료의 청렴성은 국가의 성장과 발전 그리고 정부에 대한 신뢰를 가능하게 한 출발점이었다는 사실을 주목해야 할 것이다.

좋은 정부란
무엇인가

　영국과 미국 그리고 프랑스와 프로이센의 예에서 배울 수 있는 것은 기득권 세력에게 주어진 특권 제거와 부패 척결의 과정, 개혁이 국가 성장과 발전을 촉진시켰다는 점이다.

　영국의 경우 귀족과 상류 계급의 특권을 제거하는 과정은 당시 진보적 지식인, 정치인, 관료, 사회개혁운동가 들이 동시다발적으로 개혁의 필요성을 꾸준히 정치적으로 공론화해 이뤄낸 결과였다. 1832년 선거개혁법 통과를 필두로 1839년 시작한 차티스트 운동, 1854년 발표된 〈노스코트-트레빌리언 보고서〉, 1855년 제출된 〈특별 군사 진상 조사 보고서〉, 밀-체드윅 사회 개혁 운동, 조엣에 의해 공론화되기 시작한 대학 개혁 운동과 옥스퍼드대학법, 케임브리지대학법, 대학입시법의 통과 등이 맞물리면서 다양한 사회 개혁의 요구가 봇물처럼 쏟아졌다. 미국도 1881년 가필드 대통령 암살이 기폭제가 되어 공무원 제도의 개혁을 요구하는 사회 운동이 전국적으로 확산되었고, 진보정당인 민주당이 중간 선거에서 승리하는 기회를 잡아 개혁법이 통과될 수 있었다. 법 제도의 개혁을 위해서는 사회 전체의 동의와 참여가 있어야 가능하다는 점을 여실히 보여 준 사례다.

기득권의 특권 철폐와 공무원 충원의 공정성, 공무원의 청렴성, 효율성과 중립성에 기초한 관료 제도는 국가의 발전과 상관관계가 매우 높다. 이 같은 변화가 전제되지 않는 국가는 발전하기 어렵다. 정치적 평등성과 공정성을 확보하고자 추진한 사회 개혁에 성공한 국가들은 공통적으로 산업 발전, 부의 성장, 군사력 증강을 통해 국제 정치에서 선도적 지위를 차지할 수 있었던 반면 실패한 국가들은 전쟁에서 패배하거나 강대국의 침략을 받아 약소국으로 전락했다는 것을 역사적인 사례들이 보여준다.

여기서 주목해야 할 사실은 국가 간의 경쟁은 항상 상대적 국력의 차이에 의해 결정된다는 점이다. 한 국가의 발전이 정상적으로 이루어지더라도 경쟁 국가가 더 빨리 발전하면 뒤처지게 마련이다. 표트르 대제와 카타리나 대제 이후 1800년대 러시아가 한 발 늦은 행보를 보인 이유는 발전이 없었기 때문이 아니라 상대적으로 산업화, 근대화, 도시화가 더디게 진행되었고, 결정적으로 특권의 철폐, 관료의 개혁 등이 이뤄지지 않았기 때문이다. 국가의 개혁과 변화가 상대적으로 늦게 진행될 때 국가는 존망의 위기에 처하게 된다.

마찬가지로 전쟁에서 패배한 국가들은 상대적 국력이 열세했다. 패배의 이면에는 공통적으로 국제 사회의 변화에 걸맞은 국가적 개혁에 실패했다는 것이 원인으로 자리 잡고 있다. 산업혁명은 그 좋은 예다. 산업혁명으로 영국 같은 경쟁 국가는 빠르게 변화하는데, 러시아의 왕실과 귀족들은 오직 자신들의 권력을 지키기 위해 변화에 대한 요구에 눈감았다. 이는 크림전쟁에서의 패배, 러일전쟁에서의 패배로 이어졌고, 성난 민심에 의해 러시아제국이 무너지고 공산주의의 기초가 놓이는 결과를 낳았다.

개혁에 성공한 국가들의 경험에서 주목해야 할 사실은 특권 철폐, 공정한 경쟁 제도와 절차의 정착은 국가 전체를 바꾸는 패러다임의 개조로 이어진다는 사실이다. 세습적 특권이나 개인 네트워크 혹은 부패를 통한 성공이 아니라 능력에 의한 공정한 평가 제도가 사회적 규범으로 자리 잡으면 법과 규칙을 중시하게 되고, 누구나 성공할 수 있다는 기대감이 커지고, 패배를 겸허히 인정하는 풍토가 정착되면서 상호신뢰와 질서가 뿌리내리게 된다. 그만큼 사회의 공정성, 투명성, 효율성이 높아져 정부에 대한 신뢰가 커진다.

정부에 대한 국민의 배신감은 내가 사는 이 사회가 태어나면서 신분이 결정되는 사회, 아무리 노력해도 성공할 수 없는 사회, 가난과 실패가 대물림되는 사회, 조금 더 가진 자가 끊임없이 갑의 위치에서 국민을 업신여기는 사회, 병에 걸렸다는 것을 알면서도 능력이 없어 병원에 가지 못하는 사회, 똑같은 안전사고가 반복되는 사회, 국민의 생명을 지켜주지 못하는 사회, 병역 같은 의무만 강조되고 국민의 인간답게 살 권리는 묵살되는 사회, 정치인이 권력에만 몰두하는 사회, 병역의 의무는 힘없는 사람만 진다는 허탈감과 패배감이 강한 사회, 정직하게 살면 손해를 볼 것 같은 사회, 내 자식도 나처럼 실패자로 살 것 같은 강박감이 매일같이 반복되는 삶 속에서 이민이나 자살밖에 다른 퇴로가 없을 것 같은 사회라는 것을 피부로 느낄 때 증폭된다. 이 같은 절망적 상황을 극복하기 위해 정부는 어떤 역할을 해야 할까?

좋은 정부의 역할

세계은행은 좋은 정부의 역할에 대해 여섯 가지 지표를 제시했다.

첫째, 정부의 효율성이다. 정부의 능력을 보여주는 지표는 성장과 분배의 균형이다. 꾸준한 경제 성장이 가능하게끔 산업, 노동, 재정, 교육 등이 유기적으로 작동하도록 정부는 교향악단의 지휘자 같은 역할을 해야 한다. 우수한 인재들이 지속적으로 노동시장에 공급되도록 탁아소부터 고등교육에 이르기까지 공립학교의 질을 끌어올려야 한다.

사립학교와 학원은 공립학교가 제대로 기능을 하지 못한 사회에서나 번창하는 법이다. 공립학교가 인성 교육, 창의 교육, 인재 교육을 제대로 수행한다면 누가 큰돈 들여 자식을 사립학교와 학원에 보내려고 하겠는가?

경제 발전의 열매가 골고루 돌아가도록 노동 정책과 산업 정책을 유기적으로 관리하는 것도 중요하다. 정규직 노동자 간의 임금 격차가 크게 벌어지지 않도록 하는 것뿐만 아니라 비정규직 노동자들의 차별이 고착화되지 않도록 노사 간의 대화를 통해 국가 발전의 비전에 동참하도록 설득하는 능력이 요구된다. 최저 임금을 경제력에 걸맞게 적정 수준으로 산출해 법제화하고 기업이 청년들의 노동력을 싼 비용으로 착취하지 못하도록 감독해야 한다.

경제 성장이 물가 상승으로 인해 임금 상승을 상쇄하지 않도록 하는 시장 관리 능력도 보유하고 있어야 한다. 성장 없는 경제, 분배 없는 성장은 결국 실업자 양산과 양극화로 이어져 사회의 불만 세력을 늘리고 불안을 가중시킬 수밖에 없다. 정부가 효율적 산출을 만들어내지 못하면 국민의 삶의 질은 악화되기 때문에 이는 정부의 신뢰에 악영향을 미치게 된다.

둘째, 국민의 목소리에 귀를 기울이고 국민이 목말라하는 부분을 책임 있게 수행하는 능력이다. 정부는 사회의 다양한 불만족을 해소하기 위한 정책과 대안을 내놓아야 한다. 국민의 질병에 대한 공포, 안전과 치안에 대한 불안, 삶의 불편 등을 해소하기 위해 공공재(보건소, 질병 관리, 식품 안전 검사, 상하수도 관리, 원자력 안전 관리 등)의 질을 높이고 삶의 질과 생존에 대한 근본적 대책을 내놓아 국민을 안심시키는 것은 정부의 반드시 수행해야 할 중요한 업무에 속한다. 안전사고 등이 발생했을 때 빨리 재해대책본부를 가동시키고 부상자의 치료에 앞장서는 것은 물론, 사고의 원인을 분석하고 재발을 방지하는 등 근본적 치유책을 내놓아야 한다.

이 과정에서 피해자 가족의 위로 및 사망자 보상 절차 등에 착수해 정부가 국민의 아픔을 보듬어주고 함께 나누는 역할을 해야 한다. 동시에 책임자를 색출해 징계 절차를 밟고, 이 과정에서 밝혀지는 비리는 철저하게 단죄하는 단호한 모습을 보여줘 국민의 신뢰를 잃지 않도록 노력해야 한다. 이처럼 정부가 두 역할을 제대로 수행하는 모습을 보여주면 국민은 힘이 들어도 참고 정부를 믿고 의지하게 된다.

세 번째, 사회의 다양한 이해관계가 얽혀 발생하는 폭력적 갈등을 해결해 국정의 안정을 확보해야 한다. 폭력적 전복의 위험이 없는 사회를 만들기 위해서는 사회 불만세력을 설득하는 능력, 정책으로 문제를 해결하려는 자세와 열정을 갖춰야 한다. 장기적 비전을 제시해 평화적 방법으로 문제를 해결하는 것이 최선이라는 인식을 사회 각층에서 이끌어내야 한다. 야당과의 협상에 능동적으로 임하면서, 힘으로 밀고 나가는 정치보다는 설득과 타협을 통해 야당이 정부의 정책을 적극적으로 지지하지는 않더라도 어깃장을 놓거나 장외 투쟁을 벌이지 않도록 끊임없이 대화하는 자세가 필요하다. 최후의 수단인 폭력을 사용하는 단계까지 방치하는 정부는 무능하거나 무기력한 정부다.

네 번째, 사법의 질을 들 수 있다. 사법 절차가 공정하지 않으면 가진 자가 더 이익을 보는 사회가 된다. 사법 절차가 아예 존재하지 않거나 권력을 가진 자가 사법을 통제할 때 국민의 생존은 위협받는다. 전쟁 같은 비상사태 때는 국민의 3심 제도가 제한된다. 전쟁 상황에서는 군사재판의 결과에 따라 현장에서 바로 사형이 집행될 수도 있다. 사법적 판단 없이 즉결범으로 몰아 처형하는 경우는 가장 가증스러운 전쟁 범죄 행위로 꼽힌다. 독재국가에서 자행되는 인민재판과 공개사형 등은 기본적인 인권도 지켜지지 않는 국가의 모습을 보여준다. 민주주의 국가에서도 사법부가 부패하거나 정부의 뜻에 따라 판사가 앵무새처럼 판결문만 읽어 내려간다면 국민의 인권은 유린될 수밖에 없다. 그래서 공정한 사법 제도는 국민의 생명과 안전을 지키는 마지막 보루이자 정의로운 사회의 필수 요소로 꼽힌다.

다섯째, 법치국가의 작동 여부다. 무법천지에서는 힘이 센 사람이 그렇지 못한 사람들을 착취하거나 뇌물을 받고 보호하는 모습을 쉽게 볼 수 있다. 법이 있더라도 법을 집행하거나 판단하는 사람들이 부패하면 힘없는 국민은 법의 보호를 받을 수 없다. 경찰과 검찰이 부패하면 힘 있는 자가 언제나 승리하는 사회가 되고, 국민은 더 이상 국가의 공권력을 믿지 않게 된다. 민주 경찰이 있더라도 군대를 동원해 쿠데타를 일으키면 아무런 소용도 없다. 법치국가는 법이 모든 사회구성원들에 의해 존중되고 지켜질 때 만들어진다. 정부가 제대로 사용하지 않을 것 같으면 세금을 내는 것 역시 아깝다고 생각하게 된다. 법치의 부재는 부패를 초래하고, 공권력을 불신하고 가족만 믿는 사회를 만들어 이기주의가 팽배하게 한다. 같은 그룹에 속하지 않은 사람은 어떤 수단을 동원해서라도 이겨야만 하는 경쟁자로 배척받을 뿐이다. 이런 사회에서는 사회적 결속력이 존재하기 힘들다. 다른 생각, 문화, 믿음은 무시하고 경멸하거나 배척의 대상이 된다. 톨레랑스의 부재는 법치국가 실종의 부산물이다.

마지막 여섯째로 부패의 통제를 들 수 있다. 부패가 만연한 사회에서는 먹이사슬 구조가 형성되어 정직한 사람이 항상 패배하는 구조가 된다. 국민은 뇌물을 통해 공공 서비스의 질을 높이려고 한다. 사람들이 경쟁에서 지면 뇌물을 주지 않거나 적게 주어서 그렇게 됐다고 믿는 사회에서는 서로를 신뢰할 수 없다. 이런 사회에서는 제대로 세금 내는 것이 손해라는 생각에 부패 행위에 적극 가담하는 것이 보편화된다. 부패한 사회 구조에서 정부의 입찰은 항상 내부 관계자와 내통한 회사가 따내고 회사는 하청업체를 통해 그 비용을 보전하려고 하기 때문에 부실 공사를 막을 수 없다. 군수품과 원자력 부속품 입찰 과정에서 비리가 벌어지면 국방력이 약화되고, 사고가 발생해도 국민의 생명과 안전을 지킬 수 없게 되어 국가의 안보와 국민의 삶이 불안해지게 마련이다. 부패가 만연할수록 부실공사, 준공검사 부재 등으로 안전사고가 꼬리를 물고 발생한다. 비슷한 안전사고가 계속 발생한다면 입찰 과정에서부터 부패 구조가 만연해 공무원들이 뇌물을 챙겼을 확률이 매우 높다. 고여 있는 물은 썩게 마련이다. 이런 사회에서는 정치 보직이 순환되더라도 공무원은 항상 제자리에 있기 때문에 언제든 부패할 가능성이 내재돼 있다. 썩어가는 온상에 항상 신선한 바람을 불어 넣고 토양을 어떻게 바꿀 것인가 고민하는 정부가 되어야 한다.

부패의 지독한 고리를 끊기 위하여

문제는 정부가 중앙관료사회의 부패를 해결하지 못하면 지방관료와 민간 부문의 부패를 잡을 수 없게 된다는 데 있다. 관료와 민간이 합작해 함께 부패하면 나라 전체가 부패 공화국이 된다. 예를 들어, 지방자치단체의 민간 및 공공건축물은 반드시 감리사가 공사 시작부터 완료까지 감독을 하게 되어 있다. 감리사는 시공 상세도를 살피고 자재를 승인하며 안전성을 검토하는 등 시공의 전반적인 과정을 사전에 확인하고 승인하는 직업이다. 즉, 건축공사가 진행되는 내내 공사를 감시하고 감독해야 하는 것이다.

그런데 이런 중요한 일을 하는 감리사를 형식적으로 임명해놓고 나 몰라라 한다면, 건축물의 질은 장담할 수 없게 될 것이 뻔하다. 감리사는 공사 중간에 들어가는 자재의 적정한 질과 양을 살피고 도면 변경 등이 없는지 철저하게 관리하는 역할을 해야 하는데, 이것이 제대로 이루어지지 않을 경우 큰 문제가 된다. 건물 완공 후에 건물 내부를 파헤쳐 조사할 수도 없는 노릇이니 말이다. 준공검사가 형식적으로 이루어지는 데는 이런 이유도 크게 작용한다.

또한 토목감리사가 제대로 기능을 못 하면 토목 공사의 안전성을 믿을 수 없게 된다. 토목 건설은 도로, 철도, 지하철, 교량, 터널, 항만, 공항, 상하수도, 댐, 수자원, 지반 등 공공재로, 국민의 편의와 삶의 질에 결정적 영향을 미치는 시설들이다. 중앙이나 지방정부가 토목공사를 발주하면 시행사는 토목감리사를 임명하는데, 이들은 건축감리사와 똑같은 일을 한다. 그런데 토목감리사가 뇌물을 받고 비리를 눈감아주거나 이름만 올려놓는 형식적인 역할을 한다면 토목 공사의 질을 장담할 수 없게 된다. 중요한 국가 시설들이 붕괴하는 사고가 발생했다면 토목감리사가 제 역할을 하지 않았을 가능성이 크다. 건축물과 토목 공사 부실의 공통점은 부패의 먹이사슬 구조의 결과라는 것이다. 어디서 문제가 시작되는 것일까?

먹이사슬 구조는 먹잇감을 주는 당사자(국가, 민간사업자)가 처음부터 끝까지 관리 및 감독 기능을 제대로 하지 않아 만들어진다. 기본계획 수립 단계에서부터 인허가, 준공 검사까지 모든 과정이 관료의 손에서 시작되고 끝난다. 입찰 과정에서 내부와 내통한 건축 시공사가 공사를 수주하면 감리와 준공검사는 대개 형식적으로 이뤄지기 쉽다. 먹이사슬 구조의 작동 원리에 따라 위에서부터 조금씩 뇌물을 나눠 갖기 때문에 부실은 총체적으로 나타난다.

공무원이 건축 허가를 내주는 과정부터 기본시행 계획을 꼼꼼히 챙기고, 감리사 자격자 교육 과정에 청렴교육을 추가하고, 특히 정부 발주 공사의 경우 내부자와 내통할 수 없도록 입찰 과정을 꼼꼼히 관리하고, 자재 입찰을 통한 조달 과정의 투명성을 높이고, 준공 검사를 엄정하게 집행해야 한다. 사실 이런 과정이 너무 복잡해 어디부터 손을 대야 할지 막막할 수도 있다. 하지만 인허가 과정부터 공무원의 역할이 제대로 작동한다면 부패의 가능성을 상당 부분 줄일 수 있다. 그래서 청렴한 공무원은 나라를 바로세우는 중요한 열쇠라고 하는 것이다. 이들이 국민의 안전과 생명을 지키는 방패막이 역할을 해야 한다. 전방에서 불침번을 서고 있는 군인만 국민을 지키는 게 아니다. 안전사고 역시 국민의 생명과 직결되는 문제다. 따라서 공무원은 일상생활 속에서 국민을 지켜주는 사람이어야 한다.

여기서 정치가 제대로 역할을 해야 한다. 건축 관련 부패가 발생할 여지가 있는 곳에 뇌물 등이 개입되지 못하도록 법을 제정해 시행한다면 부패를 원천적으로 방지할 수 있다. 부패에 의한 공사 부실 등이 발견되면 엄격히 처벌해야 한다. 부패방지법은 공직자에게뿐만 아니라 민간 사업자에게까지 해당하는 포괄적 법제도로 구축되어야 성공할 확률이 높아진다.

일명 '관피아'라고 하는 사회적 현상은 관과 민의 합작품으로 만들어지는 경우가 많다. 전관예우는 위계질서의 상하 문화에서 발생하는 후진형 관례다. 형사 범죄는 아니지만 적어도 국민의 존경을 받아야 할 사람이 자신의 이익을 위해 규칙을 어기는 것이기에 사회윤리적 범죄라고도 볼 수 있다. 이들이 전임자로서 현직 공무원에게 압력을 넣어 자신이 몸담은 새로운 조직이 이권을 얻게 했다면 이들을 형사범법자로 처벌해야 한다.

공직에서 깨끗하게 일하다가 퇴직한 사람은 명예롭게 삶을 정리해야 아름답다. 이들이 명예롭게 사회를 위해 봉사할 수 있도록 해외나 국내 자선단체 혹은 방과 후 과정 교사 활동 등을 정비해 이들을 활용해야 한다. 이들의 경험, 경륜, 기술과 지식은 분명한 국가 자원인데 국가를 위해 다시 활용하지 못하고 있는 것이 현실이다.

부패를 획기적으로 줄일 수 있는 방법은 먹이사슬 구조에서 첫 먹이의 가치를 떨어뜨리는 것이다. 그것은 바로 사회에 존재하는 특권이라는 먹잇감이다. 국회의원의 특권을 줄이고, 고위공직자의 특혜를 줄이면 부패는 줄어들게 마련이다. 윗물인 사회 지도자들이 먼저 특권을 내려놓으면 아랫물은 당연히 깨끗해진다. 지도자들의 부패 뉴스를 접할 때마다 국민들은 "저 사람들도 저러는데 나쯤이야" 하는 유혹에 빠지게 된다. 그렇지 않으면 아예 귀를 닫고 눈을 감고 사회 변화에 둔감해지는 은둔형이나 도피형 국민이 양산되어 공동체의 가장 중요한 참여, 관심, 배려, 나눔이 사라지고 만다.

경제계에서는 회장님 문화를 줄이면 기업 부패도 상당 부분 줄일 수 있다. 기업이 노동자를 진정 가족으로 대우하면 노조도 바뀐다. 시대에 맞지 않는 투쟁 일변도의 노동 운동, 자기 밥그릇 챙기기, 세습 고용, 정치 투쟁과의 연계를 버리면 국민은 노조의 파업에 박수를 칠 것이다. 한쪽은 전혀 변하지 않는데 다른 한쪽만 변하면 원상태로 돌아가기 쉽다. 노사가 함께 변화히는 것이 진정한 경제 민주화의 지름길이며, 그래야만 기업 경쟁력이 살아난다.

산업계와 교육계의 개혁

산업계가 건강하면 가정도 건강해진다. 대부분의 시간을 직장에서 보내는 노동자들이 가정에서 가족과 함께 시간을 보낼 수 있도록 적어도 오후 6시 퇴근이 보장된다면 국민의 삶에 대한 만족도는 분명 높아질 것이다. ILO의 통계에 의하면 OECD 국가 중에서 한국의 노동자들이 세계에서 가장 많은 시간을 직장에서 보내고 있다. 가족과 함께하는 삶은 산업계의 총체적 변화에 달려 있다. 노동법에는 분명 주 40시간을 근무하도록 명시되어 있지만, 법이 제대로 집행되는 것을 보기 어려운 게 현실이다.

이 밖에 교육의 개혁도 중요하다. 이는 국가의 미래를 좌우한다. 산업계가 대타협을 통해 8시간 근무제를 철저하게 실시하더라도 자녀들이 학교나 학원에서 혹사당하고 있다면 진정 가족과 함께하는 저녁은 보장될 수 없다.

교육 개혁은 창의 교육과 인성 교육에 초점이 맞춰져야 한다. 입시 위주의 수업과 학력 평가 위주의 교육 제도는 개인의 창의력과 상상력을 말살한다. 교육 개혁은 건강한 시민 의식 육성을 기본으로 한 인성 교육으로 바뀌어야 이루어진다.

핀란드 교육을 살펴보고 돌아온 수많은 교육자들이 좌절하는 것은 탁아소부터 대학 교육까지 교육계의 전반적 개혁이 없는 한 우리나라의 교육 제도는 바뀌지 않을 것이라는 거대한 문제 앞에 서게 되기 때문이다. 교육 개혁은 시·도 교육감 선거로 해결될 수 있는 사안이 아니다. 정부는 국가대계의 책임자로서 여야 정당, 교육 단체, 사교육 단체, 부모 대표 들과 함께 숙고해 국가 교육 발전을 대책을 내놓아야 한다. 정권이 바뀌어도 정부의 개혁안이 사장되지 않도록 여야, 사회단체가 반드시 함께 참여하는 국민대회의가 필요하다. 그렇지 않고 정권이 바뀔 때마다 짜깁기 교육 개혁이 이뤄져서는 국가를 책임질 미래 세대를 제대로 교육할 수 없다.

신뢰국가의 여섯 가지 조건

새뮤얼 헌팅턴Samuel P. Huntington은 민주주의 국가가 실패하는 경우를 일곱 가지로 들었다. 민주주의 가치의 부재, 경제 성장의 부재, 사회 및 정치적 양극화, 상류층의 좌파 진영 배제, 법과 질서의 파괴, 외국의 침략, 이웃 국가의 붕괴 등이다. 앞에서 설명한 세계은행의 여섯 가지 지표와 매우 유사하다.

헌팅턴이 지적한 것 중 민주주의 가치의 부재는 부패가 만연해 있고 사회가 불안해 국민들이 정부를 더 이상 믿지 못할 때 나타나는 현상이다. 상류층이 좌파 진영을 제거하기 위해 권력 카르텔을 맺으면 정치적 양극화와 폭력적 대립이 빚어질 것은 빤한 일이다. 이런 상황에서는 외국의 침략이 이루어지기 쉽다. 헌팅턴은 일곱 가지 경우 모두의 배후에 조금 더 많은 권력을 갖기 위해 폭력을 사용하는 정치인이 있다고 지적했다. 그만큼 정부의 실패, 국가의 실패는 정치인에게서 비롯된다고 할 수 있다.

그렇다면 신뢰 국가를 만들기 위해서는 어떻게 해야 할까? OECD는 여섯 가지 방법을 제시했다.

- 정부의 신빙성reliability 제고
- 대응성responsiveness 향상
- 개방성openess 증진
- 더 좋은 통제성better regulation
- 통합과 공정성integrity and fairness 확보
- 포괄적 정책 생산inclusive policy making

위의 지표들은 모두 세계은행 그리고 헌팅턴이 제시한 내용과 표현만 다를 뿐 중첩되는 개념들이다. 정부의 질은 국가의 발전과 융성에 가장 필수적인 요소다. 정부의 질은 관료의 청렴성이 보장되지 않으면 확보되기 힘들다. 정부의 질을 높이기 위해서는 특권 버리기부터 시작해야 한다. 그리고 정부에 신선한 새순이 나도록 토양과 환경을 바꿔야 한다. 공무원은 국민의 생명과 안전 그리고 국가 발전에 핵심 역할을 하는 국가의 중요한 기둥이다. 이 중요한 기둥이 무너지면 다른 기둥으로 버텨야 한다. 이런 경우, 국민은 언제 무너질지 모르는 시한폭탄 같은 사회에서 사는 것 같아 언제나 불안에 떨 수밖에 없다. 후쿠야마 교수는 정부는 부패와의 전쟁을 선언만 하지 말고 반드시 승리해야 할 의무를 갖는다고 주장했다.

위로부터의 변화가 진행되지 않으면 어쩔 수 없이 아래로부터의 개혁 요구가 시작되어야 한다. 그러기 위해서는 국회의원의 정책 의무를 강화하는 제도의 개혁이 필요하다. 역사상으로도 위에서 스스로 특권을 내려놓지 않을 경우 국민이 대신 그 역할을 떠안았다.

이 경우, 명심할 것이 하나 있다. 국민이 정치권에 개혁을 요구할 때 폭력이 수반되면 안 된다. 개혁 운동은 시간이 걸리더라도 철저하게 비폭력적 사회운동으로 진행되어야 한다. 폭력을 동반한 개혁은 새로운 폭력과 갈등에 불을 붙이는 도화선이 된다는 것을 절대 잊어서는 안 된다. 국가의 개혁 방향과 속도를 놓고 너무 성급하게 발전시키려고 하면 나라가 쪼개질 수도 있다. 주권을 잃었던 아픔, 약소국으로서 주변 강대국의 눈치만 보던 자괴감은 국가의 자존심을 세우고 우리만의 정체성을 세워 세계의 모범이 될 수 있는 동력으로 작동해야 한다.

우리의 정체성은 과연 무엇일까? 정체성을 찾으려면 어떻게 해야 할까? 정체성을 찾게 해 주는 정부라면 몇백 년 지나 새로운 시대를 연 정부라고 역사에 기록되지 않을까?

6장

국가의
미래

총체적 난국
속에서

새벽 3시. 스톡홀름을 거쳐 이스탄불을 이륙한 비행기는 탄자니아의 수도 다레살람에 하강했다. 몇 명의 미국인 의사들이 앞줄에서 비자 발급 서류를 작성하고 있었다. 한편에선 가벼운 옷차림의 유럽 젊은이들이 출국 수속을 밟고 있었다. 탄자니아에는 국제기관들이 많아 대개 자원봉사를 하러 오거나 관광지 잔지바로 가기 위해 이곳을 거쳐가는 외국인이 많다.

다음 날 아프리카 연합 반부패자문위원회 사무총장을 지낸 아돌프 로손 교수와 함께 탄자니아 개방대학Open University of Tanzania 캠퍼스에 들어섰다. 1만 5,000여 명의 학생이 공부하는 대학이라는데 캠퍼스는 작은 편이었다. 간단한 식사를 하러 들른 학생식당은 한적했다. 식사를 하는데, 낯선 이방인에게 쏟아지는 관심의 눈길이 느껴졌다. 엠마누엘 말리야 정치학과 과장은 우리 일행을 반갑게 맞아주었다. 그는 정치학과 교직원들을 소개해 주며 작은 페트병을 건넸다. 더운 날씨의 아프리카에선 차가운 물을 내주는 것이 가장 융숭한 대접이다. 그와 함께 들어간 도서관에는 책이 많지 않았다. 비교적 깨끗한 책을 몇 권 꺼내 보니 1980년대에 출판된 것이 대부분이었다. 도서관의 온도는 체감 30도가량으로 느껴졌는데, 에어컨은 작동되지 않고 있었다.

다레살람 시내와 연결된 남북도로는 평상시에는 20분이면 통과할 수 있지만 출퇴근 시간에는 두 시간이나 걸릴 정도로 교통체증이 심각했다. 시내로 진입하는 주도로가 한 개밖에 없어 도로 사정이 매우 열악한 탓이다. 주택가, 공장 등으로 이어지는 도로에서 차들이 주도로에 들어오면서 뒤엉키는 병목 현상이 쉽게 눈에 띄었다. 이 같은 상황을 개선하기 위해 주도로를 넓히는 작업을 진행하고 있지만 예산이 충분히 확보되지 않아 건설장비보다는 인력에 주로 의존하다 보니 공사가 진척되는 속도가 매우 느리다고 로손 교수가 귀띔했다. 경찰이 수신호로 교통을 통제하다 보니 고위공직자의 차라도 한번 지나가면 우선 길을 확보해 주느라 30분 이상 도로 위에 차를 세우고 있는 일도 다반사라고 했다.

불법이 판치는 나라

2015년 11월 실시된 대통령 선거에 당선된 중도좌파 존 마구풀리John Magufuli 대통령은 사회질서를 확립하기 위해 경찰 인력을 배로 늘리고 이를 도심지 및 고속도로에 집중 배치시켰다. 그래서 그런지 도로 여기

저기에서 경찰을 쉽게 발견할 수 있었다. 교통경찰들은 지나가는 자동차들을 일일이 세워 자동차면허 등록, 운전면허증, 자동차 상태를 점검했다. 이곳 운전자들은 교통경찰이 없는 곳을 찾아 운전하는 것이 습관화되어 있었다. 하지만 도로 사정이 뻔하다 보니 피해 다니는 것도 한계가 있었다. 이들이 경찰을 꺼리는 이유는 간단하다. 아주 작은 문제라도 발견되면 여지없이 바로 벌금을 부과하기 때문이었다. 깜박이등 미작동, 안전벨트 미착용, 음주운전, 운전면허증 미소지, 차량검사증 불소지 등 찾으려고만 들면 문제는 얼마든지 발견할 수 있다. 이런 경우, 뒷돈을 찔러주는 것이 훨씬 더 싸게 먹히기 때문에 경찰이 자동차를 세우면 으레 준비해 두었던 돈을 건네는 것이 일상화되어 있었다. 경찰들이 트집을 잡아 뒷돈을 뜯어내는 것보다 운전자를 더 화나게 하는 것은 보이지 않는 곳에 숨어 있다가 갑자기 나타나는 경찰의 단속 방식이었다. 과속, 불법 좌회전, 역주행, 적색등 주행 등 운전 중 저지르기 쉬운 과실을 범하면 곧바로 어디선가 교통경찰이 차를 바로 정지시키기 일쑤였다. 그래서 운전자에게 흰 제복을 입은 교통경찰은 기피 대상 1호다. 한편 경찰들이 뒷돈을 챙기는 데 혈안이 된 이유는 봉급이 적어 생활비를 충당하기 어렵기 때문이라고 했다.

세계투명성기구가 발표한 2015년 부패인지지수Corruption Perception Index에서 탄자니아는 100점 만점에 30점으로, 세계 168개 국가 중 117위를 차지할 정도로 부패 수준이 높다. 44점으로 61위인 남아프리카공화국과 비교하면 한참 낮은 셈이다. 그런데도 탄자니아 관료들은 이웃 국가 케냐가 25점으로 139위에 올랐다는 것을 위안으로 삼는다. 상황이 이렇다 보니 경찰, 법원, 세무공무원, 지방공무원은 봉급보다 뒷거래로 버는 돈이 더 많다고 할 정도로 부패가 만연해 있다. 예를 들어, 정식 절차를 밟아 건축허가를 받으려면 1~2년 정도 소요되지만 도시건축과 직원에게 봉투를 건네면 한두 달이면 바로 건축허가가 떨어진다. 그러다 보니 어쩔 수 없이 뒷돈으로 거래를 할 수밖에 없다. 그렇지 않으면 자신의 민원은 계속 미해결 상태로 남아 있을 것이기 때문이다.

그래서 탄자니아에는 비공식시장informal market이 폭넓게 형성되어 있다. 세계에서 가장 큰 사파리와 킬리만자로 공원, 빅토리아호수가 있어 많은 관광객이 몰려오는데, 관광업체들은 미국달러화만 받는다. 탄자니아 실링으로 결제하려고 하면 더 높은 가격을 요구한다. 그래서 어쩔 수 없이 달러로 결제하게 되는데, 이 돈은 모두 세금 회피 수단으로 사용된다. 관광객에게 기념품을 파는 소규모 상점, 가내수공업자, 소규모 가구회사는 물론, 채소과일상 등 노점상들도 관광객 상대로는 달러로 거래를 한다. 이처럼 탄자니아 국민들이 어떻게든 세금을 내지 않으려 들다 보니 비공식시장이 커질 수밖에 없는 경제 구조다.

이런 상황에서는 정부가 세수를 늘리기 위해 아무리 노력해도 큰 효과를 보기가 쉽지 않다. 왜냐하면 정부 고위공직자들 스스로가 비공식시장의 소비자이고 가장 큰 수혜자이기 때문이다. 정부의 공사를 하나 수주하면 건축업자는 비공식적으로 지불해야 하는 추가 비용을 준비하는 것이 상례다. 당연히 건축업자는 인건비를 줄이기 위해 노동자의 임금을 낮추고, 불법노동자를 채용하고, 임금을 체불하고, 공사 비용을 줄이기 위해 공사 자재를 몰래 빼돌리는 방법으로 수익을 남기는 것이 일상화되어 있다.

실제로 필자는 탄자니아에 머무는 동안 영문판 신문 〈데일리 뉴스Daily News〉에서 건축업자들이 공무원에게 거금의 뇌물을 상납했다가 발각된 스캔들 기사가 연일 특종 보도되는 것을 보았다. 이 같은 부패의 먹이사슬을 어떻게 끊느냐가 아프리카의 저개발, 양극화 문제, 빈곤 문제 등을 해결할 수 있는 지름길일 것이다. 부패 사회에서는 힘있는 자가 가장 큰 수혜자이고 힘없는 국민, 소수자, 여성들이 가장 큰 피해자다.

심각한 교육 수준

2015년 세계은행의 자료에 의하면 탄자니아 국민의 문자 해독률은 80.3퍼센트로 세계 평균치인 86.3퍼센트보다 6퍼센트포인트 낮다. 남성은 84.8퍼센트에 이르지만 여성은 75.9퍼센트로 차이가 9퍼센트포인트에 이른다. 이렇게 여성의 문자 해독률이 낮은 이유는 가난한 가정의 자녀는 어려서부터 가사노동에 동원되기 때문이다. 일손이 부족한 농촌에서는 여자아이가 동생들을 돌보느라 학교에 등교하지 못하는 경우가 흔하다. 2006년 기준으로 취학률은 97.8퍼센트에 이르지만 등교일수는 농촌일수록 낮아져 여성 문맹률이 높은 이유 중 하나를 차지한다.

또 한 가지 문제는 학교 시설과 교재 부족이다. 2001년 학비가 무료화되면서 초등학교 7년 과정(7~13세) 학생 수가 폭발적으로 증가했지만 예산 부족으로 학교 건물 증축, 교사의 고용 확대가 이어지지 않아

2010년 기준 초등학교 교사 1명당 54명의 학생을 가르치는 콩나물 교실이 운영되고 있다. 대도시에서는 상황이 더 심각하다.

학교 교육의 또 다른 문제는 턱없이 모자란 교재다. 예를 들어, 수학 같은 과목은 전체 학생 수의 3퍼센트 정도에 해당하는 책이 배포돼 공동으로 쓰기 때문에 수업하는 것 자체가 어렵다.

사정이 이렇다 보니 초등학교 4학년에서 5학년으로 올라가는 승급 시험과 7학년 졸업 시험을 통과하는 학생들의 비율이 저조하다. 2007년 78.5퍼센트만 5학년 승급 자격을 얻었고, 수학의 경우 39.5퍼센트만 시험을 통과했다. 2007년에는 7학년 중 78.5퍼센트, 2012년에는 74.1퍼센트만이 졸업 시험을 통과해 졸업 증명서를 발급받았다. 2008년 중등학교(14~17세) 진학률은 36.2퍼센트, 학생 1명당 교사 수는 35명에 이르고 고급 과정1(18세), 고급 과정2(19세) 진학률은 각각 4퍼센트, 1.4퍼센트에 그쳐 고급 과정까지 진학하는 비율이 현저히 낮게 나타났다. 대학에 진학하는 비율은 극히 낮은 1퍼센트 내외에 그쳐 최고 엘리트 집안의 자녀만 대학에 다닐 정도다.

탄자니아의 교육 수준이 낮은 이유 중 하나로 산업 구조가 아직도 농업 중심인 1차 산업 국가라는 점을 들 수 있다. 아직도 농업에 종사하는 인구가 도시 인구보다 훨씬 많다. 도시화지수Urbanization Index는 31.6퍼센트로 아직도 농촌 경제가 전체 경제에서 차지하는 비율이 높다. 도시화가 가장 많이 진행된 남아프리카공화국의 경우 64.8퍼센트로, 상당한 격차가 있음을 알 수 있다. 도시화가 진행될수록 국민의 교육 수준이 높아지고 사회적 유동성이 농촌 중심 사회보다 빠르게 진행되어 양극화가 감소하는 경향을 보인다는 점에서 탄자니아는 아직 개발도상국의 초입 단계에도 들어가지 못한 상황이라고 할 수 있다.

문제는 인재 유출

탄자니아의 실업률은 11퍼센트에 이른다. 도시화가 가파르게 진행되고 있는 수도 다레살람에서는 실업률이 높아지면서 범죄율까지 높아지고 있다. 직접 방문해 본 외국인 여행객들이 평가하는 안전도에서 탄자니아는 100점 만점에 39점으로, 세계에서 20번째로 위험한 국가에 속한다. 범죄율은 100점 만점에 60점으로 상시 범죄에 노출되어 있다. 유엔 마약살인사무소UN Office on Drugs and Homocide에서 산출한 2013년 살인범죄지표에서도 세계 218개국 중에서 브룬디, 케냐, 르완다 등 아프리카 국가들이 상위를 차지하고 있고 탄자니아는 18번째로 살인 범죄가 많이 발생하는 나라로 기록되어 있다. 그만큼 국민들은 범죄와 안전의 사각지대에서 힘든 삶을 영위하고 있다.

하루는 함께 머물고 있던 동료 교수와 함께 초대를 받아 저녁 식사를 대접받았다. 잘 구운 탄자니아 그릴 요리는 입맛을 자극하기에 충분했다. 초대한 가족의 남편은 뇌신경외과 의사이고 부인은 정부의 고위공직자였다. 의사인 집주인은 보츠와나의 수도 하라레에서 근무하며 몇 달에 한 번씩 가족을 방문한다고 했다.

초대해 준 분께 왜 탄자니아 병원에서 근무하지 않고 멀리 떨어진 보츠와나에서 근무를 하게 되었느냐고 물었다. 그는 잠시 한숨을 쉬더니 "시장원리" 때문이라고 했다. 연봉이 높고, 근무 조건이 좋은 데다 범죄율이 낮아 안전한 국가라 선택했다는 것이다. 그는 또한 자기처럼 고국을 떠나 외국에서 더 좋은 연봉을 받고 활동하는 의사들이 많다고 귀띔해 주었다.

이와 관련, 코넬대학 연구팀은 제3세계 의사들의 인재 유출이 심각한 수준이라는 내용의 연구 결과를 발표했다. 〈탄자니아의 의료 전문 인재 유출Brain Drain of Health Professionals in Tanzania〉이라는 2012년 보고서를 보면 탄자니아 의료 전문 인력의 52퍼센트에 해당하는 2,620명이 해외에서 근무하고 있어 앞으로 인재의 해외 유출을 막지 못하면 병원들은 문을 닫아야 할 형편이라고 경종을 울렸다. 현재 탄자니아에 등록된 의사, 간호사 중 48퍼센트인 1,356명만 국내에서 활동하고 있다.

더 큰 문제는 재능과 능력을 겸비한 전문직 종사자들이 기회만 되면 더 좋은 조건을 제시하는 나라로 언제든 떠날 준비가 되어 있다는 점이다. 그런데도 정부는 더 높은 연봉과 의료 시설을 제공할 경제적 여력이 없다고 뒷짐만 지고 있어 인재의 해외 유출은 더욱 급속하게 진행될 것으로 전망된다.

매일 아침 숙소에서 제공되는 망고, 파파야, 파인애플, 두리안 등 열대과일은 환상적이었다. 하지만 탄자니아 대학에서 강의하면서 느낀 경험은 탄자니아에서 생산되는 진한 커피처럼 쓴맛으로 남아 있다.

국가가 부패의 고리를 끊기 위해서는 어떻게 해야 할까? 교육 수준을 높이고, 좋은 일자리를 만들고, 범죄율을 낮출 수 있는 정책은 무엇일까? 더 많은 인재가 모이는 나라, 좋은 정부, 정의로운 국가 건설은 잘 사는 나라, 힘 있는 나라뿐만 아니라 가난한 나라, 힘없는 나라에게도 가장 시급하게 추구해야 할 목표다.

국가의 부흥과 몰락을
촉진하는 것들

국가 흥망성쇠의 요인으로 흔히 산업혁명, 경제 성장, 신무기와 전술의 현대화, 인구, 정신력, 질병 등 국력의 지표를 드는 경우가 많다. 하지만 강대국으로 성장하거나 주변국으로 쇠퇴한 국가들의 이면을 들여다보면 또 다른 요인을 발견하게 된다. 바로 새로운 인재의 영입과 유출이다.

좋은 인재의 힘

좋은 인재의 교육과 배출은 국가의 성장과 발전에 있어 필수 요소다. 좋은 인재는 국가의 새로운 사상과 기술, 과학을 발전시키며, 군사적으로는 새로운 무기를 개발하고 군사전략을 고도로 발전시켜 국력을 키우는 데 결정적 역할을 하기 때문이다. 좋은 인재는 국내의 교육 제도를 통해 배출되기도 하지만 해외에서 유학하고 돌아온 인재들이 국책 연구소나 대학 연구소로 들어가 국가의 미래 전략과 기술, 과학, 사상의 발전에 신선한 바람을 일으키는 경우도 많다.

글로벌 시대에 살아남기 위해 기업들도 해외 인재의 영입에 상당한 공을 들이고 있다. 인재를 영입할 때 좋은 근무 조건과 환경, 후생 등을 제공하는 것은 기본이고 연봉이 대기업의 CEO들보다 2~3배 높은 인재를 영입하는 것도 이제는 흔한 일이 되었다. 국내 기업의 성공적 인재 영입 사례로 피터 슈라이어Peter Schreyer 기아자동차 디자인 총괄사장을 들 수 있다. 기아자동차는 폭스바겐의 엑스테리어디자이너였던 그를 2006년 스카우트한 뒤 디자인 경영이라는 슬로건을 걸고 변신을 거듭한 결과, 2012년 처음으로 세계 최대의 브랜드 컨설팅업체인 인터브랜드Interbrand가 발표한 세계 100대 브랜드 기업 중 87위에 올랐고, 2015년에는 74위까지 뛰어오르는 기염을 토했다. 이렇듯 우수한 인재 영입은 엄청난 시너지 효과를 내기 때문에 국내 및 해외 기업들이 인재 영입에 사활을 걸고 있다고 해도 과언이 아니다.

국가도 마찬가지다. 새로운 피를 공급해 국가가 성장하는 모멘텀을 확보하게 된 나라도 있지만, 엄청난 미래 잠재력을 보유한 인재를 잃고 쇠퇴의 길로 들어선 나라도 많다. 흔히들 두뇌 유출이라고 말하는 인재 손실은 역사적으로 국가의 흥망성쇠와 매우 깊은 연관을 보였다. 스페인은 1492년 그라나다를 점령하고 가톨릭으로 개종하지 않는 유대인과 무어인(회교도인)을 추방하기 시작했다. 이를 알람브라 포고령Alhambra

^{Decree}이라고 한다. 당시 스페인에는 유럽에서 가장 많은 유대인이 정착해 살고 있었기 때문에 유대교 신자가 많았다. 유대인들은 종교적 정체성이 강하기로 유명하다. 스페인에서 자신의 신앙인 유대교를 지키려다 강제로 추방당한 유대인은 20만 명 정도로 추산된다. 이런 유대인들 가운데는 상인과 고리대금업자, 기술자가 많았는데, 이들과 함께 빠져나간 금과 은의 양, 기술, 무역 능력 등은 1600년대 스페인이 몰락하는 데 결정적 영향을 미쳤을 것이라고 역사가들은 기술했다. 유대인과 함께 추방된 무어인들만 해도 5만 가구는 될 것이라고 기록되어 있다. 한 가족이 평균 4~5명 정도인 무어인의 문화를 볼 때 최소한 25만 정도가 추방되었을 것으로 추산된다. 이를 합하면 45만 명을 상회하는 인구가 스페인을 빠져 나간 셈이다.

이들을 위한 동화 정책이나 다문화 정책을 펼쳤다면 스페인의 몰락이 그렇게 빨리 오지는 않았을 것이다. 스페인은 1500년대 이후 경제 발전이 더뎌지고 세수 감소로 인한 전쟁 자금의 고갈, 인구의 감소로 인한 용병의 증대 등으로 국력의 약화가 초래됐는데, 유대인과 무어인이 국내에 남아 국가 발전에 계속 기여했더라면 스페인의 영광이 더 오랫동안 지속되었을 것이라는 주장이다. 2013년 유로존의 재정 위기 이후 스페인에서 독일, 영국 등 다른 유럽으로 빠져나간 사람만 해도 각각 3만 6,000명, 5만 1,000명에 이를 정도여서 스페인은 역사적으로 인재의 순유출국으로 분류된다.

인재 유출의 또 다른 희생 국가는 프랑스다. 위그노인들은 프랑스에 거주하는 칼뱅주의 신봉자들로, 가톨릭교도와 충돌해 종교적 분쟁이 끊이지 않았다. 앙리 4세는 프랑스 내에서 종교의 자유를 선포하고 신교도들도 자유롭게 종교 활동을 할 수 있도록 1598년 낭트칙령을 발표했다. 하지만 위그노인들과의 갈등이 끊이지 않자 루이 14세는 1686년 낭트칙령을 파기하고 위그노인들을 강제로 축출하기 시작했다. 이때 축출된 인구가 대략 적게는 20만 명에서 최대 100만 명까지 이를 것으로 추산된다. 이들 중 상당수는 영국, 네덜란드, 스위스, 스웨덴, 덴마크, 프로이센 등 신교 국가로 이주했다.

영국에 정착한 위그노인 중에는 영국의 실크 산업 창시자, 영국중앙은행 초대은행장이 있으며, 아일랜드로 건너간 위그노인들은 영국의 직업군인 및 정치인들로 대거 활동했다. 당시 프로이센의 통치자였던 프레드릭 윌리엄Frederick William은 프랑스가 위그노인들을 추방하자마자 포츠담 칙령Edict of Potsdam을 발표해 이민자를 적극적으로 받아들이기 시작했다. 포츠담으로 이주해 정착한 위그노인들에게는 10년간 세금을 면제해 주는 특혜를 선사했고, 프랑스어로 설교하는 교회를 짓는 것을 지원해 주었다. 또한 러시아, 보헤미아(현재의 체코), 벨기에 서부 왈룬 지방의 신교도를 동시에 받아들여 포츠담을 당시 이민자들이 주축이 되어 기술, 가내수공업과 산업 등의 부흥지로 성장할 수 있게 했다. 브란덴부르크는 포츠담의 성장과 함께 1700년대 안정적인 발전을 이루면서 베를린이 수도로 성장하는 데 결정적 역할을 했다.

프랑스의 경우, 위그노인 추방은 뼈아픈 국력의 손실이었다. 사회 갈등의 해결을 위해 추방한 위그노인들과 함께 빠져나간 경제적 부 그리고 이보다 더 가치 있는 재능과 기술의 손실은 이후 부메랑 효과를 가져와 국력이 쇠퇴하는 결과를 초래했다. 프랑스는 위그노인이 떠난 이후 한때 무역업자, 은행업자, 예술가, 기술자 등이 일시적으로 부족해 한동안 국력이 약화되는 현상이 나타났다. 반대로 이들을 받아들인 영국과 프로이센은 최대 수혜자가 되어 강대국 간 힘의 균형추가 프랑스에서 영국과 프로이센 쪽으로 기울게 된 계기가 되었다.

기술자, 과학자, 발명가, 철학자와 학자 등의 유입은 국가 발전에 엄청난 기여를 한다. 특히 첨단물리학자, 화학자, 생물학자 등 군사 기술과 연관된 과학적 연구 실적을 가지고 들어오는 경우, 이들이 전쟁의 승패를 결정짓기도 한다. 대표적인 예가 유대인인 아인슈타인이다. 만약 독일이 인종 차별주의와 유대인 학살을 자행하지 않았더라면 일본의 나가사키와 히로시마에 떨어진 원자폭탄이 런던에 떨어졌을지도 모를 일이다. 그렇게 되었다면 영국은 항복했을 것이고 독일의 세계 지배는 더 오래 지속되었을 것이다. 히틀러가 추방한 귀한 인재가 결국 히틀러에게 패배를 안긴 주인공이 될 줄 누가 알았겠는가?

미국은 독일이 유대인을 탄압하기 시작하자 일찍부터 유대인의 고급 두뇌를 영입하기 위한 지원 프로그램을 진행했다. 록펠러재단은 1933년부터 1945년까지 독일의 유능한 인재를 영입해 미국 대학에서 연구할 수 있도록 한 사람당 10만 달러의 연구기금을 지급했다. 다음의 내용은 1940년 영국과 프랑스에 정착한 독일 유대인들을 유인하기 위해 전달된 편지의 내용이다.

만약 히틀러가 전쟁에서 승리한다면, 만약 전쟁에서 나치독일이 승리한

350

다면 영국과 프랑스가 어떻게 변화할 것인지는 명백합니다.

우선 두 나라를 독일제국과 합병하려 할 것이고, 독립 의지가 있는 지도자들은 분명 집단수용소로 보내지거나 사형에 처해질 겁니다.

좀 더 유화적인 정책을 펼치더라도 영국과 프랑스 그리고 패배한 국가들의 상황이 악화될 것임은 분명합니다. 독일이 어떤 정책을 펼칠지 분명히 알 순 없지만, 적어도 다음과 같은 것을 예싱할 수 있습니다.

영국과 프랑스세국을 해체하려고 할 것입니다.

독일제국의 경제적, 군사적 필요에 따른 재정, 생산, 대외무역 정책 등이 현실에 맞게 조정될 것입니다.

수백만 명의 인구가 독일인들을 위해 이주해야 할 것입니다.

독일 정권의 사상과 활동에 저촉되는 표현의 자유는 압살될 것입니다.

이러한 조치는 정치적으로나 경제적으로나 문화적으로나 명백한 의미를 담고 있습니다.

공포감마저 느껴지는 이 같은 편지가 암암리에 영국과 프랑스 대학으로 이주한 독일 유대인들에게 전해졌다. 이 같은 다소 비윤리적이고 공격적인 인재 영입 프로그램에 힘입어 미국은 303명의 독일 학자 가족의 이주를 맞이하게 되었다. 미국 정부는 대학과 정부 연구기관에 이들의 자리를 마련하고 연구에 몰두하도록 해 주었다. 이들 중에는 이미 노벨상을 수상한 사람이 6명이나 됐고, 미국에 이주한 뒤 연구한 성과를 바탕으로 6명의 수상자가 더 배출되었다. 또한 이들이 길러낸 수도 헤아릴 수 없을 정도의 제자 과학자들이 연달아 노벨상을 수상함으로써 미국은 독일의 두뇌 유출의 최대 수혜자가 되었다. 지금 미국이 자랑하고 있는 대학의 경쟁력과 자연과학과 사회과학에서의 세계적 영향력은 제 2차 세계대전 당시 인재 영입의 결과라 해도 과언이 아니다.

세계적 기술 강대국의 전형을 보여주는 스위스는 두뇌 유출을 가장 잘 방어하고 종교의 자유를 통해 도리어 인재들을 끌어들인 성공 사례에 속한다. 스위스의 초정밀기계 기술에 능통한 기술자들을 양성하는 도제 제도는 현재 정밀기계공업을 있게 한 젖줄이다. 2015년 수출액 기준으로 스위스의 시계 산업은 2위인 홍콩과 두 배의 차이를 보이며 스위스 경제를 이끌고 있다. 일찍부터 정치연합체를 조직해 시장의 질서와 정치적 안정을 이뤄낸 스위스는 나폴레옹 통치 시기를 제외하고는 한 번도 외침을 받아본 적이 없다. 그만큼 스위스는 각 주 칸톤Canton마다 여러 영지를 소유하고 있던 가문들이 용맹스럽고 잘 훈련된 군인을 보유하고 있어 중세 때부터 각국 군주들의 전투 용병으로 각광을 받았다. 군대는 강하고 투철한 사명감으로 무장하고 있었기 때문에 주위 강대국이 스위스 군대와 전투하는 것을 꺼릴 정도였다. 그만큼 스위스만의 전통과 장원 제도하에서 전문화된 중세의 도제 제도는 잘 보존될 수 있었다. 지금 스위스가 구가하고 있는 초정밀기계 기술의 발전도 프랑스에서 이주해온 위그노인들 중 일부가 정착하면서 기술의 전문화와 분업화를 통해 만들어낸 결과라 할 수 있다.

국내의 인재를 지키는 것과 외부의 인재를 영입하는 것은 어느 하나 소홀히 할 수 없을 만큼 모두 중요한 의미를 갖는다. 그렇다면 국내의 인재를 지키고 외부의 인재를 끌어들일 수 있는 흡인력은 무엇일까? 우선 정치 질서, 개인의 재산 보호, 개인의 자유와 삶의 질, 질 높은 공공재, 쇼핑 문화 등이 연구 조건과 환경에 못지않게 중요한 요소로 작용한다. 정치가 불안한 곳에는 사람들이 모이지 않는다. 자신은 물론 가족들의 안전이 보장되고, 삶의 질이 높아야 남아 있을 확률은 더 높아진다. 더불어 언어, 종교 그리고 문화적 다양성을 포용하는 문화적 톨레랑스도 중요한 요소다. 외국 인재를 오랫동안 남아 있게 하기 위해서는 그들의 자녀들이 다닐 우수한 국제학교들이 많이 있는가도 중요한 조건이나. 낮은 범죄율과 안전한 밤문화, 낮은 교통사고율, 깨끗한 공기와 물의 질, 낮은 환경오염도 등도 매우 유용한 흡인력을 발휘한다. 삶의 환경이나 질은 연봉보다 더 중요한 요소로 받아들여지는 경향이 있어 비슷한 조건이라면 쾌적한 환경을 선호하는 게 자연스러운 일이다. 중국의 황사와 매연이 심각한 환경 문제로 부각되자 외교관, 외국 기업, 학자 들이 하나둘씩 떠나간다는 외신 뉴스에 주목해야 하는 건 바로 이런 이유 때문이다.

인재를 끌어들이려면

또 한 가지 중요한 매력은 도시의 경쟁력이다. 암스테르담과 제네바는 종교적 자유, 정치적 자유를 유인책으로 일찍부터 해외 인재를 끌어들였다. 1530년대 구교와 신교의 갈등이 심각해졌을 때 이들 도시는 다른 신교 도시와의 협력 관계를 통해 일찍 신교로 개종해 네덜란드에서 시작된 칼뱅주의를 꽃피운 원천이 되었다. 그리고 이것이 구심점이 되어 구교의 탄압을 피해 종교적 자유를 찾아온 신교 기술자, 자본가, 학자, 예술가 들이 암스테르담을 기술과 예술이 숨쉬는 도시 그리고 금융도시로 탈바꿈시켰다. 지금도 암스테르담은 많은 외국인이 찾는 국제도시다.

미국 역사학자이자 저널리스트인 러셀 쇼토Russell Shorto는 최근 5년간 암스테르담에 살면서 이 도시의 예찬론자가 되었다. 자신의 책《세상에서 가장 자유로운 도시, 암스테르담Amsterdam: A History of the World's Most Liberal City》에서 마리화나 판매와 성매매가 합법화된 도시, 세계 최초로 동성 커플이 결혼식을 올린 도시, 데카르트가 사랑한 도시이며, 스피노자가 혁신적 사상을 탄생시킨 무대였고, 렘브란트가 종교화에서 탈피해 캔버스 위에 근대적 개인을 표현한 곳이라고 암스테르담을 찬미했다. 그러면서 네덜란드는 자연적 도전을 극복해 세계 최고의 화훼 국가를 만든 상상력이 있는 국가라고 설명했다. 아울러 이 같은 자유, 도전, 창의적인 도시의 매력은 사람을 끌어들이는 힘이 있다고 적었다.

제네바는 자유의 상징으로 성장한 도시다. 제네바가 유럽에서 알려지기 시작한 계기도 종교의 자유와 관용이었다. 제네바는 칼뱅이 신교 활동을 할 수 있도록 지원해 주었는데, 이때부터 프랑스와 벨기에 등지에서 종교의 자유를 찾아온 위그노인들의 보금자리가 되었다. 이때 유럽 각지에서 모여든 기술자들이 이곳에 정착하면서 정밀기계 기술의 씨앗을 뿌렸다. 나폴레옹 전쟁 이후 네덜란드가 정치적 중립국으로 인정받자 제2차 세계대전 당시 나치의 탄압을 피해 온 유대인 그리고 사회주의 국가에서 독립운동을 하던 동유럽 지식인 등 각국의 정치 망명객들이 스위스 국경을 넘어 자유 도시 제네바에 정착하거나 자유 세계로 찾아가는 중간 경유지로 제네바를 이용했다. 이처럼 제네바는 자유, 장인 정신, 관용, 문화적 다양성이 숨쉬는 도시로 많은 인재들이 몰려드는 곳이다. 제1차 세계대전이 끝나고 설립된 국제연맹 본부가 있었던 것은 물론 지금도 국제연합기구와 주요 세계 기구들이 활동하는 곳이기도 하다.

도시의 매력 못지않게 국가의 매력은 사람을 끌어들이는 중요한 촉매제가 된다. 미국은 건국 이전부터 받아들인 흑인 노예부터 시작해 남북전쟁 이후 홈스테드 법을 발효해 이민을 적극적으로 수용한 결과, 자국을 세계적 국가로 올려놓는 발판을 만들 수 있었다. 유럽, 아시아 등지에서 가난과 기아를 벗어나기 위해 찾아온 이민자들이 서부를 누볐고 전 세계에 '기회의 나라'로 알려지며 끊임없이 인재들을 끌어들였다. 이들의 개척 정신은 국가의 정체성이 되어 미국을 활기찬 국가로 바꿔놓았다. 지금도 첨단기술, 자본, 두뇌를 가진 세계적인 대학, 연구소, 기업들이 건재해 지속적으로 세계의 인재들을 블랙홀처럼 빨아들이고 있는 나라다.

독일은 2015년부터 시작된 북아프리카 민족 대이동의 최대 수혜국이다. 2015년에만 180만 명에 가까운 정치망명객을 받아들였다. 단기적으로 보면 극우주의가 준동하고 사회를 분열시킬 수도 있지만, 장기적으로 보면 엄청난 시너지 효과를 발휘할 수 있는 것이 이민 정책이다. 앙겔라 메르켈 총리는 제2차 세계대전 때 저지른 반인류범죄를 사죄하는 마음으로 이민자들을 받아들이고 있다고 했지만, 미국의 이민 정책에서 영감을 받은 바가 클 것이다. 이 같은 이민 정책이 성공한다면 독일은 다시 세계적 패권 국가로 성장하게 될 가능성이 크다.

스웨덴도 인구 기준으로 유럽에서 가장 많은 정치 망명객을 받아들인 결과, 복지 비용이 많이 들어가고 외국인 혐오주의를 업고 극우 정당이 성장세를 보이는 등 몸살을 앓고 있는 중이다. 지금 당장은 긍정의 목소리보다 우려의 목소리가 크게 들리는 게 사실이지만 독일 같은 논리로 접근하는 정치인과 지식인들 또한 많다. 이들에게는 이민자들이 국가의 자원이라는 인식이 강하다. 인구를 키우지 않고는 경제 발전을 이루지 못하고 러시아 같은 강대국과의 군사 대결에서 열세를 면치 못할 것임을 알기 때문이다.

미래는 다문화사회다

인재가 모이는 곳에 미래가 있다. 어떻게 인재를 교육시킬 것인가 못지않게 어떻게 자국의 인재를 지키고 세계적 인재를 끌어들일 것인가를 고민해야 하는 것 또한 좋은 정부의 역할이다.

세계화가 진행될수록 세계 각국은 다문화 사회로 변화하는 것을 불가피한 상황으로 받아들이고 있다. 우리나라의 경우, 국경을 닫아걸어 늦게 시작된 근대화로 침탈의 아픔을 겪기도 했다. 문화적 쇄국 정책은 더 이상 자유로운 여행, 빈번한 교류, 국제결혼 등으로 인해 성공하기 어려워진, 19세기 말의 낡은 정책이다. 이제는 다문화사회를 기정사실화하고 어떻게 해야 매력적인 도시, 경쟁력 있는 국가를 만들어 더 많은 인재를 끌어들일 수 있느냐를 고민하고 미래 지향적인 정책을 만들어낼 수 있는지를 논해야 할 때다.

유로존의 위기로 청년들의 일자리가 사라진 이탈리아, 그리스, 스페인, 포르투갈의 전문직 종사자들, 대학을 졸업한 청년들이 더 나은 삶을 위해 나라를 등지고 다른 유럽 국가로 떠나기 시작했다. 정부와 기업, 지식인들은 국가의 성패가 청년들에게 좋은 일자리를 만들어주는 것에 달려 있다는 사실을 잊어서는 안 된다. 외국인 경시 사상과 이질 문화 혐오주의를 경계하면서 인재를 지키는 정책은 동전의 양면과도 같다. 이 어려운 함수 관계는 이제 국가 경쟁력의 중요한 변수가 아니라 상수로 변화하고 있음을 간과해서는 안 된다.

어떤 나라로
나아가야 하는가

강대국들은 공통적으로 전쟁을 통해 세계사의 중심에 등장한 역사를 갖고 있다. 동시에 전쟁에서 패배한 국가들은 모두 쇠퇴의 길을 걸었다. 재기한 국가들을 보면 과거에 저지른 전쟁의 대가를 치르기 위해 후세까지 그 책임을 져야 했다.

독일은 2010년이 되어서야 비로소 제1, 2차 세계대전의 빚을 모두 청산할 수 있었다. 100년이나 된 전쟁의 죄과를 후손들이 대대로 갚아야 할 만큼 선대의 죄는 엄청난 대가를 치른 셈이다. 그러나 역설적으로 독일이 존경받는 이유 중 하나를 바로 여기에서 찾을 수 있다. 독일은 전쟁에서 진 빚을 역대 정권이 2010년까지 깨끗이 청산했고, 수백만 양민을 가스실로 보내며 학살한 도덕적 죄까지도 철저하게 반성하는 모습을 보이고 있다. 정치인의 사과는 물론 전쟁이 끝난 지 한참 후에 태어나 자라나는 아이들까지도 학교에서 선대의 악행을 철저하게 교육받으며 아픈 과거를 통해 정의를 배운다. 독일의 학교에서는 나의 주관과 편견을 강요하지 못하도록 논리적 사고와 타협, 협상의 기술들을 체계적으로 가르친다. 이것이 지금 자라나고 있는 세대들이 불의와 악에 대해 올바른 판단을 갖게 하고 독일 정치인들이 세계적 존경의 대상이 된 이유다. 극우보수주의가 지배하는 일본이 다시 강대국이 되기 위해서 반드시 숙고하고 고민해야 할 부분이기도 하다. 민족우월주의로는 세계를 이끌 도덕적 힘을 확보할 수 없다.

세계 정치의 딜레마는 과연 새로 부상하고 있는 중국이 지향하고 있는 목표가 세계 중심 국가로서의 가치에 뿌리를 두고 있는지에 대한 의문을 갖게 한다. 중국의 사상, 역사, 문화 그리고 일찌감치 앞서갔던 기술, 예를 들어 종이, 화약, 측량 기술, 대포, 관개 운영 기술, 비단 제조술 등은 강대국들이 앞다퉈 중국과 무역로를 개설하고자 했던 이유였다. 16세기 신대륙 발견 이후 서양인들은 중국의 앞선 문화를 소비하면서 중국의 높은 기술력뿐만 아니라 차원 높은 학문 세계, 유교 사상의 깊이, 서양 사상과 철학에 비해 뒤지지 않는 세계관 등을 높이 사며 중국의 가치를 고평가하고 있다.

하지만 서양 열강의 청나라 정복과 유린, 아편전쟁, 만주 점령, 일본의 침탈과 학살, 영국의 홍콩 지배, 포르투갈의 마카오 점령 등 과거의 아픔과 수모를 되갚기 위해 중국이 동북아 주도권 및 세계 최강을 목표로 중화 민족주의를 앞세우면서 세계를 지배하고자 한다면 앞으로 많은 저항을 받게 될 것이다. 독일의 히틀러가 독일 민족주의, 즉 아리아인 순혈주의를 앞세우고 제3제국을 세우려고 시도하는 과정에서 유대인을 희생양으로 삼아 반인륜적 행위를 저지른 결과, 나쁜 제국, 나쁜 국가의 오명을 달고 역사에 영원히 기록되었다는 점을 명심할 필요가 있다. 세계는 새로운 제국의 등장을 환영하지만, 역사가 증명하듯 비도덕적 살상, 무력과 패권, 압제를 지향한 제국은 지탄의 대상이 되었다. 미국의 등장에서 세계가 인정했던 부분은 미국이 인간의 주권에 기초한 자유주의, 법치주의를 실천한 민주 국가였다는 점이었다. 중국의 비인도적 사법 제도, 사상 검열 제도 및 인터넷 통제, 인권 탄압 등이 세계 제국으로 성장하는 과정에서 큰 장애가 될 것으로 예상되는 이유가 여기에 있다.

선도국가의 길

그렇다면 앞으로 선도국가는 어떤 국가를 지향해야 할까? 책임국가, 안전국가, 행복국가가 중심이 되어야 한다. 선도국가는 인권과 개인 가치 존중, 개인의 행복과 가치, 세계 시민들이 존중하는 사상, 문화, 정신을 가진 국가여야 한다. 영국과 프랑스가 계몽주의에 입각해 16세기 이후 사상과 제도 그리고 자유민주주의와 시장경제의 토대를 만들어주었다면 미국은 제도주의와 헌법주의라는 가치를 실현시켰다고 할 수 있다. 스웨덴과 덴마크는 보편적 복지를 통해 평등의 가치를 세계에 각인시켰으며 네덜란드는 국책은행과 주식회사 제도, 풍차를 이용한 자연 극복 정신, 사회적 타협과 협의의 정치를 보여주었다.

앞으로 세계적 국가로 거듭나기 위해서는 지구적 문제에 적극 참여해야 한다. 지구 온난화와 기후 환경 문제, 질병 및 전염병, 빈곤 및 기아, 깨끗한 물 확보 같은 전 지구적 문제에 대한 책임을 나누는 국가, 국제 인권 문제에 적극 동참하는 국가, 세계의 문제를 먼저 고민하고 이끌어 가는 국가, 인도적 모범 국가, 함께 나누는 국가, 기부하는 국가, 세계적 난민 문제에 대안을 제시할 수 있는 국가로 나아가야 한다. 민족주의는 국가가 성장하는 과정에는 도움이 되지만 세계적 선도국가로 성장하는 데는 걸림돌이 된다.

2010년 스톡홀름 자살폭탄 테러, 2011년 노르웨이 극우주의자 테러, 2015년 두 번에 걸친 프랑스 파리 테러, 뒤이어 발생한 덴마크 코펜하겐 테러, 2015년 케냐 미대사관 폭탄 테러, 2016년 3월에 자행된 벨기에 브뤼셀 테러, 2016년 이스탄불 연쇄자살 테러, 2016년 인도네시아 자카르타 폭탄 테러, 2016년 부활절 파키스탄 어린이공원 테러는 앞으로 세계 어떤 나라도 절대적으로 안전할 수는 없다는 것을 여실히 보여 주었다. 이제 국민의 안전과 생명 보호가 국가의 가장 큰 지상 목표가 되었다. 국민의 재산, 생명, 자유, 권리를 지켜주는 국가의 야경국가적 의무가 21세기 국가의 가장 중요한 목표가 된 것이다.

이와 함께 국민의 정치주권적 권리, 사회적 평등의 권리를 지켜주는 국가의 역할은 국민의 행복과 직결된다. 국민의 주권은 특권 없는 정치, 부패하지 않은 정부, 청렴한 공무원, 서로의 가치를 인정하는 상호존중의 정신 그리고 서로 다른 생각을 인정하고 존중해 주는 사회에서 꽃필 수 있다. 이것은 자라나는 미래 세대의 교육을 통해 국민 정신으로 승화되어야 성취할 수 있다. 정치 엘리트, 교육자, 기업인, 노조의 본질적 자각이 없으면 국가의 번영과 발전, 세계 무대에서 선도국가로의 등장은 불가능하다.

지금 우리는 다른 국가들의 성공과 실패 경험을 통해 우리의 현실을 진단하고 미래를 준비하여 새로운 발상을 해야 할 절실한 시점에 서 있다. 늦으면 늦을수록 쇠퇴의 길이 빨리 온다는 사실은 역사를 통해 이미 입증되었다. 이 시대, 창조적 파괴를 통한 발상의 전환은 어떤 의미인지 숙고해야 할 때다.

Almqvist, Kurt & Kay Glans (ed.) (2004). The Swedish Success Story? Stockholm: Axel and Margaret Ax:son Johnson Foundation.

Bagehot, Walter (1867). The English Constitution. London: Chapman & Hall.

Beetham, David (1991). The Legitimation of Power. London: Palgrave Macmillan.

Braudel, Fernand (1979). The Wheels of Commerce: Civilization & Capitalism 15 th-18th Century. London: William Collins Sons & Co.

Carstairs, Andrew McLren (1980). A Short History of Electoral Systems in Western Euorp. London: George Allen & Unwin.

Cole, Alistair and Peter Campbell (1989). French Electoral Systems and Elections since 1789. Aldershot: Gower.

Draper, Alan & Ansil Ramsay (2012). The Good Society: An Introduction to Comparative Politics. Second edition. London: Longman.

Esping-Andersen, Gøsta (1990). Three Worlds of Welfare Capitalism. Cambridge: Polity Press.

Esping-Andersen, Gøsta (1999). Social Foundations of Postindustrial Economies. Oxford: Oxford University Press.

Fukuyama, Francis (1992). The End of History and the Last Man. New York: Free Press.

Fukuyama, Francis (1995). Trust: The Social Virtues and the creation of Prosperity. Paperback edition. New York: Free Press.

Fukuyama, Francis (2005). State Building: Governance and World Order in the Twenty-FirstCentury. Paperback edition. London: Profile Books.

Fukuyama, Francis (2012). The Origins of Political Order: From Prehuman Times to the French Revolution. Paperbook edition. London: Profile Books.

Fukuyama, Francis (2015). Political Order and Political Decay: From the Industrial Revolution to the Globalization of Democracy. Paperback edition. New York: Farrar, Straus and Giroux.

Ghani, Ashraf & Clare Lockhart (2009). Fixing Failed States: A Framework for Rebuilding a Fractured World. Oxford: Oxford University Press.

Giddens, Anthony (1984). The Constitution of Society: Outline of the Theory of Structuration. Cambridge: Polity Press.

Giddens, Anthony (2000). The Third Way and Its Critics. Cambridge: Polity Press.

Hall, Peter & David Soskice, eds. (2001). Varieties of Capitalism. The institutional foundations of comparative advantage. Oxford: Oxford University Press.

Hedenborg, Susanna & Lars Kvarnstrom (2006). Det Svenska Samhallet 1720-2000: Bondernas och Arbetarnas Tid (The Swedish Society 1720-2000: Time for Farmers and Workers). Lund: Studentlitteratur.

Holmberg, Soren & Bo Rothstein. (2012) Good Government: The Relevance of Political Science. Cheltenham: Edward Elgar.

Huntington, Samuel P. et al. (1996). The Clash of Civilizations? The Debate. New York: Foreign Affairs.

Huntington, Samuel P. (1991), The Third Wave: Democratization in the Late Twentieth Century. Oklahoma: Oklahoma University Press.

Jahn, Detlef (1993). New Politics in Trade Unions: Applying Organization Theory to the Ecological Discourse on Nuclear Energy in Sweden and Germany. Aldershot: Dartmouth.

James, Lawrence (1994). The Rise and Fall of the British Empire. London: Little, Brown and Company.

Jenins, Philip (2012). A History of the United States. Fourth edition. London: Palgrave Macmillan.

Kennedy, Paul (1987). The Rise and Fall of the Great Powers. New York: Vintage Books.

Landes, David S. (2000). Nationers valstand och fattigdom. Stockholm: Bokforlaget Prisma. The original title, The Wealth and Poverty of Nations. New York: W.W. Norton & Company.

Lasswell, Harold D. (1936). Politics: Who Gets What and How. New York & London: Whittlesey house, McGraw-Hill.

Little, Walter and Eduardo Posada-Carbo, ed. (1996). Political Corruption in Europe and Latin America. London: Macmillan.

Marshall, Thomas H. (1950). Citizenship and Social Class. Cambridge: Cambridge University

Press.

Moore, Barrington, Jr. (1978). Injustice: The Social Bases of Obedience & Revolt. London: Macmillan Press.

Moore, Jr., Barrington (1966). Social Origins of Dictatorship and Democracy: Lord and peasant in the making of the modern world. Boston, MA: Beacon Press.

Nelsson, Bertil (1982). Armen vid skiljevagen: Kan stora byrakratier fornya sig sjalva? (The Army at the Crossroad: Can the big bureaucies renew by themselves?) Stockholm: Publica.

O'Leary, Cornelius (1962). The Elimination of Corrupt Practices in British Elections 1868-1911. Oxford: Oxford University Press.

Palmer, R.R., Joel Colton & Lloyd S. Kramer. History of the Modern World: Since 1815. London: Mcgraw-Hill Education.

Pals, Daniel L. (1996). Seven Theories of Religion. Oxford: Oxford University Press.

Pestoff, Victor A. (1998). Beyond the Market and State: Social Enterprises and Civil Democracy in a Welfare Society. Aldershot: Ashgate.

Pettit, Phillip (2001). A Theory of Freedom: From the Psychology to the Politics of Agency. Oxford: Oxford University Press.

Piketty, Thomas. (2014). Capital in the Twenty-First Century. London: Cambridge, Massachusetts & London: The Belknap Press of Harvard University Press.

Pocket, Tom (1998). Battle for Empire: The very first world war 1756-63. London: Michael O' Mara Books.

Posada-Carbo, Eduardo (1996). Elections before Democracy: The History of Elections in Europe and Latin America. London: Macmillan.

Putnam, Robert D. (1994). Making Democracy Work: Civic Traditions in Modern Italy. Princeton, New Jersey: Princeton University Press.

Roberts, Michael. (1958). Gustavus Adolphus: A History of Sweden 1611-1632. Volume 1-2. London: Longman & Green.

Rodger, John (2000). From a Welfare State to a Welfare Society. The Changing Context of Social Policy in a Postmodern Era. MacMillan Press.

Rotberg, Robert I. (ed) (2004). When States Fail: Causes and Consequences. Princeton & London: Princeton University Press.

Rothstein, Bo (1998). Just Institution Matter: The Moral and Political Logic of the University Welfare State. Cambridge: Cambridge University Press.

Rothstein, Bo (2006). Vad Bor Staten Gora? Om valfardsstatens moraliska och politiska logic. (What Should the State Do? Concering the moral and political logic of the welfare state. Stockholm: SNS Forlag.

Rothstein, Bo (2011). The Quality of Government: Corruption, Social Trust, and Inequality in International Perspective. Chicago & London: The University of Chicago Press.

Schumpeter, Joseph (1950). Socialism, Capitalism and Democracy, Third Edition. New York: Harper Perennial.

Sen, Amartya (2000). Development as Freedom. New York: Anchor Books.

Therborn, Goran (2011). The World: A beginner's guide. London: Polity.

Titmuss, Richard Morris (1958). Essays on the Welfare State. London: Allen & Unwin.

Waltz, Kenneth (2008). Realism and International Politics. London: Routledge.

Weatherford, Jack (1997). The History of Money. New York: Crown Publishers.

Wood, Ellen Meiksins (2012). Liberty and Property: A Social History of Western Political Thought from Renaissance to Enlightenment. London & New York: Verso.

Zakaria, Fareed (2012). The Post-American World. New York & London: W.W. Norton & Company.

좋은 국가는
어떻게
만들어지는가

ⓒ 최연혁 2016

2016년 6월 27일 초판 1쇄 발행
2017년 9월 1일 초판 3쇄 발행

지은이 | 최연혁
발행인 | 이원주
책임편집 | 김효선
책임마케팅 | 문무현

발행처 | (주)시공사
출판등록 | 1989년 5월 10일(제3-248호)

주소 | 서울시 서초구 사임당로 82(우편번호 06641)
전화 | 편집(02)2046-2864 · 마케팅(02)2046-2894
팩스 | 편집 · 마케팅(02)585-1755
홈페이지 | www.sigongsa.com

ISBN 978-89-527-7650-1 03300